國家社科基金重大項目（10&ZD104）

上海師範大學古籍整理研究所編
項目首席專家、主編　戴建國
主編　朱易安　傅璇琮　周常林

国家出版基金项目
NATIONAL PUBLICATION FOUNDATION

全宋筆記

第十編

八

大象出版社

顧　　問　王水照　朱瑞熙　徐　規　李裕民

項目首席專家、主編　戴建國

主　　編　朱易安　傅璇琮　周常林

編纂委員會（以姓氏筆畫爲序）

王劉純　朱易安　李亞娜　周常林　俞　鋼　查清華

徐時儀　陳　新　張劍光　傅璇琮　虞雲國　戴建國

目録

黄氏日抄（三）

黄震撰

〔宋〕黄震 撰

黄氏日抄（三）

王廷洽 整理

目録

卷二十一

讀禮記八

學記第十八

發慮憲，求善良，足以謏聞，不足以動衆；就賢體遠，足以動衆，未足以化民。君子如欲化民成俗，其必由學乎！謏，思了反。聞音問。

慮謂志念，憲謂取法。謏，小也。聞，聲聞。就謂屈己躬下之，體謂以心體之，遠謂賢之在遠方者。發於思慮，欲取憲法者，在於求善良之士，足以小有聲聞矣，未足以聳動衆聽也。屈己就賢，以心體遠，足以聳動衆聽矣，未足以感化民心也。如欲化民以成風俗之美，其必由學。蓋有慕善之心，不若有資賢之實；有資賢之實，又不若力學以成德於己，德成於己而后民自化。此假次第言之，以明爲學之功大。補。

玉不琢，不成器；人不學，不知道。是故古之王者建國君民，教學爲先。《兑命》曰：「念終始，典于學。」其此之謂乎！雖有嘉肴，弗食不知其旨也。雖有至道，弗學不知其善也。是故學然後知不足，教然後知困。知不足，然後能自反也；知困，然後能自强也。故曰：教學相長也。《兑命》曰：「學學半。」其此之謂乎。

《兑命》，《書》作《説命》。「學學半」，《書》作「斆學半」。此章明人不學不知道，因及學然後知不足。教然後知困，以明斆學相長之義。知不足，如顔子未由也已。知困，如屋廬子不能答。此皆益以進學之機，學之説，始於《説命》，故援以爲言。補。

古之教者，家有塾，黨有庠，術有序，國有學。術音遂。

門側之室爲塾，五百家爲黨，萬二千五百家爲遂，遂即術，黨屬鄉，鄉之外爲遂，城中曰國。庠、序皆學。鄭氏、孔氏。

比年入學，中年考校。一年視離經辨志，三年視敬業樂群，五年視博習親師，七年視論學取友謂之小成。九年知類通達，强立而不反，謂之大成。夫然後足以化民易俗，近者説服而遠者懷之。此大學之道也。《記》曰：「蛾子時術之。」其此之謂乎！比，毗志反。中，丁仲反。樂，音洛，古注五孝反，又音岳。蛾，魚起反。

比年，連年也。中年，間一年，即下文一年、三年、五年、七年之類。考校者，未入大學，則鄉遂大夫考校，已入大學，則自國家考校。視者，視其所以，即指考校言之。離經，謂分章析句，辨志，謂分别志向，爲善、爲利、爲君子、爲小人。敬業者，專心致志以事其業。樂群者，樂於取益以輔其仁。博習者，積累精專次第而徧。親師者，道同德合，愛敬兼盡。論學者，知言而能論學之是非。取友者，知人而能識人之賢否。知類通達，聞一知十，能觸類而貫通也。强立不反，知止有定，而物不能移也。凡皆學校之法，學必至此然後足以化民成俗，近悦遠懷。蓋大學之道然也。蛾，蚍蜉，即大蛾也。術者，述也。蚍蜉之子微蟲爾，時時述蚍蜉之所爲，銜土而能成大垤，可以人而不如之乎？此舊《記》之言，而記者引之。孔氏、晦菴。

大學始教，皮弁祭菜，示敬道也。《宵雅》肄三，官其始也。入學鼓篋，孫其業也。夏楚二物，收其威也。未卜禘不視學，游其志也。時觀而弗語，存其心也。幼者聽而弗問學，不躐等也。此七者，教之大倫也。《記》曰：「凡學，官先事，士先志。」其此之謂乎！

宵音消。肄，以二反。篋，古協反。遜音孫。夏，古雅反。

宵，小也。肄，習也。三謂《鹿鳴》、《四牡》、《皇皇者華》，《小雅》三詩也。鼓篋謂鼓發其書篋，出所業也。夏，山楸；楚，荆也。威，威儀。禘，蓋五年之祭。中年考校，再考校則禘。乃當小成之年。五年視學，再視學則禘，乃當大成之年。禘必視學，祭而擇士。應氏謂禘者，春祭之名，此謂比年之學，自正歲始和之後，即講祭菜，鼓篋之儀，非待五年。亦通。祭以禮先聖先師，故云示敬。肄《小雅》，將以用之鄉飲、燕禮，故云官其始。始入學，發篋出所業以求教於人，故云孫其業。夏、楚之撻失儀者，使之收斂，故云收其威。必待卜禘之年，然後其君親視學以擇士，未間皆優游以養之，故云游其志，時時觀示，以所學之端緒，而不輕於告語，則學者用工於内，故云存其心。幼者未可輕發，惟使謙退，聽講説而未容其如長者問答，故云不躐等。此七者，教之大倫。倫，有次序之稱也。觀，古注如觀瞻之觀，是主學者而言，非教之謂矣。今從晦菴作觀示之觀，於理爲長。官先事，已仕者先職事。士先志、未仕者先志向。此古記者言學之概如此。補。

大學之教也，時教必有正業，退息必有居學。

時教之正業，如春夏禮樂，秋冬詩書之類。居學，謂居其所學，如《易》之言居業。鄭注、孔疏讀時字居字爲句，而學字自爲一句。今以也字、學字爲句。晦菴。

不學操縵，不能安弦；不學博依，不能安詩；不學雜服，不能安禮；不興其藝，不能樂學。縵，末旦反。依，於豈反。

操縵，調弦、雜弄。依，如聲依永之依。博依者，先學歌詩，依於聲律者，清濁高下不一而足也。雜服，謂冕服皮弁之屬。凡禮服亦不一而足也。横渠指爲灑掃、應對、投壺、沃盥、細碎，亦通。先學操縵而後能安於弦，先學博依而後能安於詩，先學雜服而後能安於禮。安者，習熟無辛苦之意。藝指操縵、博依、雜服而言，學指弦與詩、禮而言。凡學必自小者起，義興於藝而後樂於學。此總結上三事以明正業之積漸。用孔氏、輔氏補。

故君子之於學也，藏焉修焉，息焉遊焉。夫然，故安其學而親其師，樂其友而信其道，是以雖離師輔而不反也。《兑命》曰：「敬孫務時敏，厥修乃來。」其此之謂乎！

師輔，猶師友也。學使從容自得而不苦其難，則雖離去師友，可保無變。敬孫，則心有所守而無欲速； 時敏，則進修及時而無敢怠。循循而進，此所以厥修乃來。敬孫，《書》作「遜志」。補。

今之教者，呻其佔畢，多其訊。言及于數，進而不顧其安，使人不由其誠，教人不盡其材，其施之也悖，其求之也佛。夫然，故隱其學而疾其師，苦其難而不知其益也。雖終其業，其去之必速。教之不刑，其此之由乎！呻音申。佔，敕占反。數，色生反。悖，布内反。佛，扶弗反。

呻，吟也。佔，視也。畢，簡也。佔畢，謂所視簡册之文也。訊，詰問也。數謂形名度數，言及于數，謂此學者從事繁末，而非求其本也。安，謂習熟而安，如上文安詩、安禮之安也。佛，戾也。隱其學，謂以其學爲幽隱而難知，如以我爲隱之意。或云痛也，内隱於心，不以其學爲然。刑猶成也。今之教者但吟其簡册，多其記問，言及度數之末，而不于其本，强之使進，而不顧其心之所安，人未喻之，又告之，人未安之，又進之。使之而不由其誠實，教之而不盡其材性，悖矣。若此，學者無親師樂業之意，雖終其業，而叛去之必速，教終於無成。此舉不善教者，以反明上文善教之意。補。

大學之法，禁於未發之謂豫，當其可之謂時，不陵節而施之謂孫，相觀而善之謂摩。此四者，教之所由興也。

孫，順也。摩，切磋也。禁於未發，但預爲之防，其事不一，不必謂十五情欲未生，當其可適，當其可告之時，亦不當以年爲斷。不陵節，學不躐等以順而施爲孫。觀人之善，而於己有益，如以兩物相摩，各得其助。晦菴。

發然後禁，則扞格而不勝；時過然後學，則勤苦而難成；雜施而不孫，則壞亂而不修；獨學而無友，則孤陋而寡聞；燕朋逆其師，燕辟廢其學。此六者教之所由廢也。扞，胡半反。格，胡客反。勝音升，又去聲。壞音怪。辟音譬。

扞格，堅拒不相入。辟，譬喻。燕朋，私褻之友。燕辟，私褻之談。燕朋則志有所溺，故逆其師之教。燕譬則心有所分，故廢其學之業。此六者教之廢，所以反明前四者教之興。獨學、燕朋、燕辟三者，皆反言相觀而善一事。用晦菴、輔氏補。

君子既知教之所由興，又知教之所由廢，然後可以爲人師也。故君子之教喻也，道而弗牽，强而弗抑，開而弗達。道而弗牽則和，强而弗抑則易，開而弗達則思。和易以思，可謂善喻矣。道音導。强，其兩反。

喻者，曉譬以義理，即教也。道之使有所向而弗牽挽之使必從，故學之者和。强之使有所勉而弗偪抑之使必進，故學之者易。開之使有所從入而不豁達之。一旦盡示其所難知，故學之者退而深思。和易以思，人將自得善喻者如此。用方氏補。

學者有四失，教者必知之。人之學也，或失則多，或失則寡，或失則易，或失則止。此四者，心之莫同也。知其心，然後能救其失也。教也者，長善而救其失者也。長，丁文反。

或失則多，才有餘者。或失則寡，才不足者。或失則易，俊快者。或失則止，鈍滯者。東萊。

善歌者使人繼其聲，善教者使人繼其志。其言也，約而達，微而臧，罕譬而喻，可謂繼志矣。

此託善歌以比喻善教，繼聲、繼志者，皆謂微發其端而不究其説，使人有所玩索而自得之也。言雖寡約，而其理顯達；言雖微眇，而其理精善。其取譬雖罕少，而聽者曉然意喻。三者皆不務多言而使人自得之。此謂繼志。本晦菴説。

君子知至學之難易，而知其美惡，然後能博喻，能博喻然後能爲師，能爲師然後能爲長，能爲長然後能爲君。故師也者所以學爲君也。是故擇師不可不慎也。《記》曰：「三王、四代唯其師。」此之謂乎！長，丁文反。

人之至於學，順理則易，逆理則難。習是則美，習非則惡。知學者至于學之難易，及知其人資質趨向之美惡，則能教人，能爲師以教人，則能爲君以治人，此學之爲王者事。横渠、晦菴。

凡學之道，嚴師爲難。師嚴然後道尊，道尊然後民知敬學。是故君之所不臣於其臣者二：當其爲尸則弗臣也；當其爲師則弗臣也。大學之禮，雖詔於天子，無北面，所以尊師也。

嚴，尊敬也。尸，祭主代神者也。詔，告也。雖天子不敢臣其師。補。

善學者，師逸而功倍，又從而庸之；不善學者，師勤而功半，又從而怨之。

庸，功也。善學歸功於師，不善者反歸怨於師。補。

善問者，如攻堅木，先其易者，後其節目，及其久也，相説以解；不善問者，反此。善待問者如撞鐘，叩之以小者則小鳴，叩之以大者則大鳴，待其從容，然後盡其聲；不善答問者，反此。此皆進學之道也。從音春。

説，當讀如脱。治木易者既去，堅者亦可相脱而解。從容，謂鐘聲之餘韻。答問，答人之問。相脱，用輔氏説。從容，用晦菴説。

記問之學，不足以爲人師，必也其聽語乎！力不能問，然後語之。語之而不知，雖舍之可也。語，魚據反。舍音捨。

記問，如前呻其佔畢，多其訊，言及于數是也。不足爲人師，以其所學者外也。所謂師者何也？理也，義也。若以記問，則學者求諸簡編可也。聽語，謂聽其所問，然後告語之也。此謂講求理義，有問而後語之，則學者得以開發其所疑，力不能問而師自語之，已爲次矣。語之而又不曉，教者無所施其力矣，故雖舍之可也。用輔氏、戴氏、伊川補。

良冶之子，必學爲裘；良弓之子，必學爲箕；始駕馬者反之，車在馬前。君子察於此三者，可以有志於學矣。

裘，横渠謂字當爲毬，沙土之範模也。或疑裘指冶家鼓風之槖籥，若註疏謂良冶鎔金補器。其子亦緝皮補裘，恐其業不同，非肖似習學之意。當俟知者。箕，則屈木爲曲幹，其形如弓也。始駕馬者，新調習馬駒也。駕馬之法，馬在車前引車以行。今馬駒始學駕車，繫隨車後而行，使駒日日見車之行，慣習而後駕之。裘近於冶，良冶之子幼而戲弄已學爲裘。箕似於弓，良弓之子幼而戲弄已學爲箕。不特弓冶之子爲然，雖馬之有子，亦幼而習學駕車矣。然則爲士大夫之子宜何所用心哉？故曰君子察此三者，可以有志於學，使觸類而内省也。補。

古之學者，比物醜類。鼓無當於五聲，五聲弗得不和；水無當於五色，五色弗得不章；學無當於五官，五官弗得不治；師無當於五服，五服弗得不親。當，丁浪反。

比，方也。物，事也。醜，猶齊也。類，事之同類也。五聲，宫、商、角、徵、羽。五色，青、黄、赤、白、黑。五官，金、木、水、火、土之官。五服，斬衰、齊衰、大功、小功、緦麻。鼓不在五聲之數，五聲必待鼓參之而後和。水不在五色之數，五色必待水澤之而後章。學不在五官之數，五官必待學講之而後治。師不在五服親戚之數，五服必待師教訓之而後能相親。鼓也、水也以喻學與師之不可闕也，所謂比物醜類也。補。

君子曰：「大德不官，大道不器。大信不約，大時不齊。」察於此四者，可以有志於本矣。三王之祭川也，皆先河而後海，或源也，或委也，此之謂務本。委，於僞反。

大德，不但能專一官之事，大道不但拘一器之用，大信，上古結繩而治之信，所以不約。大時，如堯、舜揖遜，湯、武征伐之時，所以不齊。凡皆深造本源，不累細微，故謂察此四者，可以有志於其本。川，總河海而言也。河雖小，源也，水所出也。海雖大，委也，水所聚也。源者，本也。三王之祭川，先河而後海，先其本也。此爲務本之證。用晦菴、岷隱而補其餘。

樂記第十九

孔氏《疏》謂此書有樂本、有樂論、有樂施、有樂言、有樂禮、有樂情、有樂化、有樂象、有賓牟賈、有師乙、有魏文侯，蓋十一篇，合爲一篇。且謂漢武帝時河間獻王與諸生共采《周官》及諸子所作。愚按此書間多精語，如曰人生而靜，天之性也。感於物而動，性之欲也。如曰好惡無節於内，知誘於外不能反躬，天理滅矣。皆近世理學所據以爲淵源。如曰天高地下，萬物散殊，而禮制行矣。流而不息，合同而化，而樂興焉。又晦菴先生所深嘉而屢歎者也。

凡音之起，由人心生也。人心之動，物使之然也。感於物而動，故形於聲。聲相應，故生變，變成方，謂之音。比音而樂之，及干戚羽旄，謂之樂。樂者，音之所由生也，其本在人心之感於物也。是故其哀心感者，其聲噍以殺；其樂心感者，其聲嘽以緩；其喜心感者，其聲發以散；　其怒心感者，其聲粗以厲；　其敬心感者，其聲直以廉；　其愛心感者，其聲和以柔。六者非性也，感於物而后動。是故先王慎所以感之者，故禮以道其志，樂以和其聲，政以一其行，刑以防其奸。禮樂刑政，其極一也。所以同民心而出治道也。比，毗志反。噍，子遥反。殺，色界反。嘽，昌善反。散，思旦反。道音導。行，下孟反。

變，謂清濁高下不同。方猶文章謂音之節。干盾、戚斧，皆武舞所執。羽，翟羽；旄，牛尾，皆文舞所執。噍，踧也。嘽，寬綽。粗，麄。厲，猛。謹其所以感之者，指禮樂刑政。此章言樂由感物而動人，君當謹其所以感之者。補。

凡音者，生人心者也。情動於中，故形於聲，聲成文，謂之音。是故治世之音安以樂，其政和；　亂世之音怨以怒，其政乖；　亡國之音哀以思，其民困。聲音之道，與政通矣。宫爲君，商爲臣，角爲民，徵爲事，羽爲物，五者不亂，則無怗懘之音矣。宫亂則荒，其君驕；　商亂則陂，其烏洛反。官壞；　角亂則憂，其民怨；　徵亂則哀，其事勤；　羽亂則危，其財匱。五者皆亂，迭相陵，謂之慢。如此則國之滅亡無日矣。鄭、衛之音，亂世之音也。比於慢矣。桑間、濮上之音，亡國之音也。其政散，其民流，誣上行私而不可止也。徵，張里反。怗，昌廉反。懘，昌制反。陂，彼義反。比，毗志反。

怗懘，敝敗不和貌。五音還相爲宫而不相亂，則無敝敗不和之音。君、臣、民、物、事五者有一亂，則其音應。五者皆亂，其音迭相陵犯，則國亡。鄭、衛之音與桑間、濮上其證也。此章言樂由情動而形，故聲音之道與政通。補。

凡音者，生於人心者也。樂者，通倫理者也。是故知聲而不知音者，禽獸是也。知音而不知樂者，衆庶是也，唯君子爲能知樂。是故審聲以知音，審音以知樂，審樂以知政，而治道備矣。是故不知聲者，不可與言音，不知音者，不可與言樂，知樂則幾於禮矣。禮樂皆得，謂之有德。德者，得也。是故樂之隆，非極音也。食饗之禮，非致味也。清廟之瑟，朱弦而疏越，壹倡而三嘆，有遺音者矣。大饗之禮，尚玄酒而俎腥魚，大羹不和，有遺味者矣。是故先王之制禮樂也，非以極口腹耳目之欲也，將以教民平好惡而反人道之正也。越音活。好，呼報反。惡，烏洛反【一】。

倫，類也。理，分也。幾，近也。朱弦，練朱絲爲弦，練則聲濁。越，琴底孔也。壹，疏之使聲遲。倡，發歌句。三嘆，三人從和之。大饗謂祫祭。腥，生也。此章承上文審樂知政以及於禮，遂言禮樂之盛不在聲音、俎豆，而在教民以復人道之正。補。

人生而靜，天之性也。感於物而動，性之欲也。物至知知，然後好惡形焉。好惡無節於內，知誘於外，不能反躬，天理滅矣。夫物之感人無窮，而人之好惡無節，則是物至而人化物也。人化物也者，滅天理而窮人欲者也。於是有悖逆詐僞之心，有淫泆作亂之事。是故强者脅弱，衆者暴寡，知者詐愚，勇者苦怯，疾病不養，老幼孤獨不得其所，此大亂之道也。是故先王之制禮樂，人爲之節。衰麻哭泣，所以節喪紀也。鐘鼓干戚，所以和安樂

【一】烏洛反　三字原脱，據文淵閣四庫本補。

也。昏姻冠笄,所以别男女也。射鄉食饗,所以正交接也。禮節民心,樂和民聲,政以行之,刑以防之。禮樂刑政,四達而不悖,則王道備矣。樂者爲同,禮者爲異:;同則相親,異則相敬;樂勝則流,禮勝則離。合情飾貌者,禮樂之事也。禮義立則貴賤等矣,樂文同則上下和矣,好惡著則賢不肖别矣。刑禁暴,爵舉賢,則政均矣。仁以愛之,義以正之。如此,則民治行矣。悖,布内反。知音智。豪,七雷反。别,彼列反。

人生而静,天之性也。指性之本體,未感物者言之也。感於物而動,性之欲也,此所謂情也。物至知知,然後好惡形焉,所以明感於物而動之機也。物,即指上文感於物之物。知者,指血氣心知之知。物至其前而知能知之,合其性之欲則好,違其性之欲則惡。此好惡所以形也。好惡無節於内,知誘於外,不能反躬,天理滅矣。此言情之所以流,而性之所以失也。天理即指性而言,變性言理,理者,天之所賦而具於性者也。知者,我之知而曰「誘於外」者,我之心知誘於外物,非知在外也。於斯時也,人能反躬而求,則人生而静者,卓然而可見。外誘無得而惑焉,故特言不能反躬而後天理滅,所以警切之意深矣。人化物,謂人爲物所化也。人爲之節,言人人皆爲之節也。樂同爲協,好惡禮異,爲别貴賤。樂勝謂和,而無以禮節之故流。禮勝謂異,而無以樂協之故離。合情言樂,飾貌言禮,禮義立,言禮之義樂文同,言樂之文。此章言人由感物而動,好惡無節,極而至大亂之道,故先王制爲禮樂,使歸於治。補。

樂由中出，禮自外作。樂由中出，故靜；禮自外作，故文。大樂必易，大禮必簡。樂至則無怨，禮至則不爭。揖讓而治天下者，禮樂之謂也。暴民不作，諸侯賓服，兵革不試，五刑不用，百姓無患，天子不怒，如此則樂達矣。合父子之親，明長幼之序，以敬四海之內。天子如此，則禮行矣。大樂與天地同和，大禮與天地同節。和，故百物不失；節，故祀天祭地。明則有禮樂，幽則有鬼神。如此，則四海之內合敬同愛矣。禮者，殊事合敬者也。樂者，異文合愛者也。禮樂之情同，故明王以相沿也。故事與時並，名與功偕。故鐘鼓管磬，羽籥干戚，樂之器也。屈伸俯仰，綴兆舒疾，樂之文也。簠簋俎豆，制度文章，禮之器也。升降上下，周還裼襲，禮之文也。故知禮樂之情者能作，識禮樂之文者能述。作者之謂聖，述者之謂明。明聖者，述作之謂也。綴，丁劣反，又丁衛反。還音旋。裼，思歷反。

樂由中出，指和之發於心者言，故云靜。禮自外作，指敬之形於貌者言，故云文。和未嘗不達於外，敬未始不根於中也。大樂必易，如朱弦疏越是也。大禮必簡，如玄酒腥魚是也。樂至，和之極也；禮至，順之極也。下文樂行、禮行皆言其效也。同和，言樂順天地之氣；同節，言禮順天地之數。和，故能生物而贊化；節，故能成物而報功。明之禮樂，即幽之鬼神，此明禮樂之與天地同也。與天地同，則四海之內無一不歸於禮樂矣。以敬四海之內，言能使之知敬，徧於四海，故禮之尊卑異等，其事雖殊，而合敬之情則同也。樂之宮商異調，其文雖異而合愛之情則同也。惟其情同，故明王得相沿襲，禮變而從時，此事與時立,禮之相沿者也。樂所以象成,此名與功偕,樂之相沿者也。綴,謂舞位相連;兆,謂位外營域。裼者,袒上衣;襲者,揜上衣。禮盛而尚質者襲,不盛而尚文者裼。情者,文之本,故知其情者,能作禮樂而聖之事。文者,情之飾,故識其文者,能述禮樂而明之事。此章自樂由中出、禮自外作而下,皆言禮樂之情。自鐘鼓管磬、簠簋俎豆而下,皆言禮樂之文。知其情而作者爲聖,識其文而述者爲明。此明禮樂以情爲本,而文其情之飾也。補。

樂者,天地之和也。禮者,天地之序也。和,故百物皆化;序,故群物皆别。樂由天作,禮以地制,過制則亂,過作則暴。明於天地,然後能興禮樂也。論倫無患,樂之情也。欣喜歡愛,樂之官也。中正無邪,禮之質也;莊敬恭順,禮之制也。若夫禮樂之施於金石,越於聲音,用於宗廟社稷,事乎山川鬼神,則此所與民同也。

亂,失其序也。暴,失其和也。過者,違也。制作本於天地,則和且序。苟違此理,則亂且暴也。論,論説也。倫,理也。論、倫無患,言條理順序也。官,猶事也。越,發越也。金石、聲音,主樂言,宗廟、社稷、山川、鬼神,主禮言。此章申明禮樂從天地而來,王者明於天地,然後能興禮樂。樂之情與官,禮之質與制,皆其所尊,若夫發於聲音,用於祭祀,則文物之末,所與民同者也。補。

王者功成作樂,治定制禮。其功大者其樂備,其治辯者其禮具。干戚之舞,非備樂也；孰亨而祀，非達禮也。五帝殊時，不相沿樂；三王異世，不相襲禮。樂極則憂，禮粗則偏矣。及夫敦樂而無憂，禮備而不偏者，其唯大聖乎。辨音遍。亨，普衡反。粗，倉都反。偏音篇。

辯，偏也。功之大者，兼備文武之樂。干戚武舞耳，故非備樂。治之偏者兼備古今之禮。孰亨，今禮耳，故非備禮，若羽籥，則文舞也。若血腥，則古禮也。惟功之大、治之偏者，得兼之。五帝之不相沿樂，以樂久而不變，將極而失其和，則憂也。三王之不相襲禮，以禮久而不修將粗，而失其中，則偏也。厚重於樂，知節而不至於憂。修備其禮，參酌而不至於偏，其唯大聖能之。指五帝之不相沿，三王之不相襲者也。此章明聖人之制禮樂，本於治定功成而隨時變通。補。

天高地下，萬物散殊，而禮制行矣。流而不息，合同而化，而樂興焉。春作夏長，仁也。秋斂冬藏，義也。仁近於樂，義近於禮。樂者敦和，率神而從天；禮者別宜，居鬼而從地。故聖人作樂以應天，制禮以配地。禮樂明備，天地官矣。敦音純，本又作惇。

天高地下，尊卑有自然之序。萬物散殊，小大有自然之别。不待人爲而天高地下、萬物散殊之際，禮制已行於其間矣。天地運化流行而不息，陰陽合同，萬物自然而化生，不待人爲而流而不息。合同而化之際，樂亦自然而興矣。春作夏長，元亨之仁也，仁主仁愛，樂主和同，故仁近於樂。秋斂冬藏，利貞之義也，義主斷制，禮主限節，故義近於禮。

和者冲氣，樂能敦之而使厚。神者陽之類，而天者陽之所積，率者引而上之之名曰率。神而從天，則陽者崇之道也。宜者，物宜。禮能别之使辨，鬼者陰之類，而地者陰之所積。居者俯而就之之名曰居。鬼而從地，則禮者卑之道也。作樂以應天，制禮以配地，謂禮樂非聖人之私。蓋因天地之理，禮樂明備而天地官，謂天地之間各有司存，因禮明樂備以贊相協和之，故雖天地之大，亦無不各得其職，《中庸》所謂「致中和，而天地位者也」。此章卑言禮樂配於天地，禮樂備具而天地各得其宜。孔氏。

天尊地卑，君臣定矣。卑高已陳，貴賤位矣。動靜有常【二】，小大殊矣。方以類聚，物以群分，則性命不同矣。在天成象，在地成形。如此，則禮者天地之别也。地氣上齊，天氣下降，陰陽相摩，天地相蕩，鼓之以雷霆，奮之以風雨，動之以四時，煖之以日月，而百化興焉。如此，則樂者天地之和也。化不時則不生，男女無辨則亂升，天地之情也。及夫禮樂之極乎天而蟠乎地，行乎陰陽而通乎鬼神，窮高極遠而測深厚。樂著大始，而禮居成物。著不息者天也，著不動者地也。一動一靜者，天地之間也。故聖人曰「禮樂」云。上齊上，時掌反。齊音躋。煖，許袁反，又况遠反。樂著，直略反。

性者，人物之所得以生，相近而不能盡同者也。命者，生而長短壽夭，隨所賦而不同者也。化不時則不生，此承上文「樂者天地之和」而言，以反明樂之所以和者，以百化之興以時也。男女無辨則亂升，升之言成。此承上文「禮者天地之别」而言，以反明禮之所

【二】動靜有常　「常」原作「當」，據《禮記・樂記》改。

以別者，以男女之有辨也。樂以法天，化得其時則物生，否則不生。此天之情也。禮以法地，男女有別則治興，否則亂成，此地之情也。及其極天蟠地，則禮樂無所不之。樂以著乾之大始，禮以處坤之成物，樂以著明不息之天，禮以著明不動之地，一動一靜者，天地闔闢之兩間，故聖人言禮樂云。此章明禮樂之功，包天地之德。孔氏。

昔者舜作五弦之琴，以歌《南風》。夔始制樂，以賞諸侯。故天子之爲樂也，以賞諸侯之有德者也。德盛而教尊，五穀時孰，然後賞之以樂。故其治民勞者，其舞行綴遠；其治民逸者，其舞行綴短。故觀其舞，知其德；聞其謚，知其行也。舞行之行，户剛反。

五弦，惟宫、商等五弦，無文武二弦也。《南風》之歌見《家語》，云「南風之薰兮，可以解吾民之愠兮；南風之時兮，可以阜吾民之財兮」。夔，舜典樂之官。賞諸侯，謂作樂而燕賞之也。諸侯德盛而教尊，五穀時熟然後天子賞之以樂者，以其人事修於下，天時應於上，然後可以樂其樂也。勞於治民者，舞之行綴則遠，由德薄而舞者，少舞處寬也。逸於治民者，舞之行綴則短。由德盛而舞者，多舞處狹也。勞者，盡心力之名。逸者，不盡心力之名。以治之勞逸，占德之厚薄，視德之厚薄，制舞之多少，故觀其舞知其德。及諸侯之没，以其行之美惡，賜以謚之善否，故又聞其謚，而知其行，皆言天子之於諸侯然也。此章明聖人制樂以賞諸侯，其功大者其樂備。孔氏指爲《樂記》第三章，名《樂施》，謂樂之布施於天下。孔氏。

《大章》，章之也。《咸池》，備矣。《韶》，繼也。《夏》，大也。殷、周之樂盡矣。

《大章》，堯樂名，言堯德章明。《咸池》，黄帝樂名，言能感物而潤澤之。《韶》，舜樂名，言能紹堯。《夏》，禹樂名。夏，大也，言禹能成治水之大功。殷樂名《濩》，周樂名《武》。五帝之樂莫著於黄帝，至堯修而用之，然後一代之樂備，故曰「《大章》，章之也。《咸池》，備矣。」樂備於堯而舜紹之至三王，無復餘蘊。故曰「韶繼也，夏大也，殷、周之樂盡矣」。長樂畢氏。

天地之道，寒暑不時則疾，風雨不節則饑。教者，民之寒暑也，教不時則傷世。事者，民之風雨也，事不節則無功。然則先王之爲樂也，以法治也，善則行象德矣。

以法治，以樂之法爲治也。行象德，民之行傚象君之德也。此以天之寒暑風雨，喻君之施教行事不可不時不節。故先王之爲樂正，以法而爲治，其治善而民法象君德矣。補。

夫豢豕爲酒，非以爲禍也，而獄訟益繁，則酒之流生禍也。是故先王因爲酒禮，壹獻之禮，賓主百拜，終日飲酒而不得醉焉，此先王之所以備酒禍也。故酒食者所以合歡也。樂者，所以象德也。禮者，所以綴淫也。綴，知劣反。

豢者，以穀食犬豕。一獻，士飲酒禮。百拜，喻多。綴，猶止也。鄭氏。備酒禍，備猶防也。補。

是故先王有大事，必有禮以哀之；有大福，必有禮以樂之。哀樂之分，皆以禮終。

樂也者，聖人之所樂也，而可以善民心。其感人深，其移風易俗，故先王著其教焉。分，扶問反。著，知慮反。

大事，凶事之大者。哀之謂喪禮。大福，吉事之大者。樂之謂嘉禮。皆以禮終，謂哀樂各中其節。著，猶立也。馬氏、鄭氏。

夫民有血氣心知之性，而無哀樂喜怒之常，應感起物而動，然後心術形焉。是故志微、噍殺之音作，而民思憂；嘽諧、慢易、繁文、簡節之音作，而民康樂；粗厲、猛起、奮末、廣賁之音作，而民剛毅；廉直、勁正、莊誠之音作，而民肅敬；寬裕、肉好、順成、和動之音作，而民慈愛；流辟、邪散、狄成、滌濫之音作，而民淫亂。是故先王本之情性，稽之度數，制之禮義，合生氣之和，道五常之行，使之陽而不散，陰而不密，剛氣不怒，柔氣不懾。四暢交於中而發作於外，皆安其位而不相奪也。然後立之學等，廣其節奏，省其文采，以繩德厚，律小大之稱，比終始之序，以象事行，使親疏、貴賤、長幼、男女之理皆形見於樂。故曰：「樂觀其深矣。」嘽，昌善反。賁，扶粉反。辟，匹亦反。狄，他歷反。道音導。省，西頂反。比，毗志反。見，賢遍反。

志微，意細也，如季札謂其細已甚。嘽，寬也。繁文、簡節，文雖繁而節則簡也。奮末，動使四肢也。廣賁謂樂聲廣大，憤氣充滿。肉好猶璧之有肉好，璧外謂之肉，實也；內謂之好，虛也。狄成，言强而成。滌濫，言滌蕩而泛濫。四暢，陰陽剛柔四者通暢於身也。學等，依其才藝等級而教學之也。省，察也。以繩德厚謂樂之教人以繩正，人固有之德，使不失其厚也。大小之稱，謂大不過乎宫，細不過乎羽。始終之序，謂始作翕然，成於繹如，先王律而比之，以象夫事之行焉。樂觀深矣，謂觀乎樂，其感發人者深矣。此章明人心不同，隨樂而變。先王節人情性，使之和其律吕，親疏有序，男女不亂，乃成爲樂。孔氏。

土敝則草木不長，水煩則魚鼈不大，氣衰則生物不遂，世亂則禮慝而樂淫。是故其聲哀而不莊，樂而不安，慢易以犯節，流湎以忘本，廣則容姦，狹則思欲，感條暢之氣，而滅平和之德。是以君子賤之也。

此言世亂而樂之不美者。

凡姦聲感人而逆氣應之，逆氣成象而淫樂興焉。正聲感人而順氣應之，順氣成象而和樂興焉。倡和有應，回邪曲直，各歸其分，而萬物之理各以類相動也。分，扶問反。

此言聲之邪正所感不同，承結上章樂之不美，以開下章君子之樂之美者。補。

是故君子反情以和其志，比類以成其行。姦聲亂色，不留聰明，淫樂慝禮，不接心術，惰慢邪辟之氣不設於身體，使耳目鼻口心知百體皆由順正以行其義，然後發以聲音，而文以琴瑟，動以干戚，飾以羽旄，從以簫管，奮至德之光，動四氣之和，以著萬物之理。是故清明象天，廣大象地，終始象四時，周還象風雨；五色成文而不亂，八風從律而不姦，百度得數而有常。小大相成，終始相生，倡和清濁，迭相爲經。故樂行而倫清，耳目聰明，血氣和平，移風易俗，天下皆寧。故曰：「樂者，樂也。」君子樂得其道；小人樂得其欲。以道制欲，則樂而不亂，以欲忘道，則惑而不樂。是故君子反情以和其志，廣樂以成其教，樂行而民鄉方，可以觀德矣。行，下孟反。鄉，許亮反。

八風，八方之風。從律，應節而至。百度者，大而日月星辰之度，小而百工器物之度，各有數焉，不止晝夜百刻之度也。倫清，謂人倫之道清也。民鄉方，謂民知鄉道。此言君子正其情性，形而爲樂者，其美如此。補。

德者，性之端也。樂者，德之華也。金石絲竹，樂之器也。詩，言其志也；歌，咏其聲也；舞，動其容也。三者本於心，然後樂氣從之。是故情深而文明，氣盛而化神，和順積中，而英華發外，唯樂不可以爲僞。

德，在内故曰性之端。樂，所以發揚其德，故曰德之華。樂氣，指詩、歌、舞三者，情形於言而爲詩，則情深而文明者，詩不可以爲僞。氣歎不足而爲歌，則氣感而化神者，歌不可以爲僞。内樂而外應之爲舞，則和順積中而英華發外者，舞不可以爲僞。孔氏、陳氏。

樂者，心之動也；聲者，樂之象也；文采節奏，聲之飾也。君子動其本，樂其象，然後治其飾。是故先鼓以警戒，三步以見方，再始以著往，復亂以飭歸，奮疾而不拔，極幽而不隱。獨樂其志，不厭其道；備舉其道，不私其欲。是故情見而義立，樂終而德尊，君子以好善，小人以聽過。故曰：「生民之道，樂爲大焉。」樂也者，施也；禮也者，報也。樂，樂其所自生，而禮反其所自始。樂章德，禮報情，反始也。著，直慮反。拔，步葛反。

樂動於心，發於聲，飾於文采、節奏。文采謂威儀，節謂樂止，奏謂樂作也。先鼓謂先擊鼓以警衆。三步，謂將舞必先三舉足以爲舞之漸。再始以著往者，謂武王再舉伐紂，《武》舞再更始，以明伐時再往也。復亂以飭歸者，亂，治也，謂舞終復其行位而整治，象伐紂既畢，整飭師旅而還歸也。奮疾而不拔者，謂發揚蹈厲之已蚤，可謂奮疾而不失之暴，舒徐，和緩之象也。極幽而不隱者，謂遲之，遲而又久，可謂極幽矣，而不失之隱明白洞達之心也。獨樂其志，不厭其道，備舉其道，不私其欲，此武王所以能伐商而救民於水火之中也。情見而義立，象武王伐紂之情見，而天下之公義以立。樂終而德尊，言及樂之終，而武王之德愈尊。君子以好善，謂君子因武王以至仁伐不仁，觀其樂而好善。小人以聽過，謂小人因武王誅紂，見紂以暴亂取亡，觀其樂而改過。樂象功以宣播於天下，故曰施禮念功而追崇於古昔。故曰報惟施。故樂其所自生，惟報，故反其所自始。此章廣樂舞之義，而引武王之樂舞以明之。

所謂大輅者，天子之車也。龍旂九旒，天子之旌也。青黑緣者，天子之寶龜也。從之以牛羊之群，則所以贈諸侯也。緣，悦絹反。

大輅、金路賜同姓諸侯者。九旒，據上公言之。寶龜之中並以青黑爲緣，天子既與諸侯以己之大輅、龍旂及寶龜占兆，又從以牛羊非一，故稱群。孔氏。

樂也者，情之不可變者也；禮也者，理之不可易者也。樂統同，禮辨異。禮樂之説，管乎人情矣。窮本知變，樂之情也；著誠去僞，禮之經也。禮樂偩天地之情，達神明之德，降興上下之神，而凝是精粗之體，領父子君臣之節。是故大人舉禮樂，則天地將爲昭焉。天地訢合，陰陽相得，煦嫗覆育萬物，然後草木茂，區萌達，羽翼奮，角觡生，蟄蟲昭蘇，羽者嫗伏，毛者孕鬻，胎生者不殰，而卵生者不殈，則樂之道歸焉耳。樂者，非謂黄鐘、大吕、弦歌、干揚也，樂之末節也，故童者舞之。鋪筵席，陳尊俎，列籩豆，以升降爲禮者，禮之末節也，故有司掌之。樂師辨乎聲詩，故北面而弦；宗祝辨乎宗廟之禮，故後尸；商祝辨乎喪禮，故後主人。是故德成而上，藝成而下，行成而先，事成而後。是故先王有上有下，有先有後，然後可以有制於天下也。偩音負。訢音熹，又如字。煦，許具反。嫗，於具反。區，古侯反。觡，古伯反。伏，扶又反。孕，以證反。殰音獨。殈，呼闃反。

樂出於人心之自然，故曰情之不可變。孔氏謂此章舊名《樂情》者也。禮則尊卑上下之理，截然而不可易。樂主和合，故云統同。禮别尊卑，故云辨異。此禮樂所能管攝人情，而人情皆不能外焉者也。窮其本於人心，而知其變之感物，樂之情也。著其本心之誠，而去其人爲之僞，禮之經也。偩，猶依也。凝，猶定也。精粗，謂萬物小大。樂由天作，禮自地出，故能依天地之情而通神明之德。禮樂用以祭祀，故能興其神之在下者，降其神之在上者，使皆來格。又能凝定萬物之形體，使各得其所統領，父子、君臣之等節，使各安其分。夫惟禮樂之功用若此，故大人舉禮樂，天地亦將爲之昭明。自天地訢合以至於不殰不殈，皆言天地協和，萬物生長，其效昭然可見者也。訢，欣也，和之至也。煦則生之以氣。嫗則成之以形。物始生曰萌，生而岐別曰區。萬物之生萌一而區二。無䚡曰觡，䚡，角外皮。羽翼，飛之屬。角觡，走之屬。蟄藏之虫。一旦昭蘇，如暗而遇曉，如死而更息。羽，卵生者。嫗，則體伏而生子。毛，胎生者，孕則字鬻而繁息，胎生無内敗之。殰，卵生無外裂之。殈，樂之至和所感，群物受之，復會聚而凝結，是樂之歸也。故曰樂之道歸焉耳。若聲音之物，皆禮樂之末節，有司掌之。故樂師辨聲詩，北面而弦。宗祝辨祭祀，後於尸。商祝辨喪禮，後於主人。皆以知禮樂末節，位處卑賤，有司之事也。藝成而下，事成而後者也。此章言先王之於樂，蓋以至和參天地，贊化育，而末節則有司存。補。

魏文侯問於子夏曰：「吾端冕而聽古樂，則唯恐卧；聽鄭、衛之音，則不知倦。敢問古樂之如彼何也？新樂之如此何也？」子夏對曰：「今夫古樂，進旅退旅。和正以廣，弦匏笙簧，會守拊鼓，始奏以文，復亂以武，治亂以相，訊疾以雅。君子於是語，於是道古。修身及家，平均天下。此古樂之發也。今夫新樂，進俯退俯，姦聲以濫，溺而不止，及優侏儒，獶雜子女，不知父子。樂終不可以語，不可以道古，此新樂之發也。今君之所問者樂也，所好者音也。夫樂者，與音相近而不同。」文侯曰：「敢問何如？」子夏對曰：「夫古者天地順而四時當，民有德而五穀昌。疾疢不作而無妖祥，此之謂大當。然後聖人作爲父子君臣以爲紀綱，紀綱既正，天下大定。天下大定，然後正六律，和五聲，弦歌《詩》、《頌》，此之謂德音。德音之謂樂。《詩》云：『莫其德音，其德克明，克明克類，克長克君。王此大邦，克順克俾。俾于文王，其德靡悔。既受帝祉，施于孫子。』此之謂也。今君之所好者，其溺音乎？」文侯曰：「敢問溺者何從出也？」子夏對曰：「鄭音好濫淫志，宋音燕女溺志，衛音趨數煩志，齊音敖辟喬志。此四者皆淫於色而害於德，是以祭祀弗用也。《詩》云：『肅雍和鳴，先祖是聽。』夫肅，肅敬也；雍，雍和也。夫敬以和，何事不行？爲人君者，謹其所好惡而已矣。君好之則臣爲之，上行之則民從之。《詩》云：『誘民孔易。』此之謂也。然後聖人作爲鞉、鼓、椌、楬、壎、篪，此六者，德音之音也。然後鐘、磬、竽、瑟以和之，干、戚、旄、狄以舞之。此所以祭先王之廟也，所以獻酬酳酢也，所以官序貴賤各得其宜也，所以示後世有尊卑長幼之序也。鐘聲鏗，鏗以立號，號以立橫，橫以立武。君子聽鐘聲則思武臣。石聲磬，磬以立辨，辨以致死。君子聽磬聲則思死封疆之臣。絲聲哀，哀以立廉，廉以立志。君子聽琴瑟之聲則思志義之臣。竹聲濫，濫以立會，會以聚衆。君子聽竽笙簫管之聲，則思畜聚之臣。鼓鼙之聲讙，讙以立動，動以進衆。君子聽鼓鼙之聲，則思將帥之臣。君子之聽音，非聽其鏗鎗而已也，彼亦有所合之也。」獶，丐力反。莫，亡伯反。俾音比。數音速。喬音驕。椌，苦江反。楬，苦瞎反。酳音胤。號，胡到反。橫，古曠

【三】篪七空竹爲之　「空」原作「室」，據文津閣、文淵閣本改。

反。濫，力敢反。

魏文侯，晉大夫畢萬之後，始僭爲諸侯。旅，猶俱，言進退齊一。會守拊鼓，言衆樂會合，皆待擊鼓乃作。奏以文，謂鼓。亂以武，謂金。相，樂器名，以韋爲表，裝之以糠。相亦名拊，以節樂者。訊疾以雅，言舞者訊疾以雅器節之，凡古樂也。俯猶曲，言進退不齊。侏儒，短小之人。獶，獮猴也，言舞者如獮猴戲，凡今樂也。當，謂正而不失其所。溺音，謂溺没於邪淫之音。燕，安也。趨數，促速也。煩，勞也。喬，驕也，凡皆溺音如此。鞉，如小鼓，摇之兩耳還以自擊。椌楬，謂柷敔也。柷，如漆桶，中有椎。敔，如伏虎，皆上有二十四齟齬。壎，六孔，燒土爲之。篪，七空，竹爲之【三】，播鞉而鼓從之，中聲以發焉。擊椌而楬止之，中聲以節焉。吹壎而篪應之，中聲以和焉。六者爲本，以其聲質，故云德音之音。狄，羽也。自作爲鞉鼓至所以示後世，凡皆言德音如此。號，號令警衆。横，謂氣充滿。石聲，磬之磬當作罄。辨，謂分明於節義也。廉，謂廉隅。濫，猶擥會，猶聚。此章載子夏答魏文侯以古樂爲德音，今樂爲溺音，人君聽樂音，各有所合。隨其所感，思國家人材，非爲一己淫樂。補。

賓牟賈侍坐於孔子，孔子與之言，及樂，曰：「天《武》之備戒之已久，何也？」對曰：「病不得其衆也。」「咏歎之，淫液之，何也？」對曰：「恐不逮事也。」「發揚蹈厲之已蚤，何也？」對曰：「及時事也。」「《武》坐，致右憲左，何也？」對曰：「非武坐也。」「聲淫及商，何也？」對曰：「非《武》音也。」子曰：「若非《武》音，則何音也？」對曰：「有司失其傳也。若非有司失其傳，則武王之志荒矣。」子曰：「唯丘之聞諸萇弘，亦若吾子之言是也。」憲音軒。

賓牟，姓，賈，名。武謂周舞。備戒，謂擊鼓警衆。病，猶憂也。咏嘆、淫液，歌遲之也。逮，及也。事，戎事也。武坐，武舞跪坐也。致右，致右膝於地。憲左，軒起左膝，憲即軒也。聲淫及商者，淫，貪也，謂有貪取商室之聲。此章五問五答，孔子問《武》舞擊鼓警衆之良久，何也？賓牟賈答以憂不得衆而待之，故久也。孔子又問欲舞之前其歌聲嘆咏淫液不絶吟思，何也？賈答以恐諸侯不至，不及戰事也。孔子又問初舞而手足發揚，蹈地而猛厲之早，何也？賈答以及時伐紂，行戰事也。孔子又問《武》舞之跪坐右膝致地，而軒起其左，何也？賈答以此非武人之坐，以武法無坐也。孔子又問樂聲貪而及商，何也？賈答以武王非有貪商之心，此非武音也。孔子因問若非貪商之聲，則何聲也？賈遂答謂此有司失其傳，而孔子證以萇弘之説亦然。用孔氏説。

賓牟賈起，免席而請曰：「夫武之備戒之已久，則既聞命矣。敢問遲之遲而又久，何也？」子曰：「居！吾語女。夫樂者，象成者也。揔干而山立，武王之事也。發揚蹈厲，太公之志也；《武》亂皆坐，周召之治也。且夫《武》，始而北出，再成而滅商，三成而南，四成而南國是疆，五成而分，周公左，召公右，六成復綴，以崇天子。夾振之而駟伐，盛威於中國也。公夾而進，事蚤濟也。久立於綴，以待諸侯之至也。且女獨未聞牧野之語乎？武王克殷反商，未及下車而封黄帝之後於薊，封帝堯之後於祝，封帝舜之後於陳，下車而封夏后氏之後於杞，投殷之後於宋，封王子比干之墓，釋箕子之囚，使之行商容而復其位。庶民弛政，庶士倍禄。濟河而西，馬散之華山之陽，而弗復乘；牛散之桃林之野，而弗復服；車甲衅而藏之府庫，而弗復用；倒載干戈，包之以虎皮；將帥之士，使爲諸侯，名之曰『建櫜』。然後天下知武王之不復用兵也。散軍而郊射，左射《貍首》，右射《騶虞》，而貫革之射息也；裨冕搢笏，而虎賁之士説劍也；祀乎明堂，而民知孝；朝覲，然後諸侯知所以臣；耕籍，然後諸侯知所以敬。五者天下之大教也。食三老五更於大學，天子袒而割牲，執醬而饋，執爵而酳，冕而總干，所以教諸侯之弟也。若此則周道四達，禮樂交通則夫武之遲久，不亦宜乎！」遲之遲，並直詩反。方氏上遲字音穉。綴，丁劣，又丁衛反。分夾，扶問反。薊音計。復，扶又反。衅，許靳反。到，丁老反。建音鍵。射入聲。裨，婢支反。説，吐居反。

賓牟賈既聞夫子然其説。於是免席徙立，更端請問。而夫子又詳答之。遲之遲，謂久立於綴。方氏謂上遲字音穉，待也，待諸侯之至也。下遲字如本音，謂遲而又久，則遲之至也。於義亦通。象成者，象其成功。武亂皆坐，凡譁亂使坐則定。北出者，紂都在北，武始而北，以象觀政商郊。成者，樂以奏曲一終爲一成。再成以象克紂，三成象既克紂而南返，四成以象有南國之土，五成以象周、召之分治，六成復綴以崇者，復綴謂復歸舞位。崇猶充，謂六成以象武功之成也。而武王之德充滿天下也。天子夾振之而駟伐者，舞列分爲左右，摠干者在中央，二人振鐸夾舞而進，象武王與大將伐紂之時。駟，古説作四，陳氏以爲駟驟之駟。伐謂以戈伐地也，古説以復綴以崇爲句，天子夾振之爲句。故其説如此。長樂陳氏、嚴陵方氏皆以以崇天子爲句，云：兵始出於天子，樂舞既成，復歸綴位以歸尊天子。援《家語》亦曰以崇其天子。此説比舊説稍明白，在學者擇焉。克殷反商，謂既勝殷而反商政，投殷之後於宋。投者，舉徙之辭，行猶視也。商容，商禮樂官，使於子視之而復其位。弛政者，去紂苛政。倍禄者，倍增舊禄。衅以血，塗物爲釁也。倒載者，反其本末而載，示不復用也。建，鍵也。鍵籥牡櫜者，兵甲之衣。建櫜，言閉藏兵甲也。郊射，爲射宫於郊也。左謂左學，右謂右學，《貍首》、《騶虞》所歌以爲射節。貫革，射穿甲皮也。説劒，脱而解之也。此章謂夫子因賈之問，備言武王治定功成，而一變天下於文教，所謂武舞不當徒以武觀也。

君子曰：禮樂不可斯須去身。致樂以治心，則易直子諒之心油然生矣。易直子諒之心生則樂，樂則安，安則久，久則天，天則神。天則不言而信，神則不怒而威，致樂以治心者也。致禮以治躬則莊敬，莊敬則嚴威。心中斯須不和不樂，而鄙詐之心入之矣；外貌斯須不莊不敬，而易慢之心入之矣。故樂也者，動於内者也；禮也者動於外者也。樂極和，禮極順。内和而外順，則民瞻其顔色而弗與爭也，望其容貌而民不生易慢焉。故德煇動於內，而民莫不承聽，理發諸外，而民莫不承順。故曰：「致禮樂之道，舉而錯之天下無難矣。」樂也者，動於內者也；禮也者，動於外者也。故禮主其減，樂主其盈。禮減而進，以進爲文；樂盈而反，以反爲文。禮減而不進則銷，樂盈而不反則放，故禮有報而樂有反。禮得其報則樂，樂得其反則安。禮之報，樂之反，其義一也。報，古注音褒。近世方氏、輔氏並如字。

致，猶深審。易謂和易。直，謂正直。子，謂子愛。諒，謂誠信。油然，新生好皃。德輝，顔色潤澤也。理發於外，言容貌之進止也。禮者，威儀繁多，人易厭倦，故主減。禮既減損，當自勉强。樂者，洋洋盈耳，不知休止，故主盈。樂既盈滿，當自抑損，故禮之減，以進爲文，如饗必至於百拜，儀必至於三千，皆以進爲文也。樂之盈以反爲文，如合樂必止三終，奏《韶》必止九成，皆以反爲文也。禮減而不强勉自進，則銷衰矣。樂盈而不抑損自止，則流散矣。故禮之減者，報之而使進，樂之盈者，反之而使止。使禮樂皆得其中焉，故曰其義一也。此章言樂以治心，禮以治身，禮易厭，當自勉，樂易縱，當自抑。補。

夫樂者，樂也，人情之所不能免也。樂必發於聲音，形於動静，人之道也。聲音動静，性術之變盡於此矣。故人不耐無樂，樂不耐無形，形而不爲道，不耐無亂。先王恥其亂，故制《雅》、《頌》之聲以道之，使其聲足樂而不流，使其文足論而不息，使其曲直、繁瘠，廉肉、節奏足以感動人之善心而已矣，不使放心邪氣得接焉。是先王立樂之方也。是故樂在宗廟之中，君臣上下同聽之，則莫不和敬；在族長鄉里之中，長幼同聽之，則莫不和順；在閨門之内，父子兄弟同聽之，則莫不和親。故樂者審一以定和，比物以飾節，節奏合以成文，所以合和父子君臣，附親萬民也。是先王立樂之方也。故聽其《雅》、《頌》之聲，志意得廣焉；執其干戚，習其俯仰詘伸，容貌得莊焉；行其綴兆，要其節奏，行列得正焉，進退得齊焉。故樂者天地之命，中和之紀，人情之所不能免也。夫樂者，先王之所以飾喜也；軍旅鈇鉞者，先王之所以飾怒也。故先王之喜怒，皆得其儕焉。喜則天下和之，怒則暴亂者畏之。先王之道，禮樂可謂盛矣。耐古能字。肉，古如又反，孔訓肥滿，則如字讀。比，毗志反。鈇，方夫反。又音甫。

聲音，謂嗟嘆咏歌。動静，謂手舞足蹈。性術，謂出於性，術猶道路也。盡於此者，言過此則不可，過則流放也。耐，古能字，能則古之三台字。文謂樂之篇章。文足論而不息者，言足以明義理而無息也。曲直者，歌之曲折。繁瘠、廉肉者，聲之鴻殺。曲，謂聲音迴曲。直，謂聲音放直。繁謂繁多。瘠謂省約。廉謂廉。稜肉謂肥滿。節謂樂之止。奏謂樂之作。聲音之宜，或須繁多肉滿而鴻大，或須瘠約廉稜而細少，或節或奏，各得其宜，使足以感動人之善心，故放心邪氣不得接於性情矣。審一以定和者，詳審其聲以定調和之曲。比物以飾節者，比八音之物，以飾音曲之節。命，教也。紀，總要之名也。儕，猶輩類也。此言樂出於人情，故先王禮樂以感動人之善心，以合和父子、君臣而親附萬民。故習其聲容者，無不志意開廣，而容貌莊嚴。此樂者先王所以飾喜，而天下和之。先王之言，禮樂可謂盛矣。

子贛見師乙而問焉，曰：「賜聞聲歌各有宜也。如賜者，宜何歌也？」師乙曰：「乙，賤工也，何足以問所宜？請誦其所聞，而吾子自執焉。愛者宜歌《商》，温良而能斷者宜歌《齊》。夫歌者，直己而陳德也，動己而天地應焉，四時和焉，星辰理焉，萬物育焉。故商者，五帝之遺聲也。寬而靜，柔而正者宜歌《頌》；廣大而靜，疏達而信者，宜歌《大雅》；恭儉而好禮者，宜歌《小雅》；正直而靜，廉而謙者宜歌《風》；肆直而慈愛，商之遺聲也。商人識之，故謂之《商》。《齊》者，三代之遺聲也，齊人識之，故謂之《齊》。明乎《商》之音者，臨事而屢斷；明乎《齊》之音者，見利而讓。臨事而屢斷，勇也；見利而讓，義也。有勇有義，非歌孰能保此？故歌者，上如抗，下如隊，曲如折，止如槀木，倨中矩，句中鉤，纍纍乎端如貫珠。故歌之爲言也，長言之也。説之，故言之；言之不足，故長言之；長言之不足，故嗟歎之；嗟歎之不足，故不知手之舞之，足之蹈之也。」《子貢問樂》。贛音貢。斷，丁亂反。上，時掌反。隊，直媿反。折，之設反。槀，古老反。倨音据。句，紀具反。鉤，古侯反。説音悦。

師，樂官。乙，其名也。愛者宜歌《商》。鄭氏謂肆直而慈愛者宜歌《商》。今因錯簡，將肆直而慈愛置於宜歌《風》之下。反無所屬，而此句「愛者，宜歌《商》」亦闕其上文。歌聲各隨人性所宜。《頌》者，形容其成功，德澤弘厚。故性之寬柔靜正者宜歌之。《大雅》，政之大者也，故廣大疏達者宜歌之。《小雅》，政之小者也，故恭儉好禮者宜歌之。《風》者，動化一國，繫一人之本，故正直而守之以靜，廉而守之以謙者宜歌之。肆直而慈愛者宜歌《商》，《商》蓋五帝之遺聲【四】，而商人識之。奮決而明厲，商治之規摹。故明乎其音則有決而不亂。温良而能斷者宜歌《齊》，《齊》蓋三代之遺聲，而齊人識之。舒遲而皐緩者，齊俗之氣象。故明乎其音則見利而能讓，其上如抗，言其聲之發揚，其下如隊，言其聲之重濁，其曲如折，言其聲之回轉，其止如槀木，言其聲之止靜。倨者居而不動，有方之體，故中矩。句者屈而不直，有曲之體，故中鉤，纍纍乎端正而連屬不絶，故如貫珠。既論歌之形狀，復論歌之始終。始於悦而形於言，終於不知手舞而足蹈。子貢問樂，蓋結上文而題其事。此章載子貢問己所宜歌，而師乙備陳《頌》、《雅》、《國風》與《商》聲、《齊》聲之異，以聽其自擇，且極其形狀終始而言之。師乙樂工而講肄之精若此。蓋師摯之流，而足以占先王之澤也。補。

鄭氏移置錯間從吾子自執焉以下。

請誦所聞，而吾子自執焉。寬而靜，柔而正者宜歌《頌》。廣大而靜疏，達而信者宜歌《大雅》。恭儉而好礼者宜歌《小雅》，正直而靜，廉而謙者宜歌《齊》。夫歌者直己而陳德也，動己而天地應焉，四時和焉，星辰理焉，萬物育焉。故《商》者五帝之遺聲也，商人識之，故謂之商。元文愛字及商之遺聲也五字，皆爲衍文。

【四】遺聲　「遺」原作「潰」，據文淵閣四庫本及上下文改。

卷二十二

讀禮記九

雜記上第二十

諸侯行而死於館，則其復如於其國；如於道，則升其乘車之左轂，以其綏復。其輤有裧，緇布裳帷，素錦以爲屋而行。至於廟門，不毁牆，遂入，適所殯，唯輤爲説於廟門外。

輤，七見反。裧，昌占反。説，吐奪反。

館，王國所致館舍。復，招還其魂魄。綏，鄭改爲緌，廬陵胡氏謂即所執升車之綏。輤，載柩將殯之車飾。裧，鼈甲邊緣。緇布裳帷者，謂輤下棺外用緇色之布以爲裳帷。素錦屋者，謂於裳帷之中又用素錦爲小帷，如屋形以覆棺也。廟，所殯宫。牆，指裳帷。諸侯死於館舍，則其招魂如在其國，升屋東榮，用衣而號。如死於道，則升車左轂，以象升屋東榮，用所執之綏，象所服之衣。整車飾而歸殯，將入殯宫，惟脱柩上之輤，不脱柩旁之帷裳。上者，高而妨入廟門。旁者留之，不露柩也。補。

大夫士死於道，則升其乘車之左轂，以其綏復。如於館死，則其復如於家。大夫以布爲輤而行，至於家而脱輤，載以輲車，入自門，至於阼階下而説車，舉自阼階，升適所殯。士輤，葦席以爲屋，蒲席以爲裳帷【一】。輲，市專反。

輲車，凡車有輻曰輪，無輻曰輇，輲車以輇爲輪，迫地而行。輪卑有似於蜃，又曰蜃車，殯皆用之。大夫禮降於諸侯，士降於大夫。補。

凡訃於其君，曰：「君之臣某死。」父、母、妻、長子曰：「君之臣某之某死。」君訃於他國之君，曰：「寡君不禄，敢告於執事。」夫人曰：「寡小君不禄。」大子之喪曰：「寡君之適子某死。」大夫訃於同國，適者曰：「某不禄。」訃於士亦曰：「某不禄。」訃於他國之君曰：「君之外臣寡大夫某死。」訃於適者曰：「吾子之外私寡大夫不禄，使某實。」訃於士亦曰：「吾子之外私寡大夫某不禄，使某實。」士訃於同國大夫曰：「某死。」訃於士亦曰：「某死。」訃於他國之君曰：「君之外臣某死。」訃於大夫曰：「吾子之外私某死。」訃於士亦曰：「吾子之外私某死。」適子之適音的，適者之適音敵。

訃，死而赴告也。士曰「不禄」，今君與大夫亦同士稱者，告於他國謙辭也。告於他國之君，故曰「外臣」，以他國之臣與死者有恩私，故曰「外私」。適者，謂敵體之人。使某實，謂以實告。方氏。

大夫次於公館以終喪，士練而歸，士次於公館。大夫居廬，士居堊室。

【一】裳帷　原作「帷裳」，據《禮記·雜記上》乙。

次，謂服君喪而爲之哀次也。公館，公宫官舍也。大夫於公館終喪，則三年而後歸。士練而歸，則朞年而已。隆殺之辨也。繼又言士次於公館者，即指練而歸之士。蓋大夫以其序皆次，且朝夕存焉。士則謂不盡次，又未必朝夕存焉，故既曰練而歸，又曰次於公館者，謂不盡次，故以次爲復也。鄭氏分士爲二等，有邑宰、朝廷之殊。疑未然。廬者，倚木於室外爲廬。堊室者，白其室中爲堊。倚廬之制重，堊室之制輕。親者、貴者居倚廬，疏者、賤者居堊室。合方氏、應氏説。

大夫爲其父、母、兄弟之未爲大夫者之喪服，如士服；士爲其父、母、兄弟之爲大夫者之喪服，如士服。爲，于僞反。

喪服以麄者爲重，大夫之喪重於士，故生者貴而死者賤，則其服從死者，嫌若臨之也。生者賤而死者貴，則其服從生者，嫌若僭之也。用方氏補。

大夫之適子服大夫之服。大夫之庶子爲大夫，則爲其父母服大夫服，其位與未爲大夫者齒。士之子爲大夫，則其父母弗能主也，使其子主之，無子則爲之置後。適，丁歷反。

大夫之適子雖爲士，得服大夫之服，尊適故也。至於庶子必身爲大夫，然後敢服其服。其位猶與諸子未爲大夫者齒，宗適故也。父爲士，子爲大夫，子死而父母不得主其喪者，士不得攝大夫也。其子得主之者，以其爲適，得服大夫之服也。爲之置後即亦爲大夫之適子也。用方氏修。

大夫卜宅與葬日，有司麻衣、布衰、布帶，因喪屨，緇布冠不蕤，占者皮弁。如筮，則史練冠長衣以筮，占者朝服。

卜，用龜。宅謂葬地。有司，群吏執事者。麻衣，白布深衣。衰，指喪服之當心者。蕤者，冠之飾，即緌。緇布冠，古不蕤後代有蕤。此以凶事，故特云不蕤。筮用蓍。史，即筮人。長衣，深衣之純素者。皮弁，朝服。皆吉服。卜筮者以凶事求神，服不敢純吉。占者求吉，則服純吉。補。

大夫之喪既薦馬，薦馬者哭踊，出，乃包奠而讀書。

薦，進也。馬，牽車者，薦馬則喪車將行，故哭踊。古説謂孝子哭踊。然本文言薦馬者哭踊，當是執事之臣子也。喪車將行矣，乃取遣。奠，牲下體。包，裹爲送。又讀所書送物之名。補。

大夫之喪，大宗人相，小宗人命龜，卜人作龜。

大宗，大宗伯。相，相其禮。小宗，小宗伯。命龜，謂告以所問事。卜人，掌龜者。作龜，謂揚火灼之以出兆。集鄭、孔氏。

内子以鞠衣、褒衣、素紗。下大夫以襢衣，其餘如士。復，諸侯以褒衣、冕服、爵弁服。夫人税衣揄狄，狄税素沙。復西上。鞠，九六反。襢，張戰反。税，他喚反。揄音遥。

内子，卿之適妻。下大夫謂下大夫之妻。鞠衣，卿妻之衣。褒衣，始爲命婦見加賜之衣。素紗，若今紗縠，所以裹衣者也。其餘如士，謂鞠衣、襢衣之外，其餘褖衣則如士妻之服也。復，謂初死時呼之，冀招復其魂魄也。褒衣亦謂諸侯始加賜衣服，褒之言進也。冕服，則上公五、侯伯四、子男三。爵弁，則爵色之弁也。夫人税衣揄狄者，言用税衣上至揄狄。蓋侯伯夫人自揄狄而下，子男夫人自闕狄而下，卿妻自鞠衣而下，大夫妻自襢衣而下，士妻税衣而已。五者之服惟夫人得備。狄税素沙者，言上自揄狄下至税衣，皆用素紗、白縠爲裹。復必西上者，北面而西上，西北皆陰，求諸幽故也。復欲其生氣之來復，故皆用其生時之上衣，多少則各隨其命數。陸氏。

大夫不揄絞屬於池下。絞，户交反。屬音燭。

揄，揄翟也。絞者，采青、黄之間曰絞。屬，猶繫也。此言大夫葬時車飾也。凡喪車之飾曰柳，柳之外有如承水霤者名池。人君之柳，其池繫絞繒於下而畫翟雉焉，名曰振容。又有銅魚在其間，大夫去振容，士去魚，故大夫不得畫揄絞屬於池下，容池上有之。用鄭、孔、陸氏修。

大夫附於士，士不附於大夫，附於大夫之昆弟，無昆弟則從其昭穆。雖王父母在亦然。婦附於其夫之所附之妃，無妃則亦從其昭穆之妃。妾附於妾祖姑，無妾祖姑則亦從其昭穆之妾。男子附於王父則配，女子附於王母則不配。公子附於公子。昭，舊直遥反。晉人避司馬昭之諱也，今如字。

附即祔，謂後死者附先死者而祭。王父母，祖父母也。夫所附之妃，謂祖母於婦則祖姑。女子，謂在室及嫁未三月而死者。大夫附於士，不敢以己之貴自殊於其祖也。士不附於大夫，自卑而别於尊也。下言從其昭穆之妃，從其昭穆之妾，則亦謂祔於高祖之妃與妾也。雖王父母在亦然者，以孫宜祔於祖，祖在無可祔，亦祔於高祖也。男子附於王父則配者，孫附於祖曰以某配。若女附於祖母，惟祭饌如一，而祝辭不云以某配。公子附於公子，不敢戚君。集。

君薨，大子號稱子，待猶君也。

君薨未踰年，太子雖猶稱子，而人待之則猶君。鄭氏説。

有三年之練冠，則以大功之麻易之，唯杖屨不易。

斬衰既練，其要絰與大功。初死要絰，麄細同。麻，謂要絰也。唯杖屨不易者，言其餘皆易。杖不易者，以大功無杖，屨不易者，以俱用繩也。

有父母之喪尚功衰，而附兄弟之殤，則練冠附於殤，稱陽童某甫，不名神也。

父母喪既練，皆受以大功之衰，故謂之功衰。以此時而祔大功親以下之殤，則練冠。陽童，謂稱庶殤子，若宗子則稱陰童，字以某甫而不名者，神事之也。鄭氏。

凡異居，始聞兄弟之喪，唯以哭對可也。其始麻，散帶絰。未服麻而奔喪，及主人之未成絰也,疏者與主人皆成之,親者終其麻帶絰之日數。以哭對者,哀痛不以言辭爲禮也。始麻散帶絰者,其初聞喪始服麻之時,散垂要之帶絰,若小功以下服輕者,則糾垂不散也。未服麻而奔喪者,謂道路既近,聞而即奔至,在主人未成絰時,謂未小斂之前也。疏者謂小功以下,值主人未成服,則隨主人成之。親者謂大功以上,雖值主人成服,未即與之成,必終自己麻帶絰禮日數而後成服也。鄭氏、孔氏。

主妾之喪,則自附,至於練祥,皆使其子主之。其殯祭不於正室。君不撫僕妾。祔自主之者,以其祭於祖廟,祭不於正室者,以其非適,不撫僕妾,略於賤也。鄭氏、方氏。

女君死,則妾爲女君之黨服;攝女君則不爲先女君之黨服。女君雖死,猶爲女君之黨服,已攝女君則否。補。

聞兄弟之喪,大功以上,見喪者之鄉而哭。適兄弟之送葬者弗及,遇主人於道,則遂之於墓。凡主兄弟之喪,雖疏亦虞之。見喪者之鄉而哭,奔喪節也。遂之於墓,言骨肉之親不待主人也。疏亦虞之,以喪事虞祔乃畢,安其神爲重也。鄭氏。

凡喪服未畢,有弔者,則爲位而哭拜踊。弔雖後時,然喪猶未畢,不可以殺禮待新弔之客。方氏、孔氏。

大夫之哭大夫，弁絰；大夫與殯，亦弁絰。大夫有私喪之葛，則於其兄弟之輕喪則弁絰。

弁絰者，如爵弁而加環絰，乃大夫錫衰相弔之首服。私喪之葛，謂妻子之喪卒哭以葛代麻。兄弟之輕喪，謂緦麻。大夫之相弔必弁絰，不以妻子私喪之末服臨兄弟。補。

爲長子杖，則其子不以杖即位。爲妻，父母在，不杖，不稽顙。母在，不稽顙。稽顙者，其贈也拜。

父爲長子杖，則長子之子不杖，辟尊者也。父母在，則爲妻不杖、不稽顙，爲尊者厭也。母在父没，爲妻惟不稽顙。至拜贈則亦稽顙，母之尊殺於父也。用鄭氏、方氏修。

違諸侯，之大夫，不反服；違大夫，之諸侯，不反服。

違，去也。之，往也。反服，爲舊君服也。去諸侯仕大夫是自尊適卑，不可反服於前之尊君，以形新君之卑。去大夫仕諸侯，是自卑適尊，不可反服於前之卑君，以辱新君之尊。用孔氏修。

喪冠條屬，以別吉凶。三年之練冠，亦條屬，右縫。小功以下左，緦冠繰纓，大功以上散帶。繰音澡，今讀如字。

條屬者，謂喪冠通屈一條繩爲武，垂下爲纓屬之冠。吉冠則纓武異材，故曰條屬，以別吉凶。三年練冠，小祥之冠也。亦條屬而右縫，喪冠之縫向右，右爲陰，陰者喪所尚也。

小功以下輕，故縫向左，同於吉緦冠繰纓者。繰，讀如䋽繰之繰。繰纓，散絲纓也。大功以上散帶者，小斂後，小功以下皆絞之，大功以上不忍即成之，故散垂此帶，至成服乃絞。孔氏及陸氏説。

朝服十五升，去其半而緦，加灰錫也。

升者，麻縷之數，八十縷爲升，十五升千二百縷，去其半爲緦，加灰治之爲錫。用孔氏説。

諸侯相襚，以後路與冕服，先路與褒衣不以襚。音遂。

贈死曰襚。後路，貳車。冕服，次冕。贈死者不以己之正所服用。

遣車視牢具，疏布輤，四面有章，置于四隅。章或作鄣，去聲讀。

遣車，送葬載牲體之車。牢具，遣奠所包牲牢之體。貴賤各有數，一个爲一具，取一車載之，故云視牢具。疏布輤，乃其車之上蓋，四面皆有章蔽以隱翳牢肉。入壙則置于槨之四隅。合鄭、孔説。

載粻，有子曰：「非禮也。喪奠，脯醢而已。」粻，陟良反。

粻，米糧也。遣奠之饌，無黍稷。鄭氏、孔氏。

祭稱孝子孝孫，喪稱哀子哀孫。

祭所以追養，故稱孝；喪所以哭亡，故稱哀。方氏。

端衰、喪車皆無等。

端，正也。吉時玄端服，身與袂同以二尺二寸爲正。而喪衣亦如之，以其綴六寸之衰於心前，故曰端衰。喪車，惡車。等，等差也。喪之衣衰及車，天子至士制度同。孔氏。

大白冠，緇布之冠，皆不蕤。委武玄縞而后蕤。

大白冠，白布爲之，太古之冠。緇布冠，黑布爲之，始冠之冠。皆質而無飾。委武，皆冠卷。苦圓反。委，言内所恃以爲質；武，言外所覿以爲文。玄，玄冠也。縞，縞冠也。玄、縞二冠既先有別卷，乃可蕤，故云而后蕤。鄭氏、孔氏。

大夫冕而祭於公，弁而祭於己；士弁而祭於公，冠而祭於己。士弁而親迎，然則士弁而祭於己可也。迎，魚敬反。

弁，爵弁。冠，玄冠。鄭氏。

暢，臼以椈，杵以梧。枇以桑，長三尺，或曰五尺。畢用桑，長三尺，刊其柄與末。臼，其究反。椈，弓六反。枇音匕。長，直亮反。

暢，鬱鬯也。臼，所以擣之者也。椈，栢也。梧，桐也。枇即匕。牲體從鑊以枇升入於鼎，從鼎以枇載之於俎，畢，所以助主人之舉肉者，曲而長，象畢星，故名畢。刊，猶削也。孔氏。

率帶，諸侯大夫皆五采，士二采。率音律。

率，繂也，謂襲尸之大帶。大夫以上飾以五采，士以朱緑。鄭氏。

醴者，稻醴也。甕、甒、筲、衡，實見間，而后折入。甒音武。衡，户剛反。

甕，盛醯醢。甒，盛酒醴。筲，盛黍稷。衡，以大木爲桁，以庋甕。甒筲者皆送葬所藏之物也。見者，棺之衣，所謂帷荒，以尸藏於内而飾見於外，故謂之見。折者，承席也，形如牀無足，以曲折爲之，故曰折。實見間者以甕、甒等，實於見與槨之間，而后折入者，實物於椁内既畢，而后入此承席加於椁之上焉。孔氏、方氏。

重，既虞而埋之。凡婦人，從其夫之爵位。

重者，初喪時所立之主，以既有柩又有主，故名重。既葬而虞，祭立主矣，則埋之。

小歛、大歛、啓，皆辯拜。朝夕哭不帷，無柩者不帷。辯音遍。

啓，謂啓攢。辯拜，謂徧拜以謝賓。

君若載而后弔之，則主人東面而拜，門右北面而踊，出待，反而后奠。

載，謂將出葬，已載柩於車也。主人在柩車西，故東面而拜。門右，謂廟門内西邊，拜踊於賓位，不敢迫近君也。待君既弔而出，然後行遣奠之禮。用鄭、孔説。

子羔之襲也，繭衣裳與税衣、纁袡爲一，素端一，皮弁一，爵弁一，玄冕一。曾子曰：「不襲婦服。」税，他喚反。袡，而占反。

繭衣裳，謂衣裳相連而綿纊著之也。表之以税衣，纁爲之緣，與袡爲一稱。税，謂黑衣。纁，絳色。袡，婦人蔽膝也。素端，以素爲衣裳。此第二稱。皮弁，第三稱，爵弁，第四稱，玄冕，第五稱。纁袡，婦人服，而子羔襲用之，故曾子譏之。孔氏。

爲君使而死，公館復，私館不復。公館者，公宮與公所爲也。私館者，自卿大夫以下之家也。

私館，妨其私家，故不復。補。

公七踊，大夫五踊，婦人居間；士三踊，婦人皆居間。

七者，始死一，明日襲一，襲之明朝一，又明日小斂一，及小斂日再踊一，小斂之明日一，并大斂一，凡七。五者，始死一，明日襲一，又明日小斂一，同日再小斂一，明日大斂一，凡五。三者，始死一，小斂一，大斂一，凡三。居間者，謂主人踊，婦人踊，賓乃踊。婦人居賓主之間。孔氏。

公襲：卷衣一，玄端一，朝服一，素積一，纁裳一，爵弁二，玄冕一，褒衣一，朱緑帶，申加大帶於上。卷音衮。

卷者，衮衣。玄端者，燕居玄端朱裳。朝服者，緇衣素裳，日視朝之服。素積者，皮弁視朔之服。纁裳，冕服之裳。爵弁二者，玄衣纁裳，此始命之服重本，故二通也。褒衣，最上，華君賜也。孔氏。

小斂環絰，公、大夫、士一也。

環絰，一股纏絰。鄭氏。

公視大斂，公升，商祝鋪席，乃斂。

君臨臣喪，雖已鋪席，商祝更鋪乃斂，榮君來，爲新之也。孔氏。

魯人之贈也，三玄二纁，廣尺，長終幅。廣、長並去聲。

贈，謂以物送亡人。廣尺，長終幅，失禮，禮，丈八尺。孔氏。

弔者即位于門西，東面。其介在其東南，北面，西上，西於門。主孤西面。相者受命曰：「孤某使某請事。」客曰：「寡君使某，如何不淑！」相者入告，出曰：「孤某須矣。」弔者入，主人升堂，西面。弔者升自西階東面，致命曰：「寡君聞君之喪，寡君使某，如何不淑！」子拜稽顙，弔者降，反位。

此記諸侯相弔之禮。子，孤子也。鄭、孔氏。

含者執璧將命，曰：「寡君使某含。」相者入告。出曰：「孤某須矣。」含者入，升堂致命，子拜稽顙。含者坐委于殯東南，有葦席，既葬蒲席。降，出，反位。宰夫朝服，即喪屨，升自西階，西面坐取璧，降自西階，以東。含，胡闇反。

此記相含之禮。以東，藏於内也。鄭、孔氏。

襚者曰：「寡君使某襚。」相者入告，出曰：「孤某須矣。」襚者執冕服，左執領，右執要，入，升堂致命曰：「寡君使某襚。」子拜稽顙，委衣于殯東。襚者降，受爵弁服於門内霤，將命，子拜稽顙如初。受皮弁服於中庭，自西階受朝服，自堂受玄端，將命，子拜稽顙，皆如初。襚者降，出，反位。宰夫五人舉以東，降自西階，其舉亦西面。

此記相襚之禮。

上介賵，執圭將命，曰：「寡君使某賵。」相者入告，反命曰：「孤某須矣。」陳乘黄大路於中庭，北輈，執圭將命。客使自下由路西，子拜稽顙，坐委于殯東南隅，宰舉以東。賵，芳鳳反。輈，竹由反。

此記相賵之禮。輈，轅也。客使謂使客之從者，客之所使，故曰客使。下，謂馬也，馬在路之下。路即大路之車。孔氏。

凡將命，鄉殯將命，子拜稽顙，西面而坐委之。宰舉璧與圭，宰夫舉襚，升自西階，西面坐取之，降自西階。賵者出，反位于門外。

此總記將命授受之禮。

上客臨，曰：「寡君有宗廟之事，不得承事，使一介老某相執綍。」相者反命，曰：「孤某須矣。」臨者入門右，介者皆從之，立于其左，東上。宗人納賓，升，受命于君。降曰：「孤敢辭吾子之辱，請吾子之復位。」客對曰：「寡君命，某毋敢視賓客，敢辭。」宗人反命曰：「孤敢固辭吾子之辱，請吾子之復位。」客對曰：「寡君命某，毋敢視賓客，敢固辭。」宗人反命曰：「孤敢固辭吾子之辱，請吾子之復位。」客對曰：「寡君使臣某，毋敢視賓客，是以敢固辭。固辭不獲命，敢不敬從。」客立于門西，介立于其左，東上。孤降自阼階，拜之，升，哭，與客拾踊三。客出送于門外，拜稽顙。臨如字，又力鴆反。拾，其劫反。

此記臨哭相辭讓之禮。臨喪而哭，故謂之臨。弔、含、襚、賵，禮畢，故上客行臨之禮。拾踊者，客與主更踊。

其國有君喪，不敢受弔。

有君喪，則親喪不敢受弔。

外宗房中南面，小臣鋪席，商祝鋪絞、紟、衾，士盥于盤北，舉遷尸于斂上。卒斂，宰告，子馮之踊，夫人東面坐馮之，興踊。士喪有與天子同者三：其終夜燎；及乘人；專道而行。

乘人，謂使人執引。專道，謂使人辟路。鄭氏。

雜記下第二十一

有父之喪，如未没喪而母死，其除父之喪也，服其除服，卒事，反喪服。雖諸父昆弟之喪，如當父母之喪，其除諸父昆弟之喪也，皆服其除喪之服，卒事，反喪服。

没，猶終也。除服，謂祥祭之服。服前喪之除服，而反後喪之喪服，不特於父母之重喪，雖當父母喪而遭諸父昆弟之喪，亦然。示於前喪有終，後喪亦不爲前喪之除而奪也。補。

如三年之喪，則既潁，其練祥皆行。潁，口迥反。潁，草名。無葛之鄉去麻，則用潁，蓋代葛者。三年之喪既虞，卒哭而變麻以潁矣。則前喪之練，祭乃得行，蓋後喪未卒哭以前，不可行前喪之練祭。以麻絰純凶，而練祭從吉也。補。

王父死，未練祥而孫又死，猶是附於王父也。王父雖未練祥而孫得祔者，昭穆同也。禮，孫死祔祖。方氏、孔氏。

有殯，聞外喪，哭之他室，入奠，卒奠出，改服即位，如始即位之禮。有殯，謂父母喪未葬，柩在殯宫者也。外喪，謂兄弟喪在遠者也。若聞外喪而哭於殯宫，嫌是哭殯。今於他室，明所哭者爲新喪也。入奠，謂朝入奠於殯宫，既乃更即位就他室，如始哭時。此謂哭新喪之明日再哭也。孔氏、鄭氏。

大夫士將與祭於公，既視濯而父母死，則猶是與祭也。次於異宫既祭，釋服出公門外，哭而歸；其他如奔喪之禮。如未視濯，則使人告，告者反而后哭。如諸父、昆弟、姑、姊妹之喪，則既宿則與祭，卒事，出公門，釋服而后歸；其它如奔喪之禮。如同宫，則次於異宫。

告，謂告君，既宿，謂祭前三日，將致齋受宿戒。將與祭，聞父母喪，猶卒祭，謂君命嚴而祭事重也。然人子之情當何如？雖堅忍其痛而不哭，果能一其將事之誠否耶？漢儒傳聞古説，幸於今無用，缺疑可也。補。

曾子問曰：「卿大夫將爲尸於公，受宿矣。而有齊衰内喪，則如之何？」孔子曰：「出舍乎公宫以待事，禮也。」

受宿，受齋宿之戒。齊衰内喪，謂諸父、昆弟、姑、姊妹之服。孔氏。

孔子曰：「尸弁冕而出，卿、大夫、士皆下之。尸必式，必有前驅。」

已見《曾子問》。

父母之喪，將祭而昆弟死，既殯而祭。如同宫，則雖臣妾，葬而后祭。祭，主人之升降散等，執事者亦散等，雖虞附亦然。

父母之喪，將祭謂練祥也。散等，謂不涉級，聚足新喪，略威儀也。兄弟死，必殯後方行父母練祭。若同宫，雖臣妾死，亦葬後方行父母練祭。以練祭從吉，不可以凶事雜之也。喪祭、散等，蓋不暇爲威儀。補。

自諸侯達諸士，小祥之祭，主人之酢也嚌之，衆賓兄弟則皆啐之；大祥，主人啐之，衆賓兄弟皆飲之可也。

嚌，至齒。啐，入口。鄭氏。

凡侍祭喪者，告賓祭，薦而不食。

侍祭喪，謂相禮者。薦，謂脯醢。祭薦，謂祭以脯醢也。凡吉祭則告賓。祭薦，既祭而食之，喪祭不主飲食，故相者告賓，但祭其薦而不食。此天台賈蒙集古説也。然恐薦非指脯醢之物，謂薦用脯醢則可，謂薦爲脯醢則不可。蓋此章合以告賓祭爲句，薦而不食爲句。薦於神人而已，不食之也。與上文嚌之、啐之意相續。補。

子貢問喪，子曰：「敬爲上，哀次之，瘠爲下。顔色稱其情，戚容稱其服。」「請問兄弟之喪。」子曰：「兄弟之喪，則存乎書策矣。君子不奪人之喪，亦不可奪喪也。」喪尚哀，至祭則尚敬耳。此章疑有爲之言，又親喪亦未嘗不存於書策。補。

孔子曰：「少連、大連善居喪，三日不怠，三月不解，期悲哀，三年憂，東夷之子也。」言其生於夷狄而知禮。鄭氏。

三年之喪，言而不語，對而不問，廬堊室之中，不與人坐焉。在堊室之中，非時見乎母也不入門。疏衰皆居堊室，不廬，廬嚴者也。言，自言己事。語，爲人説也。言而不語，對而不問，居憂有所不暇也。廬堊室之中，不與人坐，示憂之所獨也。廬謂倚木居於室外之西北角。堊室，於室中塗之使白也。以時事見乎母乃入門，則居廬時無爲皆不入門也。以廬爲嚴者，以父母喪，乃居之，非褻易之地比也。用孔氏、方氏修。

妻視叔父母，姑、姊妹視兄弟，長、中、下殤視成人。視，猶言比也。此言輕重雖稍異，而哀戚略同也。鄭氏、方氏。

親喪外除，兄弟之喪内除。

外除者，服已除而内之哀未忘；内除者，服未除而内之哀已殺。然愚按服之隆殺，已各稱其情，於服之殺者，亦非情不至而姑外爲之服也。合詳之。補。

視君之母與妻，比之兄弟，發諸顔色者，亦不飲食也。

服君之母妻，比己之兄弟。凡酒食能使人醉飽而發見於顔色者，亦不敢飲食之。

免喪之外，行於道路，見似目瞿，聞名心瞿，弔死而問疾，顔色戚容必有以異於人也。如此而后可以服三年之喪，其餘則直道而行之是也。瞿，九遇反。

似，謂貌似父母；名，謂名同父母。瞿，惻隱皃，弔問而哀戚，故必有異於人，發於中心者如此。然後服三年之喪，能情文相稱，其餘直道而行，謂喪之輕者不必若是其委折也。然三年之喪發於中心之實，然亦直道也。雖喪之輕者，其文亦未嘗無委折於其間。用方氏修。

祥，主人之除也。於夕爲期，朝服。祥因其故服。

祥，謂祥祭，主人除服之節，於祥祭前夕預告明日祥祭之期，此時主人着朝服。謂緇衣、素裳。縞冠，明旦祥之時，主人因着其前夕故朝服。孔氏。

子游曰：「既祥，雖不當縞者必縞，然後反服。」

縞，祥祭之服，此言親喪雖既除，猶有他喪未除，今以祥，故無所不用縞，然後反他喪之服。陸氏。

當袒，大夫至，雖當踊，絶踊而拜之。反，改成踊，乃襲。於士，既事成踊，襲而后拜之，不改成踊。

此謂士有喪當袒踊，而大夫來弔則絶踊而拜之。士來弔則成踊而後拜。本賈氏説。

上大夫之虞也少牢，卒哭成事、附皆大牢；下大夫之虞也犆牲，卒哭成事，附皆少牢。

卒哭，謂之成事，成吉事也。附，祔廟也。禮皆重於虞祭。孔氏。

祝稱卜葬虞，子孫曰「哀」，夫曰「乃」，兄弟曰「某」，卜葬其兄弟曰「伯子某」。

卜葬卜虞祝稱主人之辭，子孫於父祖稱哀子哀孫。夫於妻稱「乃夫」。補。

古者貴賤皆杖。叔孫武叔朝，見輪人以其杖關轂而輠輪者，於是有爵而后杖也。輠，胡罪反。

叔孫武叔，魯大夫叔孫州仇。輪人，作車輪之人。關，穿也。輠，迴也。武叔見輪人以扶病之杖，關穿車轂中，迴轉其輪，謂其用之鄙褻而禁之，必有爵而后得用杖。孔氏、賈氏。

鑿巾以飯，公羊賈爲之也。飯，扶晚反。

飯，含也。恐親爲人所惡，故設巾覆尸面，而當口鑿穿之，令含入口，自公羊賈始。集。

冒者何也？所以揜形也。自襲以至小斂，不設冒則形，是以襲而后設冒也。

恐死者爲人所惡，故自襲至斂皆冒之。補。

或問於曾子曰：「夫既遣而包其餘，猶既食而裹其餘與？君子既食則裹其餘乎？」曾子曰：「吾子不見大饗乎？夫大饗，既饗，卷三牲之俎，歸于賓館，父母而賓客之，所以爲哀也。子不見大饗乎？」與音餘。

父母永別，遂同賓客之疏。孝子所以悲哀而包奠送之也。曾子以解或人包奠之疑。孔氏說。

非爲人喪，問與？賜與？三年之喪，以其喪拜；非三年之喪，以吉拜。三年之喪，如或遺之酒肉，則受之，必三辭。主人衰絰而受之。如君命，則不敢辭，受而薦之。喪者不遺人。人遺之，雖酒肉，受也。從父昆弟以下，既卒哭，遺人可也。與音餘。

予敵醴曰問，上予下曰賜。記者設辭謂：豈非爲人之喪而問之、賜之歟？下乃應問，賜有喪者之禮。

縣子曰：「三年之喪如斬，期之喪如剡。」期之喪，十一月而練，十三月而祥，十五月而禫。三年之喪，雖功衰不弔，自諸侯達諸士。如有服而將往哭之，則服其服而往。練則弔。

如斬、如剡，言哀痛淺深之別。功衰謂既練之服，小祥後衰與大功同，故曰功衰。練謂大祥，始除衰杖而練。孔氏。

既葬，大功弔，哭而退，不聽事焉。期之喪未葬，弔於鄉人。哭而退，不聽事焉。功衰弔，待事，不執事。小功、緦，執事，不與於禮。

事，謂襲斂之屬。禮，謂饋奠。

相趨也，出宮而退；相揖也，哀次而退；相問也，既封而退；相見也，反哭而退。朋友虞附而退。封，彼驗反，又如字。

相趨，謂本不相識，聞名而來會喪者，喪出殯宮門即退。相揖，謂在他處嘗相識者，喪至大門外，哀次而退。相問，嘗相問遺者，待封窆而退。相見，謂嘗執贄相往來者，待其反哭於家而後退。朋友，則待其虞祭祔廟而後退。此論送喪以恩厚薄爲去遲速之節。孔氏、方氏。

弔非從主人也，四十者執綍。鄉人五十者從反哭，四十者待盈坎。

弔者非徒從主人之行而已，年四十而未衰者皆執紼。若同鄉而近五十者，從主人反哭於家。年四十者留待揜壙。本孔氏說。

喪食雖惡，必充飢。飢而廢事，非禮也；飽而忘哀，亦非禮也。視不明，聽不聰，行不正，不知哀，君子病之。故有疾飲酒食肉，五十不致毀，六十不毀，七十飲酒食肉，皆爲疑死。有服，人召之食，不往。大功以下，既葬適人，人食之，其黨也食之。非其黨弗食也。功衰,食菜果,飲水漿,無鹽酪。不能食食,鹽酪可也。孔子曰:「身有瘍則浴,首有創則沐,病則飲酒食肉。毁瘠爲病,君子弗爲也。毁而死,君子謂之無子。」

此論居喪飲食之節。

非從柩與反哭,無免於堩。堩,古鄧反。免當音問。免,所以代冠者也。堩,道路也。言喪服出入,非從柩與反哭,不得免於道路,必以冠。本鄭氏、孔氏。

凡喪,小功以上,非虞、附、練、祥無沐浴。

居喪,惟喪祭乃沐浴。補。

疏衰之喪,既葬,人請見之則見。不請見人。小功,請見人可也。大功不以執摯。唯父母之喪,不辟涕泣而見人。辟音避。

不辟涕泣,言至哀無飾。鄭氏。

三年之喪,祥而從政;期之喪,卒哭而從政;九月之喪,既葬而從政;小功、緦之喪,既殯而從政。

大夫、士三年之喪期不從政,正禮也。金革之事無辟,權禮也。孔氏。

曾申問於曾子曰:「哭父母有常聲乎?」曰:「中路嬰兒失其母焉,何常聲之有?」

哭不偯。

卒哭而諱。王父母、兄弟、世父、叔父、姑、姊妹，子與父同諱，母之諱，宫中諱；妻之諱，不舉諸其側。與從祖昆弟同名，則諱。

子與父同諱者，父爲諱而子從之也。母之諱謂母家之私諱。補。

以喪冠者，雖三年之喪可也。既冠於次，入哭踊三者三，乃出。

以喪冠，謂因喪而冠。雖者，明齊衰以下皆可。鄭氏。

大功之末，可以冠子，可以嫁子。父小功之末，可以冠子，可以嫁子，可以取婦。己雖小功，既卒哭，可以冠、取妻，下殤之小功則不可。取，此住反，又如字。

末，謂卒哭之後。大功，據身而言；小功，據父而言。孔氏謂互相備，必身與父俱是大功之末方可冠子、嫁子。父與身俱是小功之末，方可冠子、嫁子與取婦。取婦獨於小功之末言之者，取婦有酒食之會，涉於歡樂也。然小功之末雖可冠子、嫁子、取婦，若下殤之小功則不可者，下殤之小功本齊衰重服，以下殤而降在小功，服降而情不降也。范氏謂五服之制各有月數，月數之内自無吉事，故曰接弁冕也。《左氏傳》晉侯有小姜之喪，小姜貴妾，緦耳，叔向尚以衰經辭齊昏，是雖喪，猶無昏姻之道。此書或爲男女失時，或繼嗣未立者，非通例也。集。

凡弁經，其衰侈袂。

弔服，首著弁經，身著錫衰、緦衰、疑衰，此三衰大作其袂，袂二尺二寸，大者半而益之,則侈袂三尺三寸。鄭氏、孔氏。

父有服,宫中子不與於樂; 母有服,聲聞焉不舉樂; 妻有服,不舉樂於其側。大功將至,辟琴瑟; 小功至,不絶樂。

此記己雖無服,己之親有服,亦體其心而不樂,惟小功輕服則否。補。

姑、姊妹,其夫死,而未黨無兄弟,使夫之族人主喪。妻之黨,雖親弗主。夫若無族矣,則前後家,東西家; 無有,則里尹主之。或曰: 主之而附於夫之黨。

里尹,閭胥里宰之屬。《周禮》二十五家爲里,里置一宰,下士也。此極言妻黨不得與夫家之事,死而無主,寧使鄰與里尹主之。又云或曰主之而附於夫之黨,鄭氏謂夫之黨,其祖姑。方氏謂此言或者之説非也。晦菴曰古法既廢,從宜而祀之别室亦可。集。

麻者不紳,執玉不麻,麻不加於采。

麻者,絰也; 紳,大帶也。喪以要絰代大帶。執玉,行禮者不服麻。采謂玄纁,弁絰之麻不加於玄衣纁裳之采,此言吉凶不相干。鄭氏、孔氏。

國禁哭則止,朝夕之奠即位,自因也。童子哭不偯,不踊不杖,不菲不廬。

禁哭,謂大祭祀時,雖不哭,猶朝夕奠,其即位自仍舊。童子則不備禮。菲,謂菲屨。廬,謂倚廬。鄭氏。

孔子曰:「伯母、叔母疏衰,踊不絶地; 姑、姊妹之大功,踊絶於地。如知此者,由文矣哉！由文矣哉！」

伯母、叔母，義也；姑、姊妹，骨肉也。疏衰大功，文也；踊絶不絶，情也。伯、叔母之喪，文至而情不至；姑、姊妹之喪，文不至而情至。由此而推，則禮由於内矣，故曰「如知此者，由文矣哉」！再言而嘆詠之，言喪禮當以情爲重也。用鄭氏、陸氏修。

世柳之母死，相者由左；世柳死，其徒由右相。由右相，世柳之徒爲之也。

由右相，雖非古，亦在可以然之域。凡言自某始者，記失禮之始。凡言爲之者，君子亦有取焉。如鑿巾以飯，公羊賈爲之也。由右相，世柳之徒爲之也。七月而禘，獻子爲之也。陸氏。

天子飯九貝，諸侯七，大夫五，士三。

飯九貝即《檀弓》所謂飯用米貝也，以九、以七、以五、以三，降殺以兩。《士喪禮》貝三實于笄，此士三之證。方氏、陸氏。

士三月而葬，是月也卒哭；大夫三月而葬，五月而卒哭；諸侯五月而葬，七月而卒哭。士三虞，大夫五，諸侯七。

葬有遲速，會葬者有遠近也。卒哭亦與之遲速，以未葬有朝夕奠也。然葬後又二月方卒哭，豈三年之喪既同而卒哭之期獨異耶？

諸侯使人弔，其次含、禭、賵、臨，皆同日而畢事者也。其次如此也。

言五者相次同時。鄭氏。

卿大夫疾，君問之無算；士壹問之。君於卿大夫，比葬不食肉，比卒哭不舉樂；爲士，比殯不舉樂。

君於臣，盡恩禮如此。補。

升正柩，諸侯執綍五百人，四綍，皆銜枚，司馬執鐸，左八人，右八人，匠人執羽葆御柩。大夫之喪，其升正柩也，執引者三百人，執鐸者左右各四人，御柩以茅。綍紼同。引，去聲。

升正柩者，謂將葬朝于祖，正棺於廟也。廟中曰綍，在塗曰引，互言之。御柩者，居前道正之，以鳥羽注於柄頭如蓋，謂之羽葆。茅，取其色白，宜於凶禮。鄭氏、孔氏。

孔子曰：「管仲鏤簋而朱紘，旅樹而反坫，山節而藻棁，賢大夫也，而難爲上也。晏平仲祀其先人，豚肩不揜豆，賢大夫也，而難爲下也。君子上不僭上，下不偪下。」

鏤簋，刻爲蟲獸。冠有笄者爲紘，紘在纓，處兩端，上屬下不結。《祭義》云天子冕而朱紘。旅，道也；樹，立也。旅樹者，當門道而立之屏。反坫，鄭氏以爲反爵之坫。《汲冢周書》注以爲向外室。未知孰是。山節，刻山於屋栱。藻棁，畫藻於短柱。管仲奢而僭上，晏子儉而偪下。方氏。

婦人非三年之喪，不踰封而弔。如三年之喪，則君夫人歸。夫人其歸也，以諸侯之弔禮；其待之也，若待諸侯然。夫人至，入自闈門，升自側階，君在阼。其他如奔喪禮然。嫂不撫叔，叔不撫嫂。

踰封，越竟也。君夫人歸，謂奔父母喪也。闈門，宮中之門。此明諸侯夫人奔父母喪之禮，已嫁爲父母期，云三年者，以本親言也。嫂叔遠别。孔氏。

君子有三患：未之聞，患弗得聞也；既聞之，患弗得學也；既學之，患弗能行也。君子有五恥：居其位無其言，君子恥之；有其言，無其行，君子恥之；既得之而又失之，君子恥之；地有餘而民不足，君子恥之；衆寡均而倍焉，君子恥之。

既得又失，謂進退不能以禮義。倍，謂他人之功倍己。方氏。

孔子曰：「凶年則乘駑馬，祀以下牲。」

自貶損，亦取易供。鄭氏。

恤由之喪，哀公使孺悲之孔子學士喪禮。《士喪禮》於是乎書。

《士喪禮》見《儀禮》。陸氏。

子貢觀於蜡，孔子曰：「賜也樂乎？」對曰：「一國之人皆若狂，賜未知其樂也。」子曰：「百日之蜡，一日之澤，非爾所知也。張而不弛，文武弗能也；弛而不張，文武弗爲也。一張一弛，文武之道也。」蜡，仕嫁反。

蜡，索也。歲十二月合聚萬物而索饗之祭也。國索祭，黨正屬民飲食于序，於是民無不醉如狂。百日言勞之久；一日言澤之均。張弛，以弓喻。張，喻勞民；弛，喻息民。張之爲武，弛之爲文。鄭、孔氏及賈家説。

孟獻子曰：「正月日至，可以有事於上帝；七月日至，可以有事於祖。」七月而禘，獻子爲之也。

鄭氏曰：記魯失禮所由也。孟獻子，魯大夫仲孫蔑也。獻子欲尊其祖，以郊天之月對而禘之，非也。魯之宗廟猶以夏時之孟月爾。《明堂位》曰：季夏六月以禘禮祀周公於大廟。孔氏曰：獻子以二至相當，以天對祖。乖失禮意。《春秋》宣九年獻子始見《經》，僖八年末有獻子，而十月仲者，以僖公八年公會主人于洮，六月應帝以在會，未還，故至七月乃禘，魯時暫行之。此不云自獻子始，是不恒行也。集。

夫人之不命於天子，自魯昭公始也。

周制，同姓百世昏姻不通。昭公取於吴，爲同姓，故不告於天子。此亦記魯失禮所由始。鄭氏。

外宗爲君夫人，猶内宗也。

外宗，異姓親；内宗，同姓親。爲君皆服斬衰，爲夫人皆齊衰。方氏。

廄焚，孔子拜鄉人爲火來者。拜之，士壹，大夫再，亦相弔之道也。

拜之者，爲其來弔己。鄭氏。

孔子曰：「管仲遇盜，取二人焉。上以爲公臣，曰：『其所與遊辟也。可人也。』管仲死，桓公使爲之服。官於大夫者之爲之服也，自管仲始也，有君命焉爾也。」辟，匹亦也。

管仲自盜中簡取二人，薦上以爲桓公之臣，謂此二人所與遊者是邪辟之人，故爲盜。其人實可與之人也。故管仲死，桓公使二人者爲之服。孔氏。

過而舉君之諱，則起。與君之諱同，則稱字。

過，猶誤也；舉，猶言也。起者，失言而變自新也。鄭氏、孔氏。

內亂不與焉，外患弗辟也。

內亂謂同僚爲亂，而力不能制之者。門內之事恩掩義，內亂不與者，所以重恩。門外之事義斷恩，外患弗辟者，所以重義。《公羊傳》曰：「辟內難而不辟外難。」方氏。

贊大行曰：「圭，公九寸，侯伯七寸，子男五寸，博三寸，厚半寸，剡上，左右各寸半，玉也。藻，三采六等。」

大行人掌五等諸侯之禮，記者贊助其言，故曰贊行人。藻，薦玉者也。三采，朱、白、蒼。六等，六行也，每色爲二行。方氏、孔氏。

哀公問子羔曰：「子之食奚當？」對曰：「文公之下執事也。」

問其先人始食禄當何代？對以文公之下執事，是始於魯文也。方氏說。

成廟則釁之。其禮，祝、宗人、宰夫、雍人皆爵弁純衣。雍人拭羊，宗人視之，宰夫北面于碑南，東上。雍人舉羊升屋，自中，中屋南面刲羊，血流于前，乃降。門、夾室皆用雞，先門而後夾室。其衈皆於屋下。割雞，門當門，夾室中室。有司皆鄉室而立，門則有司當門，北面。既事，宗人告事畢，乃皆退。反命于君，曰：「釁某廟事畢。」反命于寢，君南鄉于門内，朝服。既反命，乃退。路寢成，則考之而不釁，釁屋者，交神明之道也。凡宗廟之器，其名者，成則釁之以豭豚。

純衣謂絲衣，則玄衣纁裳也。衈，謂將刲牲，先滅耳旁毛薦之。耳聽聲者，告神欲其聽之也。廟成而釁，釁者以血。血，陰也。寢成而考，考者飲酒。酒，陽也。方氏。

諸侯出夫人，夫人比至于其國，以夫人之禮行。至，以夫人入，使者將命曰：「寡君不敏，不能從而事社稷宗廟，使使臣某敢告於執事。」主人對曰：「寡君固前辭不教矣。寡君敢不敬須以俟命？」有司官陳器皿，主人有司亦官受之。

諸侯出夫人，謂諸侯棄妻。器皿，其元所賫者。補。

妻出，夫使人致之曰：「某不敏，不能從而共粢盛，使某也敢告於侍者。」主人對曰：「某之子不肖，不敢辟誅，敢不敬須以俟命。」使者退，主人拜送之。如舅在則稱舅，舅没則稱兄，無兄則稱夫。主人之辭曰：「某之子不肖。」如姑、姊妹亦皆稱之。

此又妻棄夫之禮。嗚呼！此亦有禮乎？補。

孔子曰：「吾食於少施氏而飽，少施氏食我以禮。吾祭，作而辭曰：『疏食不足祭也。』吾飧，作而辭曰：『疏食也，不敢以傷吾子。』」飧音孫。

少施氏，魯惠公子施父之後。飧者，食後更强飯以答主人之意。鄭氏、孔氏。

納幣一束，束五兩，兩五尋。婦見舅姑，兄弟、姑、姊妹皆立于堂下，西面，北上，是見已。見諸父，各就其寢。女雖未許嫁，年二十而笄，禮之，婦人執其禮。燕則鬈首。鬈音權。

納幣，謂昏禮。尋，八尺。婦來爲供養也，其見主於尊者，故兄弟以下在位，是爲已見，不復特見。雖未許嫁，年二十已爲成人。禮之，酌以成之，言婦人執其禮，明非許嫁之笄。燕則鬈首，謂既笄之後去之，分髮爲鬌紒，既未許嫁，猶以少者處之也。鄭氏、孔氏。

韠長三尺，下廣二尺，上廣一尺。會去上五寸。紕以爵韋六寸，不至下五寸，純以素，紃以五采。長，廣並去聲。會，古外反。紕，婢支反。純，以閏反。紃音巡。

韠，紱也。會，謂上領縫也，在上曰紕，在下曰純。六寸者，表裏各三寸。紃，施諸縫中，若今時條。

喪大記第二十二

疾病，外内皆埽。君大夫徹縣，士去琴瑟。寢東首於北牖下。廢牀，徹褻衣，加新衣，體一人。男女改服。屬纊以俟絶氣。男子不死於婦人之手，婦人不死於男子之手。埽，去聲。縣，平聲。首，去聲。屬音燭。

疾困曰病。外内皆埽，爲賓客將來問病。縣者，所以垂樂器，徹縣、去琴瑟，以聲音動人，病者欲靜也。東首者，將使歸魂于陽。於北牖下者，將使反魄于陰。徹床者，人始生在地，云牀庶其生氣反。徹褻衣，加以新衣。體一人者，四體各一人持之，爲其不能自屈伸也。纊，新綿輕而氣易動。屬者，置口鼻之上，以候其氣之絶。男不死女手，女不死男手，以別終也。此言靜以待盡而不亂。補。

君夫人卒於路寢，大夫世婦卒於適寢，内子未命則死於下室，遷尸于寢，士之妻皆死于寢。適，丁歷反。

路寢，猶路車之路，以大言也。適寢，猶適子之適，以正言也。内子，卿之妻。下室，其燕處。言寢者，即正寢。死者，必皆於其正處。鄭氏。

復，有林麓則虞人設階，無林麓則狄人設階。小臣復，復者朝服。君以卷，夫人以屈狄，大夫以玄赬，世婦以襢衣，士以爵弁，士妻以稅衣，皆升自東榮，中屋履危，北面三號，捲衣投于前，司服受之，降自西北榮。其爲賓，則公館復，私館不復；其在野，則升其乘車之左轂而復。卷作衮。屈音闕。赬，敕貞反。襢，知彦反。稅，他亂反。

復者，招新死之魂，冀復還也。虞人，主林麓之官。狄人，樂吏之賤者。階，梯也，所乘以升屋。設階用虞人者，以階之材出林麓，無林麓者用狄人，以樂人有簨虡，亦階梯之類也。復用小臣，以君之所親近。卷者，衮衣。屈狄，即闕狄。赬，赤也。榮，屋翼。危，棟上。復用死者之祭服，求神之道也。初復求生，故升自東榮，陽也。求不得而還，降自西北榮，陰也。本鄭氏、孔氏説。

復衣不以衣尸，不以斂。婦人復，不以袡。凡復，男子稱名，婦人稱字。唯哭先復，復而後行死事。袡，而廉反。

復衣，求生者，故不用於死。袡者，嫁時上服，非事鬼神之衣。鄭氏。

始卒，主人啼，兄弟哭，婦人哭踊。

啼，如嬰兒失母。哭有聲，踊，動容。此言悲哀有深淺。用鄭氏、孔氏修。

既正尸，子坐于東方；卿、大夫、父、兄、子姓立于東方；有司、庶士哭于堂下，北面；夫人坐于西方；內命婦、姑、姊妹、子姓立于西方；外命婦率外宗哭于堂上【二】，北面。

子姓，謂衆子孫。外宗，姑、姊妹之女、世子、夫人爲主，故坐男東女西，各以其屬分立。用鄭氏、孔氏修。

大夫之喪，主人坐于東方，主婦坐于西方。其有命夫命婦則坐，無則皆立。士之喪，主人、父、兄、子姓皆坐于東方，主婦、姑、姊妹、子姓皆坐于西方。

大夫變子言主人，下於君也。大夫之喪，尊者坐卑者立。士賤，故尊卑皆坐。陸氏、方氏。

【二】外命婦率外宗哭于堂上　「上」原作「下」，據《禮記·喪大記》改。

凡哭尸于室者，主人二手承衾而哭。承死者之衾而哭，若欲攀援然。方氏。

君之喪未小斂，爲寄公、國賓出；大夫之喪未小斂，爲君命出；士之喪，於大夫不當斂則出。寄公，謂失國之君來寄寓者。國賓，謂鄰國大夫來聘者。出謂出而迎賓。新喪悲哀，非爲所尊不出。鄭氏。

凡主人之出也，徒跣，扱衽，拊心，降自西階。君拜寄公、國賓于位。大夫於君命，迎於寢門外，使者升堂致命，主人拜于下。士於大夫親弔，則與之哭，不逆於門外。扱，初洽反。此更明拜迎委曲之儀。降自西階，不忍當主位。孔氏。

夫人爲寄公夫人出，命婦爲夫人之命出，士妻不當斂，則爲命婦出。婦人亦各爲其所尊出。出謂出房。補。

小斂，主人即位于户内主婦東面，乃斂。卒斂，主人馮之踊，主婦亦如之。主人袒，説髦，括髮以麻，婦人髽【三】，帶麻于房中。馮，皮冰反。説，他活反。髽，側瓜反。髦者，幼時剪髮爲之，至年長則垂著兩邊，明事親常有孺子之義，至親死，乃脱之。父喪脱左，母喪脱右。帶麻，謂婦人要絰。方氏。

徹帷，男女奉尸夷于堂，降拜。君拜寄公、國賓，大夫士拜卿大夫於位，於士旁三拜。

【三】婦人髽　「髽」原作「髮」，據《禮記·喪大記》改。

夫人亦拜寄公夫人於堂上，大夫內子、士妻持拜命婦，氾拜衆賓於堂上。奉，芳勇反。氾，芳劒反。

此言小斂訖拜賓也。於士旁三拜者，拜卿大夫既於正位，士故於旁。十有三等，不人人拜，每一面三拜。孔氏。

主人即位，襲、帶、絰、踊。母之喪，即位而免，乃奠。弔者襲裘，加武，帶絰，與主人拾踊。免音問。拾，其劫反。

父喪小斂拜賓訖，即位阼階之下，襲衣、要帶、首絰而踊。母喪，拜賓訖，即位時不復括髮，以免代之，免以襲、絰。至大斂乃成服。所以異於父也。武，吉冠之卷。音圈。弔者加武，明不改冠，亦不免拾踊。拾，更也。主人先踊，婦人踊，弔者踊，三者三是，與主人更踊。孔氏。

君喪，虞人出木角，狄人出壺，雍人出鼎，司馬縣之，乃官代哭。大夫官代哭，不縣壺。士代哭，不以官。君堂上二燭下二燭，大夫堂上一燭下二燭，士堂上一燭下一燭。

木，給爨。角，爲斞，音俱。水斗。壺，漏水器。冬漏以火爨鼎，沸而沃之，此挈壺氏所掌。屬司馬，故司馬臨。縣其器，凡未殯者哭不絕聲，故小斂後縣。漏分時，均其宮屬，更代爲哭，息其罷倦。燭所以照饌，滅燎而設燭。鄭氏、孔氏。

賓出，徹帷。哭尸于堂上，主人在東方，由外來者在西方，諸婦南鄉。許諒反。

此小斂後尸出在堂時。

婦人迎客送客不下堂，下堂不哭。男子出寢門見人，不哭。其無女主，則男主拜女賓于寢門内；其無男主，則女主拜男賓于阼階下。子幼，則以衰抱之，人爲之拜。爲後者不在，則有爵者辭，無爵者人爲之拜。在竟内則俟之，在竟外則殯葬可也。喪有無後，無無主。衰，七雷反。

此明小斂後喪，主人拜賓送賓之禮。爲後者不在，則有爵者辭，謂主有官爵，出行不在家，而家有喪，則攝主爲之辭於賓，不敢當尊者禮。若無爵者則人代之拜。主人在竟内，則俟其歸，在竟外，則攝主代之殯葬亦可也。凡喪，雖無後者，必立之主，故曰有無後，無無主。鄭氏、孔氏。

君之喪，三日子夫人杖，五日既殯，授大夫世婦杖。子大夫寢門之外杖，寢門之内輯之；夫人世婦在其次則杖，即位則使人執之。子有王命則去杖，國君之命則輯杖，聽卜有事於尸則去杖。大夫於君所則輯杖；於大夫所則杖。

凡記杖之節也。輯，斂也。杖所以自扶，故於出門杖，任寢則輯之，於所尊輯之，又尊者則去之。補。

大夫之喪，三日之朝既殯，主人、主婦、室老皆杖。大夫有君命則去杖，大夫之命則輯杖。内子爲夫人之命去杖，爲世婦之命授人杖。

此明大夫喪之杖節。授人杖，亦使人執之也。鄭氏。

士之喪，二日而殯，三日之朝，主人杖，婦人皆杖。於君命、夫人之命如大夫於大夫、世婦之命如大夫。

此明士喪杖之節。三日，殯之明日也。於君命、夫人之命如大夫者，言士之子於君命，其妻於夫人之命，皆如於大夫禮去杖也。於大夫、世婦之命如大夫者，言士之子於大夫之命、其妻於大夫妻之命，如大夫之禮輯杖於世婦授人杖。孔氏。

子皆杖，不以即位。

庶子不以杖即位，避適也。正義。

大夫士哭殯則杖，哭柩則輯杖。棄杖者，斷而棄之於隱者。斷，丁管反。

始殯，子於父，父也，其尊近，故哭殯杖，將葬啓殯而見柩，子於父，父也，君也，其尊遠，故哭柩不敢杖。大祥斷杖，棄幽隱處，使不污穢也。合鄭氏、孔氏說。

君設大盤，造冰焉；大夫設夷盤，造冰焉；士併瓦盤，無冰。設牀，襢第，有枕。含一牀，襲一牀，遷尸于堂又一牀，皆有枕席，君、大夫、士一也。造，七報反。併，步頂反。襢，之善反。策，側里反。含，胡暗反。

造，猶內也，謂內冰盤中。夷盤者，小於大盤。士無冰，以瓦爲盤，併以盛水耳。禮自仲春之後，尸既小斂，置冰於盤，設牀其上，去席襢單也。露笫簀，以通寒氣，秋涼而止。含也、襲也，遷尸也，各一牀。本鄭氏、孔氏説。

始死，遷尸于牀，幠用斂衾，去死衣。小臣楔齒用角柶，綴足用燕几。君、大夫、士一也。幠，好胡反。楔，桑結反。柶音四。綴，丁劣反。

幠，覆也。遷尸在牀，用斂時之衾覆之。楔，柱也。柶，以角爲之，長六寸，兩頭屈曲，將舍，恐口閉急，故使小臣以柶柱尸齒令開。綴者，拘足兩邊令直，以便著屨。本鄭氏、孔氏説。

管人汲，不説繘，屈之，盡階不升堂，授御者。御者入浴，小臣四人抗衾。御者二人浴，浴水用盆，沃水用枓，浴用絺巾，挋用浴衣，如他日。小臣爪足，浴餘水棄于坎。其母之喪，則内御者抗衾而浴。説，此活反。繘，均必反。枓音主、音斗。挋音震。

此明浴之禮也。管人，主館舍者。井竈其所主，故主汲。繘，井索，不脱繘屈之，謂縈屈手中。抗衾者，蔽上形。挋，拭也。爪足，斷足爪也。鄭氏、孔氏。

管人汲，授御者，御者差沐于堂上。君沐粱，大夫沐稷，士沐粱，甸人爲垼于西牆下，陶人出重鬲。管人受沐，乃煑之；甸人取所徹廟之西北厞薪，用爨之。管人授御者沐，乃沐。沐用瓦盤，挋用巾，如他日。小臣爪手翦須。濡濯棄于坎。差，七何反。垼音役。重平聲。鬲音歷。厞扶味反。

此明沐之禮也。差，淅也，淅飯米取其潘以爲沐也。沐粱者，用粱米之潘也，粱美而稷次。士亦沐粱，士賤去君遠，無嫌也。然《士喪禮》沐稻。垼，行竈。重鬲，尾瓶。厞，簷下隱陋處。凡以煑沐也、煑熟而授御者沐之。濡，謂煩撋其髮，濯，謂不淨之汁，所濡濯汁棄坎中。鄭氏、孔氏、賈氏。

君之喪，子、大夫、公子、衆士皆三日不食。子、大夫、公子食粥，納財，朝一溢米。莫一溢米，食之無算。士疏食水飲，食之無算。夫人、世婦、諸妻皆疏食水飲，食之無算。

財謂穀，即所食之米也。溢，二十兩，爲米一升二十四分升之一。每日納所用之米，朝莫各一溢，居喪不能頓食，隨須則食，故云無算。孔氏。

大夫之喪，主人、室老、子姓皆食粥，衆士疏食水飲，妻妾疏食水飲，士亦如之。

室老，貴臣；衆士，衆臣；子姓，孫。鄭氏、孔氏。

既葬，主人疏食水飲，不食菜果，婦人亦如之，君、大夫、士一也。練而食菜果，祥而食肉。

既葬至練祥飲食之節。孔氏。

食粥於盛，不盥，食於篹者盥。食菜以醯醬。始食肉者先食乾肉，始飲酒者，先飲醴酒。篹，悉緩反。

盛，謂杯杅。篹，竹筥。歠粥者不盥手，飯者盥。始食肉飲酒，謂祥後。孔氏。

期之喪，三不食，食疏食，水飲，不食菜果三月。既葬食肉飲酒。期，終喪不食肉，不飲酒。父在,爲母爲妻,九月之喪,食飲猶期之喪也。食肉飲酒,不與人樂之。

期之喪,謂大夫士旁期之喪。三不食,謂三次當食而不食,若期之正服,則二日不食也。食疏食,水飲,不食菜果者三月,既葬則食肉飲酒,此皆謂旁期之喪也。繼曰期終喪不食肉不飲酒,則謂期之正服者也。父在而爲母爲妻及九月之喪,食飲猶期之喪者,亦謂厭於父而抑情,故食飲猶旁期之喪也。然雖食肉飲酒,而不忍與人樂之。補。

五月三月之喪,壹不食,再不食可也。比葬,食肉飲酒,不與人樂之。叔母、世母,故主、宗子食肉飲酒,不能食粥,羹之以菜可也。有疾,食肉飲酒可也。五十不成喪。七十唯衰麻在身。

世母,伯母;故主,舊君。叔母以下義服恩輕,故食肉飲酒,其不能食粥,羹之以菜,謂性不能食粥者,可食飯菜羹。鄭氏。

既葬,若君食之則食之,大夫、父之友食之則食之矣。不辟粱肉,若有酒醴則辭。

順尊者之命,可以食美,變於顔色亦不可。鄭氏。

小斂於户内,大斂於阼。君以簟席,大夫以蒲席,士以葦席。

簟,細;蒲,次之;葦,麄。補。

小斂布絞,縮者一,横者三。君錦衾,大夫縞衾,士緇衾,皆一衣十有九稱。君陳衣于序東,大夫士陳衣于房中,皆西領,北上,絞紟不在列。絞,户交反。稱,尺證反。紟,其鴆反。

絞，既斂所以束堅者。縮，從也。鄭氏。

大斂布絞，縮者三，横者五，布紟，二衾，君、大夫、士一也。君陳衣于庭，百稱，北領，西上。大夫陳衣于序東，五十稱，西領，南上。士陳衣于序東，三十稱，西領，南上。絞紟如朝服。絞一幅爲三，不辟。紟五幅，無紞。辟，補麥反。紞，丁覽反。

二衾，或覆之或薦之。如朝服，謂布精麤，朝服十五升，一幅爲三，析之也。不辟，不擘之斷也。紞，以組類爲之，綴之領側，若今被識。生時禪被有識，死去之異於生也。鄭氏。

小斂之衣，祭服不倒。君無襚。大夫士畢主人之祭服，親戚之衣受之，不以即陳。小斂，君、大夫、士皆用複衣複衾。大斂，君、大夫、士祭服無算。君褶衣褶衾，大夫士猶小斂也。複音福。褶音牒。

祭服，指死者所用衣，多不盡著有倒者，惟祭服尊，其領不倒。君無襚者，悉用己衣。臣雖有襚者，不用也。畢主人之祭服。凡祭服盡用之也。褶袷，古洽反。也。孔氏。

袍必有表，不禪，衣必有裳，謂之一稱。禪音單。稱去聲。

袍必有表，内外相稱；　衣必有裳，上下相稱。賈氏。

凡陳衣者實之篋，取衣者亦以篋，升降者自西階。凡陳衣不詘，非列采不入，絺綌紵不入。

不詘，謂舒而不卷。列采，謂五方正色。襲尸，冬夏用袍，故絺綌紵不入。孔氏、鄭氏。

凡斂者袒，遷尸者襲。君之喪，大胥是斂，衆胥佐之；大夫之喪，大胥侍之，衆胥是斂；士之喪，胥爲侍，士是斂。

斂者勞，故袒。遷者舉之而已，故襲。胥，樂官，君尊，故大胥斂。大夫降於君，故衆胥斂，士則朋友助之而已。補。

小斂、大斂，祭服不倒，皆左衽，結絞不紐。

左衽，衽向左，反生時也。衽，衣襟也，死則不復解，故絞束畢結之不爲紐。女九反。

斂者既斂必哭。士與其執事則斂，斂焉則爲之壹不食。凡斂者六人。

斂者，必使所與執事之人，不使他人褻之。鄭氏。

君錦冒，黼殺，綴旁七；大夫玄冒，黼殺，綴旁五；士緇冒，赬殺，綴旁三。凡冒，質長與手齊，殺三尺。自小斂以往用夷衾，夷衾質殺之，裁猶冒也。殺，色戒反。裁，才再反。

冒者，既襲所用韜尸。殺者，冒之下帬所用韜足。旁綴者，其旁不縫，用帶結之。冒之質從頭韜，下長與手齊。殺從足韜，上長三尺。斂後衣多，故用夷衾覆之。夷衾質殺之。裁猶冒也，裁猶制也。鄭氏、孔氏。

君將大斂，子弁絰即位于序端；卿大夫即位于堂廉楹西，北面，東上；父兄堂下北面；夫人命婦尸西東面；外宗房中南面。小臣鋪席，商祝鋪絞、紟、衾、衣，士盥于盤上。士舉遷尸于斂上。卒斂，宰告，子馮之踊，夫人東面亦如之。

記君大斂之禮。商祝，祝習商禮者。孔氏。

大夫之喪，將大斂，既鋪絞、紟、衾、衣，君至，主人迎，先入門右。巫止于門外。君釋菜，祝先入，升堂。君即位于序端；卿大夫即位于堂廉楹西，北面，東上；主人房外南面；主婦尸西，東面。遷尸。卒斂，宰告，主人降，北面于堂下，君撫之，主人拜稽顙。君降，升主人馮之，命主婦馮之。

巫，主辟凶邪。釋菜，禮門神。鄭氏。

士之喪，將大斂，君不在，其餘禮猶大夫也。

君不在，謂士卑，君不視斂。其餘鋪衣，列位男女之儀悉如大夫。孔氏。

鋪絞紟踊，鋪衾踊，鋪衣踊，遷尸踊。斂衣踊，斂衾踊，斂絞紟踊。

凡皆孝子踊之節。

君撫大夫，撫内命婦；大夫撫室老，撫姪娣。君大夫馮父、母、妻、長子，不馮庶子。士馮父、母、妻、長子、庶子，庶子有子，則父母不馮其尸。凡馮尸者，父母先，妻子後。君於臣撫之，父母於子執之。子於父母馮之，婦於舅姑奉之。舅姑於婦撫之。妻於夫拘之，夫於妻於昆弟執之。馮尸不當君所。凡馮尸，興必踊。奉，芳蒙反。

撫，謂以手按之。執，當心上衣。拘，微引心上衣。不當君所，不敢與尊者所馮同處。

鄭氏、孔氏。

父母之喪，居倚廬，不塗，寢苫枕凷，非喪事不言。君爲廬宫之，大夫士襢之。既葬，柱楣，塗廬不於顯者，君、大夫、士皆宫之。凡非適子者，自未葬，以於隱者爲廬。凷與塊同。襢，章善反。

宫，謂圍障之。襢，謂袒露之。未葬不塗，既葬塗之。不於顯者，不塗見面。於隱者爲廬，不欲人屬目。廬蓋於東南角。

既葬，與人立。君言王事，不言國事。大夫士言公事，不言家事。

未葬不與人並立，既葬亦不言私。

君既葬，王政入於國，既卒哭，而服王事。大夫士既葬，公政入於家，既卒哭，弁、絰、帶，金革之事無辟也。

此權禮。弁絰帶者，變喪服而弔服輕，可以即事也。鄭氏。

既練，居堊室，不與人居。君謀國政，大夫士謀家事。既祥，黝堊。祥而外無哭者，禫而内無哭者，樂作矣故也。

堊，白也。新塗堊牆壁，令白也。黝，黑也，黝堊者，堊室之飾，平治其地，令黑也。孔氏。

禫而從御，吉祭而復寢。期，居廬，終喪不御於内者。父在，爲母爲妻。齊衰期者，大功布衰九月者，皆三月不御於內。婦人不居廬，不寢苫。喪父母，既練而歸；期九月者，既葬而歸。

從御，御婦人。復寢，不復宿殯宮。歸，謂歸夫家。鄭氏。

公之喪，大夫俟練，士卒哭而歸。

大夫士守君喪於公所之節。

大夫士父母之喪既練而歸，朔月忌日則歸哭于宗室；諸父兄弟之喪，既卒哭而歸。父不次於子，兄不次於弟。

歸，謂歸其宮也。不次，謂不居殯宮。鄭氏。

君於大夫世婦，大斂焉，爲之賜，則小斂焉。於外命婦，既加蓋而君至，於士，既殯而往，爲之賜，大斂焉。夫人於世婦，大斂焉，爲之賜，小斂焉；於諸妻，爲之賜，大斂焉。於大夫外命婦，既殯而往。

恩輕者殯而後往，恩重者大斂而往，異恩者小斂即往。爲之賜，言異恩也。補。

大夫士既殯而君往焉，使人戒之。主人具殷奠之禮，俟于門外。見馬首，先入門右。巫止于門外，祝代之先。君釋菜于門內，祝先升自阼階，負墉南面。君即位于阼，小臣二人執戈立于前，二人立于後。擯者進，主人拜稽顙。君稱言，視祝而踊，主人踊。

殷，大也，月朔之奠名。殷奠大於朝夕之奠也。稱言，舉所以來之意也。視祝而踊，祝相君之禮，故視之爲節也。鄭氏。

大夫則奠可也，士則出俟于門外，命之反奠乃反奠。卒奠，主人先俟于門外【四】。君退，主人送于門外，拜稽顙。君於大夫疾，三問之；在殯，三往焉。士疾，壹問之；在殯，壹往焉。君弔，則復殯服。

明君來弔，士與大夫禮不同。

夫人弔於大夫士，主人出迎于門外，見馬首，先入門右。夫人入，升堂即位，主婦降自西階，拜稽顙于下。夫人視世子而踊，奠如君至之禮。夫人退，主婦送于門内，拜稽顙，主人送于大門之外，不拜。

婦人迎送不出門，故門内拜。喪無二主，故主人送于門外，不拜。此大夫士之妻送迎夫人之禮。孔氏。

大夫君，不迎于門外，入即位于堂下。主人北面，衆主人南面，婦人即位于房中。若有君命，命夫命婦之命，四鄰賓客，其君後主人而拜。

四鄰賓客，謂昔經使鄰國，今卿大夫遣使來弔，其君後主人而拜者，君代主人拜，喪禮以後爲尊，主人無二也。孔氏、賈氏。

君弔，見尸柩而后踊。大夫士若君不戒而往，不具殷奠，君退必奠。

君來不先戒，當時雖不及具殷奠，君去後必設奠，以榮君之來。孔氏。

【四】主人先俟于門外　「先」原脱，據《禮記·喪大記》補。

君大棺八寸，屬六寸，椑四寸；上大夫大棺八寸，屬六寸；下大夫大棺六寸，屬四寸；士棺六寸。屬音燭。椑，步歷反。

此明君、大夫、士棺重數厚薄之制。大棺，以其包於外故曰大。屬則連屬於大棺，故曰屬。椑，則親身而偪近，故曰椑。大棺及屬用梓，椑用杝。以支反。凡二重，合厚二尺一寸。上大夫，列國之鄉也。二重，士一重，天子則四重。制見《檀弓》。庶人棺四寸。用孔氏、賈氏修。

君裏棺用朱緑，用雜金鐕；大夫裏棺用玄緑，用牛骨鐕；士不緑。鐕，子南反。

裏棺，謂以繒貼棺裏。朱貼四方，緑貼四角。鐕，釘也，所以琢。朱緑繒著裏，士惟用玄。鄭氏、孔氏。

君蓋用漆，三衽三束；大夫蓋用漆，二衽二束；士蓋不用漆，二衽二束。

蓋，棺之上蓋也。用漆者，塗其合縫處。衽謂燕尾合棺縫際也。棺兩邊各三衽，每當衽上，輒以牛皮束之，故三衽三束。大夫、士則殺其一。孔氏。

君、大夫鬊爪實于緑中，士埋之。鬊音舜，爪，側巧反。

鬊，死者亂髮也。併爪實緑中，謂棺四角所貼之緑繒。士棺四角不緑，故埋之。用孔氏修。

君殯用輴，欑至于上，畢塗屋；大夫殯以幬，欑置于西序，塗不暨于棺；士殯見衽，塗上帷之。輴，敕倫反。見，賢遍反。

輴車所以載棺，用輴，謂置棺於輴之内。欑，則聚木以周其外，至於棺上，四注如屋。欑畢則盡塗其屋。幬，覆也。大夫棺不輴，以棺衣覆幬之。西序者，屋堂西頭壁，就牆欑其三面，上不爲屋，塗不及其棺。衽謂棺外衽束之衽也。士不欑，掘地下棺，見露其衽，亦以木覆塗其上而帷之。帷者，鬼神尚幽闇也。凡塗之爲火備也。用孔氏、賈氏修。

熬，君四種八筐，大夫三種六筐，士二種四筐，加魚腊焉。

熬者，煎穀使香，將塗則設於棺旁，所以惑蚍蜉，使不至棺。君四種，黍、稷、稻、粱各二筐，爲八筐。大夫去稻，士去粱。四筐者，手足處各一，餘設於左右。魚腊亦惑蚍蜉。用孔氏修。

飾棺，君龍帷三池，振容，黼荒，火三列，黼三列，素錦褚，加僞荒，纁紐六，齊，五采，五貝，黼翣二，黻翣二，畫翣二，皆戴圭，魚躍拂池。君纁戴六，纁披六。大夫畫帷，二池，不振容，畫荒，火三列，黻三列，素錦褚，纁紐二，玄紐二，齊三采，三貝，黻翣二，畫翣二，皆戴綏，魚躍拂池。大夫戴前纁後玄，披亦如之。士布帷，布荒，一池，揄絞，纁紐二，緇紐二，齊三采，一貝，畫翣二，皆戴綏。士戴前纁後緇，二披，用纁。僞讀爲帷。齊，才細反，又如字。披，彼義反。揄音遥。

飾棺以華道路，不欲衆惡其親也。帷者，柳車邊障。龍帷者，王侯畫龍。三池者，織竹爲籠，衣以青布，挂於荒之爪端，以象平生宫室之有承霤，名曰池。天子四面，諸侯缺其後，故三池。振容者，振動也，容飾也，以絞繒爲之，長丈餘如幡，畫其上爲雉，縣於池下爲容飾，車行則動。黼荒、火三列、黼三列者，荒謂柳車之上覆，緣荒之邊爲黑白黼文，中央又畫火，火形如半環，凡三列。又畫黻，黻形兩「己」字相背，亦三列也。素錦褚者，褚屋也，於荒下用白錦爲屋，在路象宫室也。加僞荒者，鄭氏讀僞爲帷，上蓋曰荒，邊牆曰帷，加帷荒於素錦屋之上也。纁紐六者，上蓋與邊牆相離，故以纁繒爲紐以連之，旁各三，凡六也。齊五采五貝者，齊象車蓋，其鼈甲上當中形圓，高三尺，徑二尺。餘四面有垂下象車蓋之蕤，上下縫合五采繒，行列相次，又列貝爲五行，交絡齊上也。黼翣二、黻翣二、畫翣二，皆戴圭者，翣形如扇，以木爲筐，廣三尺，高二尺四寸，以障柩車而行，二畫黼，二畫黻，二畫雲氣，兩角高，皆戴圭玉也。魚躍拂池者，縣銅魚於振容間，車行則魚跳躍上拂池也。君纁戴六、纁披六者，棺横束有三，每束兩邊，屈皮爲紐，共六紐，用纁帛戴索，連繫於紐與外畔柳材相當，故有六戴。又用纁帛將一頭結此戴，出一頭於帷外，人牽之，故有六披也。大夫之數降於君，戴綏者，翣角不圭，用五采羽作綏也。士又降於大夫，池揄絞者，士惟一池在前，亦畫揄雉於絞在池上。鄭氏、孔氏。

君葬用輴，四綍二碑，御棺用羽葆。大夫葬用輴，二綍二碑，御棺用茅。士葬用國車，二綍無碑，比出宫，御棺用功布。

輴，即殯時載柩之車也。國車者，豈士不爲輴車，止因常用之車歟？綍即紼，蓋引車者。碑各一孔，立於壙之前後，以穿綍下柩於壙者。羽葆，以鳥羽注於柄末如蓋，而御者執之爲車行之節度。士無碑，手縣下之。功布，大功之布。羽葆、功布等，其象皆如麾。比出宫者，既出宫後不用。用孔氏修。

凡封，用綍去碑負引。君封以衡，大夫、士以咸。君命毋譁，以鼓封；大夫命毋哭；士哭者相止也。封讀作窆。咸讀作緘。

封，《周禮》作窆，下棺也。衡，平也。咸，緘也。棺束爲緘，人君以木橫貫緘耳。居旁持而平之，大夫、士旁牽緘而已。鼓者，擊鼓爲縱舍之節。鄭氏。

君松椁，大夫栢椁，士雜木椁。

松，用松心。孔氏。

棺椁之間，君容柷，大夫容壺，士容甒。音武。

間，可藏物，因以爲度。柷，方二尺四寸。壺，大一石。甒，五斗。鄭氏、方氏。

君裏椁，虞筐，大夫不裏椁，士不虞筐。

鄭氏曰：裏椁之物，虞筐之文，未聞也。陸氏曰：裏椁，裏其內。虞筐，虞其外。

卷二十三

讀禮記十

祭法第二十三

祭法：有虞氏禘黄帝而郊嚳，祖顓頊而宗堯。夏后氏亦禘黄帝而郊鮌，祖顓頊而宗禹。殷人禘嚳而郊冥，祖契而宗湯。周人禘嚳而郊稷，祖文王而宗武王。

帝嚳，堯父。顓頊，舜祖。冥，契六世孫。禘者，禘其祖之所自出。郊者，郊天以其太祖配。祖者，祖有功。宗者，宗有德。然周之文王本以德，武王本以功。又《孝經》云：宗祀文王，與此不同。江陵項氏曰：此經生用其師説，推次而上，非必有明文可據。《禮記》文體如此者多，如有虞氏官五十，夏百，殷二百，周三百，亦是以數相推，考實難矣。天台賈氏曰：堯禪舜，舜禪禹，其禪一也。虞既宗堯，夏乃不宗舜，舜生於瞽瞍，禹生於鮌，其生一也。夏既郊鮌，虞乃不郊瞽瞍，虞、夏、商所祖者，廟之太祖。周所祖者，乃不以廟之太祖后稷，而以文王，意各以義起。集。

燔柴於泰壇，祭天也。瘞理於泰折，祭地也。用騂犢。折，之設反。

泰壇，南郊之壇也。泰折，北郊之坎也。壇以圓而高爲言，折以方而深爲言。燔柴，升而明，天道也。瘞理，藏而幽，地道也。牲則用騂犢。陳氏、方氏。

埋少牢於泰昭，祭時也。相近於坎壇，祭寒暑也。王宮，祭日也。夜明，祭月也。幽宗，祭星也。雩宗，祭水旱也。四坎壇，祭四方也。山林、川谷、丘陵能出雲，爲風雨，見怪物，皆曰神。有天下者祭百神，諸侯在其地則祭之，亡其地則不祭。相近，鄭音禳祈，横渠如字。見，賢遍反。亡音無。

昭，明也。泰昭者，祭四時之壇名。相近，鄭氏改爲禳祈，方氏謂《孔叢子》作袒迎，横渠讀如字。王宮、夜明以下皆所祭壇名。眉山孫氏曰：四時也，寒暑也，日也，月也，星辰也，水旱也。孔安國指爲書之禋于六宗。孔子嘗以此答宰我，事見《孔叢子》。横渠張氏曰：日月星辰、風雨寒暑無特祭，皆從祀於郊。所謂日於壇，月於坎；日於東，月於西。皆不出祀之兆。言王宮、夜明、幽宗之類，皆指其祭位爾。寒暑無定，暑近日壇，寒近月坎，故曰相近於坎壇，祭寒暑也。註謂相近爲禳祈者，非。方氏曰：四方者，四方萬物之神，故有坎有壇，而合以四焉。集。

大凡生於天地之間者皆曰命，其萬物死皆曰折，人死曰鬼。此五代之所不變也。七代之所更立者，禘、郊、宗、祖，其餘不變也。

五代，謂黄帝、虞、夏、商、周。七代，通數顓頊及嚳。鄭氏。

天下有王，分地建國，置都立邑，設廟、祧、壇、墠而祭之，乃爲親疏多少之數。是故王立七廟，一壇一墠，曰考廟，曰王考廟，曰皇考廟，曰顯考廟，曰祖考廟，皆月祭之。遠廟爲祧，有二祧，享嘗乃止。去祧爲壇，去壇爲墠，壇墠有禱焉祭之，無禱乃止。去墠曰鬼。諸侯立五廟，一壇一墠，曰考廟，曰王考廟，曰皇考廟，皆月祭之。顯考廟、祖考廟享嘗乃止。去祖爲壇，去壇爲墠，壇墠有禱焉祭之，無禱乃止。去墠爲鬼。大夫立三廟二壇，曰考廟，曰王考廟，曰皇考廟。享嘗乃止。顯考、祖考無廟，有禱焉，爲壇祭之。去壇爲鬼。適士二廟一壇，曰考廟，曰王考廟。享嘗乃止。顯考無廟，有禱焉，爲壇祭之，去壇爲鬼。官師一廟，曰考廟，王考無廟而祭之，去王考爲鬼。庶士、庶人無廟，死曰鬼。適，丁歷反。

建國，封諸侯也。置都立邑，爲卿大夫采地，及賜士有功者之地也。廟，貌也，象先祖之貌也。祧，超也，超出廟貌之上也。封土曰壇，除地曰墠。考，成也，謂有成德之美也。父廟曰考；王，君也。尊於父者也，祖廟曰王考。皇，大也，尤尊者也，曾祖廟曰皇考。顯者，高而在上之義也，高祖廟曰顯考。祖，始也。始祖廟曰祖考廟。皆月祭之。既祧則時祭之，去祧而爲壇爲墠，惟有禱而後祭之。去墠爲鬼，鬼則歸於無迹矣。薦而不祭，自天子降殺以兩，至庶人無廟，死惟曰鬼，則饗於寢。凡皆注疏，依本文之説如此。長樂陳氏曰：《祭法》言天子至士立廟之制，多與禮異。其言壇墠等威之辨，理或有之。秦溪楊氏曰：《祭法》與《王制》不同，《王制》天子三昭三穆，與太祖爲七廟。《祭法》則序四親二祧。《王制》諸侯二昭二穆爲五廟。《祭法》則序三親月祭，其高、太二廟特時祭之。《王制》大夫三廟有太祖，《祭法》無太祖。《王制》士一廟。《祭法》分適士二廟，官師一廟。《祭法》有壇有墠。《王制》無之。《祭法》有王考、皇考、顯考、祖考之稱。《王制》無之。又按三壇同墠出於《金縢》，乃因有禱而爲之。非宗廟之外預爲壇墠以待他日之禱。《孝經》爲之宗廟，以鬼享之，亦非去墠始爲鬼。晉張融謂《祭法》去祧爲壇，去壇爲墠，去墠爲鬼，皆衰世之法，則所言難以盡信。集。

王爲群姓立社，曰太社；王自爲立社，曰王社。諸侯爲百姓立社，曰國社；諸侯自爲立社，曰侯社。大夫以下，成群立社，曰置社。

大夫以下，謂下至庶人，共立社，今里社是。鄭氏。

王爲群姓立七祀：曰司命，曰中霤，曰國門，曰國行，曰泰厲，曰户，曰竈。王自爲立七祀。諸侯爲國立五祀：曰司命，曰中霤，曰國門，曰國行，曰公厲。諸侯自爲立五祀。大夫立三祀：曰族厲，曰門，曰行。適士立二祀：曰門，曰行。庶士、庶人立一祀，或立户，或立竈。

司命主督察。中霤主堂室。厲主殺罰。《儀禮》士禱五祀，與此亦不同。鄭氏、輔氏。

王下祭殤五：適子、適孫、適曾孫、適玄孫、適來孫。諸侯下祭三，大夫下祭二，適士及庶人祭子而止。適，丁歷反。

玄孫之子爲來孫，方來未已也。祭殤止適。方氏、應氏。

夫聖王之制祭祀也，法施於民則祀之，以死勤事則祀之，以勞定國則祀之，能禦大菑則祀之，能捍大患則祀之。是故厲山氏之有天下也，其子曰農，能殖百穀。夏之衰也，周棄繼之，故祀以爲稷。共工氏之霸九州也，其子曰后土，能平九州，故祀以爲社。帝嚳能序星辰以著衆，堯能賞均刑法以義終，舜勤衆事而野死，鯀鄣鴻水而殛死，禹能修鯀之功，黄帝正名百物以明民共財，顓頊能修之，契爲司徒而民成，冥勤其官而水死，湯以寬民而除其虐，文王以文治，武王以武功去民之菑，此皆有功烈於民者也。及夫日月星辰，民所瞻仰也；山林、川谷、丘陵，民所取財用也。非此族也，不在祀典。

厲山氏，炎帝也，即神農，起烈山，或曰烈山氏。夏末湯大旱七年，變置社稷，始廢農祀棄。棄，后稷名也。共工在太昊、炎帝之間。共財，謂散民取百物以自贍。族，猶類也。鄭氏、孔氏。

祭義第二十四

祭不欲數，數則煩，煩則不敬；祭不欲疏，疏則怠，怠則忘。是故君子合諸天道，春禘秋嘗，霜露既降，君子履之，必有悽愴之心，非其寒之謂也。春雨露既濡，君子履之，必有怵惕之心，如將見之。樂以迎來，哀以送往，故禘有樂而嘗無樂。數，色角反。愴，初亮反。

合天道，謂不數不疏。春秋祭祀以時，思之也。履霜露而有悽愴之心，此秋所以有嘗。履雨露而有怵惕之心，此春所以有禘。禘者，陽之盛。其祭主飲以求諸陽，故以迎來爲主，而有樂以迎來。嘗者，陰之盛，其祭主食以求諸陰，故以送往爲主，而不用樂。樂以迎來，樂其親之將來也。哀以送往，哀其享否不可知也。集孔氏、慕容氏、晦菴及鄭氏説。

致齊於内，散齊於外。齊之日，思其居處，思其笑語，思其志意，思其所樂，思其所耆。齊三日，乃見其所爲齊者。耆音嗜。

程氏謂此平日思親之心，非齊也。齊不容有思。愚意齊之言齊也，齊者，致一也。齊而一於思親，則外事絶矣。此其祭親而可與親之神靈接也。思親不害於爲齊也，若謂齊不可有思，其論雖精，然恐鄰於莊子心齊之説，後世竊之爲禪學者也。程氏講明正學，而門人多流於禪，往往多附益之。學者宜謹。孔子云「祭思敬」。補。

祭之日，入室，僾然必有見乎其位；周還出户，肅然必有聞乎其容聲；出户而聽，愾然必有聞乎其嘆息之聲。僾音愛。愾，開代反。

周還出户，謂薦設時。出户而聽，謂闔户時。僾然、肅然、愾然，蓋誠之不可揜，所謂如在其上，如在其左右。鄭氏、輔氏。

是故先王之孝也，色不忘乎目，聲不絶乎耳，心志嗜欲不忘乎心。致愛則存，致慤則著。著存不忘乎心，夫安得不敬乎？色不忘乎目，常若承顔；聲不絶乎耳，常若聽命；心志嗜欲不忘乎心，事死如事生，事亡如事存也。著存，則洋洋乎如在其上，如在其左右，安得不敬乎？用方氏修。君子生則敬養，死則敬享，思終身弗辱也。君子有終身之喪，忌日之謂也。忌日不用，非不祥也，言夫日，志有所至，而不敢盡其私也。此言忌日以喪禮處之。不用，不舉事也，非以其日之不祥而不用也。極思念親，不敢盡其私情以營他事也。本孔氏説。

唯聖人爲能饗帝，孝子爲能饗親。饗者，鄉也。鄉之然後能饗焉。是故孝子臨尸而不怍。君牽牲，夫人奠盎；君獻尸，夫人薦豆。卿大夫相君，命婦相夫人。齊齊乎其敬也！愉愉乎其忠也！勿勿諸其欲其饗之也！鄉，許亮反。相，息亮反。齊如字，又子禮反。尸，謂祭祀之尸。怍，愧色也。牽牲，將薦血毛。盎者，盎齊，謂酒也。薦豆，以豆實韭、菹、醢而薦之也。齊齊，整齊貌。愉愉，和悦貌。勿勿，慤愛貌。其，皆語助。此章援聖人之饗帝，以重孝子之饗親，因明饗之言鄉，中心鄉之，乃能致其來饗。唯聖人爲能饗帝，仁人之心與天地一也。唯孝子爲能饗親，孝子之心與父母一也。皆以其心饗之也。君牽牲而夫人奠盎以副之，君獻尸而夫人薦豆以助之。此見夫婦相須以成，而婦人唯酒食是議，共祭祀其職也。卿大夫則相其君、命婦則相夫人，内外協心，又各盡其誠敬焉。補。

文王之祭也，事死者如事生，思死者如不欲生，忌日必哀，稱諱如見親，祀之忠也。如見親之所愛，如欲色然。其文王與？《詩》云「明發不寐，有懷二人」，文王之詩也。祭之明日，明發不寐，饗而致之，又從而思之。祭之日，樂與哀半，饗之必樂，已至必哀。如不欲生，思親之深如欲隨之而死也。忌日必哀，所謂終身之喪也。稱諱如見親，所謂聞名心瞿也。如見親之所愛，如見親之有愛於己。如欲色然，如欲承順父母之顔色也。明發不寐，謂夜而至旦。有懷二人，謂思父母。此《小雅》幽王之詩，今指爲文王者，斷章取義。詩人陳文王之德以刺幽王，是亦可名文王之詩也。饗而致之，臨祭也。又從而思之，既祭也。饗之必樂者，久慕而幸得其來。已至必哀者，感慨而且思其去。鄭氏、孔氏、方氏、輔氏。

仲尼嘗，奉薦而進，其親也慤，其行也趨趨以數。已祭，子贛問曰：「子之言祭，濟濟漆漆然。今子之祭，無濟濟漆漆何也？」子曰：「濟濟者，容也遠也【一】。漆漆者，容也自反也。容以遠，若容以自反也，夫何神明之及交？夫何濟濟漆漆之有乎？反饋樂成，薦其薦俎，序其禮樂，備其百官，君子致其濟濟漆漆，夫何慌惚之有乎？夫言，豈一端而已，夫各有所當也。」趨音促。數，色角反。漆音切。慌，况往反。一音荒。惚音忽。當，丁浪反。嘗，秋祭也。親謂身親執事。慤，與趨趨，言少威儀。數之言速也。濟濟漆漆者，威

【一】容也遠也　「容」原作「客」，據《禮記·祭義》改。

儀之多，與慤與趨趨相反者也。反饋謂進熟。樂成，謂合樂。薦俎，謂薦牲體之俎。君子，謂助祭之人。慤與趨趨，孝子奉祭之誠，其儀少。濟濟漆漆，賓客助祭之容，其儀多。子貢誤認夫子平日之言，以濟濟漆漆爲奉祭者，故夫子析以告之如此。補。

孝子將祭，慮事不可以不豫，比時具物，不可以不備，虛中以治之。宮室既修，牆屋既設，百物既備，夫婦齊戒沐浴，盛服奉承而進之。洞洞乎！屬屬乎！如弗勝，如將失之，其孝敬之心至也與！薦其薦俎，序其禮樂，備其百官，奉承而進之。於是諭其志意，以其慌惚以與神明交，庶或饗之。庶或饗之，孝子之志也。比，必利反。洞音動。勝音升也。與音餘。

比時，及時也。洞洞，幽深。屬屬，連續。皆言孝敬不忘之意。諭其志意，謂祝以孝告。庶或，謂不敢必。補。

孝子之祭也，盡其慤而慤焉，盡其信而信焉，盡其敬而敬焉，盡其禮而不過失焉。進退必敬，如親聽命，則或使之也。

或使之，謂如親聽父母之命，而父母或使之也。孔氏。

孝子之祭可知也，其立之也敬以詘，其進之也敬以愉，其薦之也敬以欲。退而立，如將受命，已徹而退，敬齊之色不絕於面，孝子之祭也。立而不詘，固也。進而不愉，疏也。薦而不欲，不愛也。退立而不如受命，敖也。已徹而退，無敬齊之色，而忘本也。如是而祭，失之矣。詘，來勿反。敬齊如字。

立之者，方待事而立；　進之者，既從事而進；　薦之者，言奉物而薦。詘，形容喜貌。愉，顔色和貌。欲，婉順貌。立而不詘，以其恃親，故謂之固。進而不愉，以其憚親，故謂之疏。薦而不欲，若不得已而薦者，是謂不愛其親。立也、進也、薦也，皆當有悦慕意，而皆以敬爲本。雖既祭而退，猶不忘。用鄭氏、孔氏、陸氏修。

孝子之有深愛者，必有和氣；　有和氣者，必有愉色；　有愉色者，必有婉容。孝子如執玉，如奉盈，洞洞屬屬然如弗勝，如將失之。嚴威儼恪，非所以事親也，成人之道也。奉，芳勇反。

自有深愛以下皆言愛，自如執玉以下皆言敬。所謂愛、敬盡於事親，愛敬者，常不失孺子之心。嚴威儼恪者，乃成人之道，故非所以事親。用方氏、吕氏補。

先王之所以治天下者五：貴有德，貴貴，貴老，敬長，慈幼。此五者，先王之所以定天下也。貴有德何爲也？爲其近於道也。貴貴，爲其近於君也。貴老，爲其近於親也。敬長，爲其近於兄也。慈幼，爲其近於子也。是故至孝近乎王，至弟近乎霸。至孝近乎王，雖天子必有父。至弟近乎霸，雖諸侯必有兄。先王之教，因而弗改，所以領天下國家也。王、古注于況反。

鄭氏曰：言治國有家道。項氏曰：近王近霸。《禮記》此類雖似可疑，然皆古之遺言，先儒口相授，其中多義訓，不可忽。集。

子曰：「立愛自親始，教民睦也。立敬自長始，教民順也。教以慈睦，而民貴有親；教以敬長，而民貴用命。孝以事親，順以聽命，錯諸天下，無所不行。」

親其親，長其長，而天下平。補。

郊之祭也，喪者不敢哭，凶服者不敢入國門，敬之至也。

祭、吉禮，不欲聞見凶人。鄭氏。

祭之日，君牽牲，穆答君，卿大夫序從。既入廟門，麗于碑，卿大夫袒而毛牛尚耳，鸞刀以封取膟、膋，乃退。爓祭祭腥而退，敬之至也。袒，徒旦反。膟音律。膋，力彫反。爓音燖。

穆，子姓也。答，對也。君牽牲，子姓對君，共牽牲，以示父子合敬而致其力也。麗，繫也，繫牲中庭之碑，將殺牲也。毛牛尚耳者，耳主聽，故尚耳毛，欲使神聽之也。膟膋，血與腸間脂也。湯肉曰爓，爓祭祭腥者，祭爓肉，腥肉也。鄭氏、方氏、孔氏。

郊之祭，大報天而主日，配以月。夏后氏祭其闇，殷人祭其陽，周人祭日以朝及闇。

主日者，以其光明，天之神可見者，莫著焉也。祭其闇，昏時祭也。祭其陽，日中祭也。祭日，日間祭也。朝及闇者，終日行事。用鄭氏、方氏修。

祭日於壇，祭月於坎，以別幽明，以制上下；祭日於東，祭月於西，以別內外，以端其位。日出於東，月生於西，陰陽長短，終始相巡，以致天下之和。別，彼列反。巡，古讀爲訟，然如字亦通。

日爲明，月爲幽，壇在上，坎在下。日爲陽，在外；月爲陰，在內。屬乎陽者，皆長；屬乎陰者，皆短。一長一短，終則有始，相巡而未始相絶，故足以致天下之和。方氏。

天下之禮，致反始也，致鬼神也，致和用也，致義也，致讓也。致反始，以厚其本也；致鬼神，以尊上也；致物用，以立民紀也。致義，則上下不悖逆矣；致讓，以去爭也。合此五者，以治天下之禮也，雖有奇邪，而不治者則微矣。去，起吕反。奇，紀宜反。

致之言至，使人勤行至於極也。致反始，奉郊社。致鬼神，祭宗廟。致和用，足衣食。致義，制事之宜。致讓，教民之遜。五者立，雖有奇異邪僻不治者，亦少矣。鄭氏、孔氏、方氏。

宰我曰：「吾聞鬼神之名，不知其所謂。」子曰：「氣也者，神之盛也；魄也者，鬼之盛也。合鬼與神，教之至也。」衆生必死，死必歸土，此之謂鬼。骨肉斃于下，陰爲野土，其氣發揚于上，爲昭明，焄蒿悽愴，此百物之精也，神之著也。因物之精，制爲之極，明命鬼神，以爲黔首。則百衆以畏，萬民以服。陰古音蔭。

鬼，歸也，陰之爲。神，伸也，陽之爲。氣，謂呼吸出入者，魄，謂耳目形體者。神形相合，人所以生，今雖人死，故必聚合鬼神以制祭祀之禮而事之，其爲教也至矣。死而骨肉蔭爲野土者，即其生時之魄，而鬼之謂也。死而其氣發揚爲昭明者，即其生時之氣，而神之謂也。此蓋因上文之鬼神而申明之。焄，香臭也。蒿，氣蒸出貌也。百物之氣蒸而上出。焄蒿者，其狀。悽愴者，其情也。人氣之發揚於上爲昭明，百物之精氣爲焄蒿悽愴，是神之至著者也。聖人因人與物死之精靈，制爲尊極之名稱，謂之鬼神。爲民作法，使民亦事其祖禰、鬼神，無不畏服也。然黔首者，秦所以名其民。此云宰我之言，當考。用鄭氏、孔氏修。

聖人以是爲未足也，築爲宮室，設爲宗祧，以別親疏遠邇，教民反古復始，不忘其所由生也。衆之服自此，故聽且速也。

宮室，謂廟之宮室。宗，親而邇者；祧，疏而遠者。方氏。

二端既立，報以二禮。建設朝事，燔燎羶薌，見以蕭光以報氣也，此教衆反始也。薦黍稷，羞肺肝首心，見間以俠甒，加以鬱鬯，以報魄也。教民相愛，上下用情，禮之至也。

見以之見，見間之見，古注作覸，今並如字。俠，古治反。甒音武。

二端，氣爲神，魄爲鬼也。二禮，朝事、報氣。薦黍稷，報魄也。朝事，謂朝而事之。羶，天産之臭，薌，地産之臭。染蕭以膟膋，故有羶。合蕭以黍稷，故有薌。蕭與膟、膋、黍、稷并合而見，故曰見以蕭光。光，猶氣也。凡此皆以臭爲主，而臭爲陽，故曰報氣。氣以陽生而有所始，故曰教衆反始也。黍、稷，以器盛而進，故曰薦。肺、肝、首、心，又各致其美，故曰羞。甒，有兩，故曰俠。諸物見於俠甒之間，故曰見間而又加之以鬱鬯之彝。凡此皆以味爲主，而味爲陰，故曰報魄。魄，以陰聚，而有所愛，故曰教民相愛也。報氣，求陽是用情於上。報魄，求陰是用情於下。二禮之報，至此無以復加，故曰上下用情，禮之至也。方氏。

君子反古復始，不忘其所由生也。是以致其敬，發其情，竭力從事以報其親，不敢弗盡也。

如上報氣報魄，皆報親之事。方氏。

是故昔者天子爲藉千畝，冕而朱紘，躬秉耒【二】，諸侯爲藉百畝，冕而青紘，躬秉耒，以事天地、山川、社稷、先古以爲醴酪齊盛，於是乎取之，敬之至也。

藉，藉田。先古謂先祖，若先聖先師。醴甘酪酸。方氏。

古者天子諸侯必有養獸之官，及歲時，齊戒沐浴而躬朝之。犧牷祭牲必於是取之，敬之至也。君召牛，納而視之，擇其毛而卜之，吉然後養之。君皮弁素積，朔月月半，君巡牲，所以致力，孝之至也。

始養言獸，召而視之言牛。巡言牲，犧，言色之純，牷，言體之完，躬朝之者，謂人君齊戒沐浴，躬受養獸官之朝。山陰陸氏。

古者天子諸侯必有公桑蠶室，近川而爲之，築宮仞有三尺，棘牆而外閉之。及大昕之朝，君皮弁素積，卜三宮之夫人、世婦之吉者，使入蠶于蠶室，奉種浴于川，桑于公桑，風戾以食之。歲既單矣，世婦卒蠶，奉繭以示于君，遂獻繭于夫人。夫人曰：「此所以爲君服與！」遂副褘而受之，因少牢以禮之。古之獻繭者，其率用此與？及良日，夫人繅，三盆

【二】躬秉耒　「耒」原作「來」，據《禮記·祭義》改。

手，遂布于三宮夫人、世婦之吉者，使繅，遂朱緑之，玄黄之以爲黼黻文章。服既成，君服以祀先王先公。敬之至也。禕音暉。

近川，取浴蠶之便。仞，七尺，又三尺，高一丈也。大昕，朔日之朝。風戾，風燥之也。食，謂飼蠶。歲單，謂三月月盡之後。副，首飾。禕，禕衣。三盆手者，親繅三盆，以手振出其緒。鄭氏、孔氏。

君子曰：禮樂不可斯須去身。致樂以治心則易、直、子、諒之心油然生矣。易、直、子、諒之心生則樂，樂則安，安則久，久則天，天則神。天則不言而信，神則不怒而威，致樂以治心者也。致禮以治躬則莊敬，莊敬則嚴威。心中斯須不和不樂，而鄙詐之心入之矣；外貌斯須不莊不敬，而慢易之心入之矣。故樂也者，動於内者也；禮也者，動於外者也。樂極和，禮極順，内和而外順，則民瞻其顔色而不與争也，望其容貌而衆不生慢易焉。故德煇動乎内，而民莫不承聽；理發乎外，而衆莫不承順。故曰：「致禮樂之道，而天下塞焉，舉而錯之無難矣。」樂也者，動於内者也；禮也者，動於外者也。故禮主其減，樂主其盈。禮減而進，以進爲文；樂盈而反，以反爲文。禮減而不進則銷，樂盈而不反則放，故禮有報而樂有反。禮得其報則樂，樂得其反則安。禮之報，樂之反，其義一也。

塞，充滿也。此一節《樂記》文重出。

曾子曰：「孝有三：大孝尊親，其次弗辱，其下能養。」公明儀問於曾子曰：「夫子可以爲孝乎？」曾子曰：「是何言與！是何言與！君子之所謂孝者，先意承志，諭父母於道。參直養者也，安能爲孝乎？」曾子曰：「身也者，父母之遺體也。行父母之遺體，敢不敬乎？居處不莊，非孝也。事君不忠，非孝也。涖官不敬，非孝也。朋友不信，非孝也。戰陣無勇，非孝也。五者不遂，烖及於親，敢不敬乎？亨、孰、羶、薌，嘗而薦之，非孝也，養也。君子之所謂孝也者，國人稱願然曰：『幸哉有子如此！』所謂孝也已。衆之本教曰孝，其行曰養。養可能也，敬爲難；敬可能也，安爲難；安可能也，卒爲難。父母既没，慎行其身，不遺父母惡名，可謂能終矣。仁者，仁此者也；禮者，履此者也；義者，宜此者也；信者，信此者也；强者，强此者也。樂自順此生，刑自反此作。」

此章明孝與養之别也。衆之本教曰孝者，孝爲衆行之根本，以此根本而教於下，名之曰孝。鄭氏。

曾子曰：「夫孝，置之而塞乎天地，溥之而横乎四海，施諸後世而無朝夕，推而放諸東海而準，推而放諸西海而準，推而放諸南海而準，推而放諸北海而準。《詩》云『自西自東，自南自北，無思不服』。此之謂也。」溥古音敷。放，甫往反。

無朝夕，言常行無輟時也。準猶齊也，言無不同也。鄭氏、晦菴。

曾子曰：「樹木以時伐焉，禽獸以時殺焉。夫子曰：『斷一樹，殺一獸，不以其時，非孝也。』孝有三：小孝用力，中孝用勞，大孝不匱。思慈愛忘勞，可謂用力矣。尊仁安義，可謂用勞矣。博施備物，可謂不匱矣。父母愛之，嘉而弗忘；父母惡之，懼而無怨。父母有過，諫而不逆。父母既没，必求仁者之粟以祀之。此之謂禮終。」斷，丁管反。施，始豉反。惡，烏路反。

庶人思父母慈愛，忘己躬耕之勞，可謂用力矣。諸侯、卿、大夫、士尊重於仁，安行於義，心無勞倦，可謂用勞矣。博施，謂德教加於百姓，刑于四海。備物，謂四海之内各以其職來祭。此孔氏之説。孝之小大各以其分言也。於親生育之恩，則思之而不忘。於己奉養之力，則忘之而不思。故曰用力。仁所以愛親，義所以敬親，愛敬盡於事親，故曰用勞。此方氏之説，而説不及於不匱也。博施則聖矣，孝至於此則達於天下。四海九州之美味莫不備至，故爲大孝。此葉氏之説，而可以足方氏之説者也。愚按《孟子》嘗謂舜爲大孝，未嘗有待於外者。今此漢儒傳聞，曾子之言以博施備物爲大孝，則有待於在外者而後爲大，非其餘人子所可預，故孔氏以分之小大言之。姑録其説，俟來者擇焉。鄭氏謂必求仁者之粟，喻貧困猶不敢取惡人物以事亡親，則其説精矣。集。

樂正子春下堂而傷其足，數月不出，猶有憂色。門弟子曰：「夫子之足瘳矣，數月不出，猶有憂色，何也？」樂正子春曰：「善如爾之問也！善如爾之問也！吾聞諸曾子，曾子聞諸夫子，曰：『天之所生，地之所養，無人爲大。父母全而生之，子全而歸之，可謂孝矣。不虧其體，不辱其身，可謂全矣。故君子頃步而弗敢忘孝也。』今予忘孝之道，予是以有憂色也。壹舉足而不敢忘父母，壹出言而不敢忘父母。壹舉足而不敢忘父母，是故道而不徑，舟而不游，不敢以先父母之遺體行殆。壹出言而不敢忘父母，是故惡言不出於口，忿言不反於身。不辱其身，不羞其親，可謂孝矣。」頃，缺婢反。方如字。

古注頃，跬也，一舉足爲跬，再舉足爲步，蓋改頃爲跬。方氏據《荀子》云：行而俯頃，非懾怯也。因以頃爲俯首。一頃之間，如其説則不必改字。道，大路。徑，邪徑。游者，浮水而渡。忿言，指在人之言也。惟己之惡言不出於口，故人之忿言亦不反於身也。方氏。

昔者有虞氏貴德而尚齒，夏后氏貴爵而尚齒，殷人貴富而尚齒，周人貴親而尚齒。虞、夏、殷、周，天下之盛王也，未有遺年者。年之貴乎天下久矣，次乎事親也。

臣能世禄曰富。未有遺年者，言皆尚齒。次乎事親者，言事親之次尚齒爲重。補。

是故朝廷同爵則尚齒。七十杖於朝，君問則席，八十不俟朝，君問則就之，而弟達乎朝廷矣。行肩而不併，不錯則隨，見老者則車徒辟，斑白者不以其任行乎道路，而弟達乎道路矣。居鄉以齒，而老窮不遺，强不犯弱，衆不暴寡，而弟達乎州巷矣。古之道，五十不爲甸徒，頒禽隆諸長者，而弟達乎獀狩矣。軍旅什伍，同爵則尚齒，而弟達乎軍旅矣。孝弟發諸朝廷，行乎道路，至乎州巷，放乎獀狩，修乎軍旅，衆以義死之，而弗敢犯也。辟音避。

狻音蒐。

君問則席，命之坐也。不俟朝，君揖之即退，不俟朝事畢也。就之，就其家也。行肩而不併，言肩隨而不併行也。不錯則隨者，錯，雁行參錯也，父黨隨行，兄黨雁行，不爲雁行之參錯，則爲隨行之陪從也。車徒辟者，乘車步行，皆避老人也。斑白者不以其任行乎道路，謂少者爲老者代其任也。州巷者，一鄉五州，巷猶閭也。甸徒者，六十四井爲甸，軍田出役之法，五十始衰，不從力役之政也。春獵爲狻，冬獵爲狩。此章因孝言弟，孝弟之道，無處不行，故衆行孝弟，雖死不敢犯之。犯，謂犯不孝不弟也。用孔氏、方氏修。

祀乎明堂，所以教諸侯之孝也。食三老五更於大學，所以教諸侯之弟也。祀先賢於西學，所以教諸侯之德也。耕藉，所以教諸侯之養也。朝覲，所以教諸侯之臣也。五者，天下之大教也。食音嗣。

西學者，西郊之學。春朝秋覲，禮行於此，人得於彼而不知者，乃教之至詳。言教萬民而後及諸侯者，化賤者易，化貴者難也。周氏、馬氏。

食三老五更於大學，天子袒而割牲，執醬而饋，執爵而酳，冕而揔干，所以教諸侯之弟也。是故鄉里有齒，而老窮不遺，强不犯弱，衆不暴寡，此由大學來者也。天子設四學，當入學而大子齒。

執醬而饋，進食也。執爵而酳，食後以酒滌口也。冕而揔干，親在舞位有樂侑食也。

四學者，四郊之學也。鄭氏。

天子巡守，諸侯待于竟，天子先見百年者。八十九十者，東行西行者弗敢過，西行東行者弗敢過。欲言政者，君就之可也。

不敢過，即上文所謂車徒辟。陸氏。

壹命齒于鄉里，再命齒于族，三命不齒。族有七十者弗敢先。七十者不有大故不入朝，若有大故而入，君必與之揖讓而后及爵者。

齒，謂以年次，立若坐也。一命，天子之國則下士，諸侯之國，則士也。再命，天子之國則中士，諸侯之國則大夫也。三命，天子之國則上士，諸侯之國則卿也。一命與鄉人齒，再命與族人齒，三命雖族人不敢與之齒。特坐賓東，然亦不敢先族之七十者。族有七十者先入，此三命者後入，年七十者入朝，君先與之爲禮，而后揖卿、大夫、士。鄭氏、孔氏。

天子有善，讓德於天。諸侯有善，歸諸天子。卿大夫有善，薦於諸侯。士庶人有善，本諸父母，存諸長老。禄爵慶賞，成諸宗廟，所以示順也。

薦，進也。成諸宗廟，謂於宗廟命之。鄭氏。

昔者聖人建陰陽天地之情，立以爲《易》。易抱龜南面，天子卷冕北面，雖有明知之心，必進斷其志焉，示不敢專，以尊天也。善則稱人，過則稱己。教不伐，以尊賢也。卷音衮。知音智。

立以爲《易》，作《易》也。易抱龜者，易官名也。古易之官，抱龜南面而立也。天子雖有明智之心，亦進而聽斷於龜，示不敢專，以尊敬上天也。有善稱人，又教在下，不自伐其善，以尊敬賢人也。鄭氏、孔氏。

孝子將祭祀，必有齊莊之心以慮事，以具服物，以修宫室，以治百事。及祭之日，顔色必温，行必恐，如懼不及愛然。其奠之也，容貌必温，身必詘，如語焉而未之然。宿者皆出，其立卑静以正，如將弗見然。及祭之後，陶陶遂遂，如將復入然。是故慤善不違身，耳目不違心，思慮不違親。結諸心，形諸色，而術省之，孝子之志也。陶音遥。

如懼不及愛然，若恐失愛於親也。如語焉而未之然，若有所以語諸親而未見答也。如將弗見然，祭事畢而退立，如恐不得再見其親也。如將復入然，已祭而思慕之心少殺，陶陶遂遂而自釋，如親將復入也。術，述也，省，視也，循述而省視之反覆不忘。此孝子思念之志也。凡此四段，皆以父母平生言之，所謂事亡如事存也。用鄭氏、孔氏修。

建國之神位，右社稷而左宗廟。

社稷，陰也，故居右。宗廟，陽也，故居左。陳氏。

祭統第二十五

凡治人之道，莫急於禮；禮有五經，莫重於祭。夫祭者，非物自外至者也，自中出，生於心也。心怵而奉之以禮，是故唯賢者能盡祭之義。賢者之祭也，必受其福。非世所謂福也，福者，備也。備者，百順之名也。無所不順者之謂備，言內盡於己而外順於道也。忠臣以事其君，孝子以事其親，其本一也。上則順於鬼神，外則順於君長，內則以孝於親，如此之謂備。唯賢者能備，能備然後能祭。是故賢者之祭也，致其誠信與其忠敬，奉之以物，道之以禮，安之以樂，參之以時，明薦之而已矣。不求其爲，此孝子之心也。祭者，所以追養繼孝也。孝者，畜也，順於道不逆於倫，是之謂畜。

禮有五經，謂吉、凶、賓、軍、嘉。莫重於祭，謂五禮以吉爲首，而祭者吉禮也。非物自外至，言非假他物，實出於孝子之心也。本於心之怵惕而後奉之以禮文，此所以能盡祭之義，而祭則受福也。世所謂福者，謂受鬼神之祐。賢者之所謂福者，謂受大順之實。其義一者，言忠孝俱由順出也。參之以時，謂以時而祭。明薦之而已矣。不求其爲者，謂惟明潔以薦，而不求其報。爲者，謂福祐之報已也。畜，謂孝子順於德教，不逆倫理，可以畜養其親，故釋孝爲畜。畜固有畜養之義，亦有止而畜聚之義焉。集鄭氏、孔氏、譙氏。

是故孝子之事親也，有三道焉【三】：生則養，没則喪，喪畢則祭。養則觀其順也，喪則觀其哀也，祭則觀其敬而時也。盡此三道者，孝子之行也。既內自盡，又外求助，昏禮是也。故國君取夫人之辭曰：「請君之玉女與寡人共有敝邑，事宗廟社稷。」此求助之本也。夫祭也者，必夫婦親之，所以備外內之官也。官備則具備：水草之菹，陸産之醢，小

【三】有三道焉　「焉」字原脱，據《禮記・祭統》補。

物備矣；三牲之俎，八簋之實，美物備矣；昆蟲之異，草木之實，陰陽之物備矣。凡天之所生，地之所長，苟可薦者，莫不咸在，示盡物也。外則盡物，内則盡志，此祭之心也。是故天子親耕於南郊以共齊盛，王后蠶於北郊，以共純服；諸侯耕於東郊亦以共齊盛【四】，夫人蠶於北郊以共冕服。天子、諸侯非莫耕也，王后、夫人非莫蠶也，身致其誠信，誠信之謂盡，盡之謂敬，敬盡然後可以事神明。此祭之道也。純，側其反，緇衣也。方氏下文注以爲純儉之純。

玉女，美言之也。水草之菹，芹茆之屬。陸産之醢，蚳蝝悦專反。之屬。三牲，牛、羊、豕。八簋，五穀之屬。昆蟲之異，蜩范蜂也。之屬。草木之實，榛栗之屬。純，以衣言。冕，以冠言。非莫耕、非莫蠶，言天子有天下，諸侯有一國，非莫之爲耕也，非莫之爲蠶也，而夫婦自耕蠶者，以共祭祀，而自致其誠信也。自生而養，没而喪，至思慕而爲祭，是爲内盡其心。自昏禮而至夫婦親祭，是爲又求其助。自水草之菹而至苟可薦者莫不咸在，是爲外盡其物。故親耕親蠶以共祭祀，皆發於此心之敬。補。

及時將祭，君子乃齊。齊之爲言齊也，齊不齊以致齊者也。是故君子非有大事也，非有恭敬也，則不齊。不齊則於物無防也，嗜欲無止也。及其將齊也，防其邪物，訖其嗜欲，耳不聽樂。故《記》曰「齊者不樂」。言不敢散其志也。心不苟慮，必依於道；手足不苟動，必依於禮。是故君子之齊也，專致其精明之德也。故散齊七日以定之，致齊三日以齊

【四】亦以共齊盛　「亦」字原脱，據《禮記・祭統》補。

之。定之之謂齊，齊者，精明之至也。然後可以交於神明也。

大事謂祭。恭敬謂將祭。故齊未齊之時，心意散亂，心所嗜欲有不齊者。及其齊也，止此不齊之事，以致極齊戒之道，以承祭祀，可交神明。本孔氏説。

是故先期旬有一日，宫宰宿夫人，夫人亦散齊七日，致齊三日。君致齊於外，夫人致齊於内，然後會於大廟。君純冕立於阼，夫人副禕立於東房。君執圭瓚裸尸，大宗執璋瓚亞裸。及迎牲，君執紖，卿大夫從。士執芻，宗婦執盎從，夫人薦涚水。君執鸞刀，羞嚌，夫人薦豆。此之謂「夫婦親之」。先，悉薦反。紖，側其反。禕音暉。從，才用。涚音歲。嚌，才細反。

先期旬有一日者，散齊、致齊，凡十日，先一日而宿戒，故距祭之期先十有一日也。宫宰，守宫官。宿猶戒也。以經宿而後齊，故以宿戒爲宿。内，謂正寢。外，謂路寢。大廟，始祖廟也。純，緇也。純冕，謂緇冕。方氏謂六冕皆用麻而曰純者。孔子稱純儉，則純用絲，不必改純爲緇矣。副，首飾。禕，衣也。圭瓚，裸器以圭爲柄。裸者，酌鬱鬯。大宗，大宗伯。璋者，半圭。紖，牽牛鼻繩。芻，藁也。殺牲時用以薦藉。宗婦，宗子之婦。盎，盎齊之尊。涚者，涚酌也。盎齊荖清，和以清酒泲之謂之涚。酌水，明水也。就盎齊之尊酌此涚齊而薦之，更言水者，以盎齊加明水也。嚌者，尸所嚌之。肺嘗之至齒，謂之嚌。以尸之所嚌，故君執鸞刀而羞之。羞，進也。鄭氏、孔氏、方氏。

及入舞，君執干戚就舞位。君爲東上，冕而揔干，率其群臣，以樂皇尸。是故天子之祭也，與天下樂之；諸侯之祭也，與竟内樂之。冕而摠干，率其群臣以樂皇尸。此與竟内樂之之義也。

舞位，綴兆也。東上，近主位也。皇尸，尊稱也。方氏、鄭氏。

夫祭有三重焉：獻之屬莫重於祼，聲莫重於升歌，舞莫重於《武宿夜》。此周道也。凡三道者，所以假於外而以增君子之志也。故與志進退，志輕則亦輕，志重則亦重。輕其志而求外之重也，雖聖人弗能得也。是故君子之祭也，必身自盡也，所以明重也。道之以禮，以奉三重而薦諸皇尸，此聖人之道也。

祼，謂祼以鬱鬯。升歌，謂工歌《清廟》於堂上。《武宿夜》，武曲名，即大武之樂，武王伐紂，至於商郊，停止宿夜，士卒皆歡樂歌舞以待旦，因名焉。《詩》曰「會朝清明」。所謂宿夜，前此一夕也。祼假鬱鬯，歌假聲音，舞假干戚，三者所重，皆外也。必内志重而後與之俱重。孔氏説。

夫祭有餕，餕者祭之末也，不可不知也。是故古之人有言曰：「善終者如始。」餕其是已。是故古之君子曰「尸亦餕鬼神之餘」也，惠術也，可以觀政矣。

餕，食神之餘也。祭畢既餕而徹之，故爲祭之末。以明受神之惠，而善祭之終者也。故援古語以明餕義，以爲不特人餕鬼神之餘，雖尸亦餕鬼神之餘。蓋牲既殺，則薦血腥於鬼神，及孰之於俎，而尸殆食之，是尸亦餕鬼神之餘也。必言此者，尸猶受惠於鬼神，人固當受惠於其君。夫養民以惠，而政在養民，故曰惠術也可以觀政。惠術，猶言仁術也。孔氏、方氏。

是故尸謖，君與卿四人餕。君起，大夫六人餕，臣餕君之餘也。大夫起，士八人餕，賤餕貴之餘也。士起，各執其具以出，陳于堂下，百官進，徹之，下餕上之餘也。凡餕之道，每變以衆，所以別貴賤之等，而興施惠之象也。是故以四簋黍，見其修於廟中也。廟中者，竟内之象也。祭者，澤之大者也。是故上有大澤，則惠必及下，顧上先下後耳，非上積重而下有凍餒之民也。是故上有大澤，則民夫人待于下流，知惠之必將至也，由餕見之矣。故曰「可以觀政矣」。謖，所六反。重，直龍反。夫音扶。

謖，起也。修，偏也。積重，言所積重疊。夫人，猶言人人。鬼神之惠偏廟中，如國君之惠偏竟内。鬼神之祭不獨饗之，使人餕之，恩澤之大者也。國君有蓄積，不獨食之，亦以施惠於竟内也。由餕而見惠，故曰可以觀政。鄭氏、方氏。

夫祭之爲物大矣，其興物備矣。順以備者也，其教之本與？是故君子之教也，外則教之以尊其君長，内則教之以孝於其親。是故明君在上，則諸臣服從；崇事宗廟、社稷，則子孫順孝。盡其道，端其義，而教生焉。是故君子之事君也，必身行之：所不安於上，則不以使下；所惡於下，則不以事上。非諸人，行諸己，非教之道也。是故君子之教也，必由其本，順之至也，祭其是與？故曰：「祭者，教之本也已。」

爲物，指禮而言。與物，謂薦百品。鄭氏説。

夫祭有十倫焉：見事鬼神之道焉，見君臣之義焉，見父子之倫焉，見貴賤之等焉，見親疏之殺焉，見爵賞之施焉，見夫婦之別焉，見政事之均焉，見長幼之序焉，見上下之際焉。此之謂十倫。

先後有序，故謂之倫。十倫各見下文。用方氏補。

鋪筵，設同几，爲依神也。詔祝於室，而出于祊，此交神明之道也。祊，伯更反。

同几者，以其妃配而不特几也。詔祝，謂告事於尸。出于祊，謂索祭詔祝在廟中，祊在門外。此第一倫，見鬼神之道。用鄭氏補。

君迎牲而不迎尸，別嫌也。尸在廟門外則疑於臣，在廟中則全於君。君在廟門外則疑於君，入廟門則全於臣，全於子。是故不出者，明君臣之義也。別，彼列反。

尸在廟門外，未全爲神，尚猶臣也，故不迎尸以全君之尊。此第二倫，見君臣之義。補。

夫祭之道，孫爲王父尸，所使爲尸者，於祭者子行也。父北面而事之，所以明子事父之道也。此父子之倫也。

孫爲王父尸，即主祭者之子，父反北面而事之，非事子也，以子爲己之父尸，乃所以事父也。此第三倫，明父子之倫。補。

尸飲五，君洗玉爵獻卿；尸飲七，以瑤爵獻大夫；尸飲九，以散爵獻士及群有司，皆以齒明尊卑之等也。

尸飲五者，凡祭，二獻祼，用鬱鬯，凡祭奠而不飲，不在飲之數。至朝踐二，獻饋食二，獻及食畢，主人酳尸，凡飲五也。於是時君乃洗玉爵獻卿，獻畢乃主婦酳尸爲一飲。酳畢賓長乃獻尸爲一飲，通前凡飲七也。於是時又以瑤爵獻大夫，自此長賓加爵爲一飲，長兄弟加爵爲一飲，通前凡飲九也。於是時則又以散爵獻士及群有司矣。凡以卿、大夫、士爲等，本以貴賤言於其等，又各以齒，故以尊卑言。卿之德隆而貴，故獻以玉爵，大夫之德殺而賤，故獻以瑤爵，至於士德，卑尤賤，故獻以散爵。此第曰倫，見貴賤之等。用陳氏説。

夫祭有昭穆。昭穆者，所以別父子、遠近、長幼、親疏之序而無亂也。是故有事於大廟，則群昭群穆咸在而不失其倫。此之謂親疏之殺也。

昭穆，謂群廟父南面爲昭，子北面爲穆。親者近，疏者遠。祭大廟則群廟尸主，及助祭同宗之父子皆來，各以昭穆而列，不失倫類。此第五倫，見親疏之殺。用孔氏補。

古者明君爵有德而禄有功，必賜爵禄於大廟，示不敢專也。故祭之日，一獻，君降立于阼階之南，南鄉，所命北面，史由君右，執策命之，再拜稽首，受書以歸，而舍奠于其廟。此爵賞之施也。

一獻，一酳尸也。若有所爵命，則於此時，君南鄉立，所受命者使北鄉立。掌書之史由君右策命之。此第六倫，見官爵之施。用鄭氏、孔氏補。

君卷冕立于阼，夫人副禕立于東房。夫人薦豆執校，執醴授之執鐙。尸酢夫人執柄，夫人受尸執足。夫婦相授受，不相襲處，酢必易爵，明夫婦之別也。卷音袞。禕音暉。校，户教反。鐙音登。

校，豆中央直者也。鐙，豆下跗也。夫人薦豆之時，則執豆之校。執醴者授夫人之豆，則執鐙。尸酌夫人之爵，則執柄。夫人受尸之酌則執足。夫婦相授受，不相襲處者，婦人貴於從夫，又貴於辯位。從夫則立之東，所以待其將有事。辯位則即於西，所以動而行事也。酢必易爵者，男人不承婦人爵也。此第七倫，見夫婦之別。用孔氏、陳氏註。

凡爲俎者，以骨爲主。骨有貴賤。殷人貴髀，周人貴肩，凡前貴於後。俎者，所以明祭之必有惠也。是故貴者取貴骨，賤者取賤骨。貴者不重，賤者不虛，示均也。惠均則政行，政行則事成，事成則功立。功之所以立者，不可不知也。俎者，所以明惠之必均也。善爲政者如此，故曰見政事之均焉。髀，必氏反。

貴髀，爲其厚也。貴肩，爲其顯也。前貴於後，亦指骨而言。前體臂臑爲貴，後體膊胳爲賤也。貴者不重，雖取貴者，亦不重取也。賤者不虛，雖取賤者，亦不至無可取也。故其惠均。此第八倫，見政事之均。用鄭氏補。

凡賜爵，昭爲一，穆爲一，昭與昭齒，穆與穆齒。凡群有司皆以齒，此之謂長幼有序。

爵，酒爵也。賜爵，謂旅酬時。此第九倫，見長幼之序。孔氏補。

夫祭有畀煇、胞、翟、閽者，惠下之道也。唯有德之君爲能行此。明足以見之，仁足以與之。畀之爲言與也，能以其餘畀其下者也。煇者，甲吏之賤者也。胞者，肉吏之賤者也。翟者，樂吏之賤者也。閽者，守門之賤者也。古者不使刑人守門，此四守者，吏之至賤者也。尸又至尊，以至尊既祭之末而不忘至賤，而以其餘畀之，是故明君在上，則竟内之民無凍餒者矣。此之謂上下之際。

畀，與也。煇，鞸韎皮革之官。胞，即庖人。翟，教羽舞者。閽，主昏閉者。此第十倫，見上下之際。用方氏補。

凡祭有四時：春祭曰礿，夏祭曰禘，秋祭曰嘗，冬祭曰烝。礿、禘，陽義也。嘗、烝陰義也。禘者，陽之盛也。嘗者，陰之盛也。故曰：「莫重於禘嘗。」古者於禘也，發爵賜服，順陽義也；於嘗也，出田邑，發秋政，順陰義也。故《記》曰：「嘗之日，發公室，示賞也。」草艾則墨，未發秋政，則民弗敢草也。艾音刈。

田邑，土地之事。秋政，刑政也。發公室，出賞物也。艾草，因枯槁之時，以給爨也。墨，墨刑也。因其時殺而順以行刑也。孔氏、方氏。

故曰：「禘嘗之義大矣，治國之本也，不可不知也。」明其義者，君也。能其事者，臣也。不明其義，君人不全，不能其事，爲臣不全。夫義者，所以濟志也，諸德之發也。是故其德盛者其志厚，其志厚者其義章，其義章者其祭也敬，祭敬則竟内之子孫莫敢不敬矣。是故君子之祭也，必身親涖之，有故則使人可也。雖使人也，君不失其義者，君明其義故也。其德薄者其志輕，疑於其義而求祭，使之必敬也，弗可得已。祭而不敬，何以爲民父母矣！

君不失其義者，言君雖不及親祭，祭禮無缺，於君德不損也。疑於其義者，謂疑惑於祭祀之義也。鄭氏、孔氏。

夫鼎有銘，銘者，自名也，自名以稱揚其先祖之美，而明著之後世者也。爲先祖者，莫不有美焉，莫不有惡焉，銘之義，稱美而不稱惡。此孝子孝孫之心也。唯賢者能之。銘者，論譔其先祖之有德善、功烈、勳勞、慶賞、聲名，列於天下，而酌之祭器，自成其名焉，以祀其先祖者也。顯揚先祖，所以崇孝也，身比焉，順也。明示後世，教也。

烈，業也。王功曰勳，事功曰勞。酌之祭器，言斟酌其美傳，著於鍾鼎也。身比焉，謂自著名於下也。鄭氏。

夫銘者，壹稱而上下皆得焉耳矣。是故君子之觀於銘也，既美其所稱，又美其所爲。爲之者，明足以見之，仁足以與之，知足以利之，可謂賢矣。賢而勿伐，可謂恭矣。

造銘惟一稱先祖之善，上下皆得，謂上光揚先祖，下成己順行也。美其所稱，美其所銘之人也。美其所爲，美其造銘之人也。爲銘之人惟明，故足以見先祖之美。惟仁，故許與之以先祖之銘，知足以利之者，謂利己名，得比於先祖也。一爲銘而三者皆得，可不謂賢乎？然必賢而不伐，斯足爲恭矣。孔氏、方氏。

故衛孔悝之鼎銘曰：「六月丁亥，公假于大廟。公曰：『叔舅！乃祖莊叔，左右成公，成公乃命莊叔隨難于漢陽，即宮于宗周，奔走無射。啓右獻公，獻公乃命成叔纂乃祖服。乃考文叔興舊嗜欲，作率慶士，躬恤衛國。其勤公家，夙夜不解。民咸曰休哉！』公曰：『叔舅！予女銘，若纂乃考服。』悝拜稽首，曰：『對揚以辟之勤大命，施于烝彝鼎。』」此衛孔悝之鼎銘也。古之君子，論譔其先祖之美，而明著之後世者也，以比其身，以重其國家如此。子孫之守宗廟社稷者，其先祖無美而稱之，是誣也；有善而弗知，不明也；知而弗傳，不仁也。此三者，君子之所耻也。悝，口回反。假，公百反。

孔悝，衛大夫也。公謂衛莊公蒯聵也。莊叔者，悝七世祖衛大夫孔達也。隨難，謂衛成公嘗爲晉文公所伐，失國而奔齊，莊叔從之而出也。事見僖公二十八年。即宮于宗周，謂爲晉所伐而奔周得歸也。獻公者，衛侯衎，成公曾孫也。啓右獻公者，獻公亦失國得反，言莊叔之功流于後世，啓右獻公亦得反國也。成叔者，莊叔之孫成子烝鉏也。乃命成叔纂乃祖服者，獻公既反國，又命成子繼莊叔也。文叔者，成叔之曾孫文子圉，即孔悝之父也。興舊嗜欲者，能興行先祖舊德所欲爲也。作率慶士者，慶善也。士，事也。作而率循其善事也。一説以慶爲卿，云率作卿士。未知孰是，今且如字讀。對揚以辟之勤大命，施于烝彝鼎者，辟，君也。對揚以君之勤大命，猶言對揚天子之休命，以君之命而銘諸烝祭之彝鼎也。舊註以對揚以辟之爲句，訓辟爲明，至方、馬氏解，方改今讀。晦菴嘗稱其極是。此章自公曰至休哉，皆孔悝父祖鼎銘之辭。此下則因而言銘鼎之義。以比其身，謂自著其名於下，是以身比先祖。魯哀公十五年，衛莊公蒯聵與其子輒爭國，舍孔氏之外圃，適伯姬氏，迫孔悝於厠，强盟之，遂劫以登臺，於是得國。十六年六月，衛侯飲孔悝酒，逐之。此云六月命之，命後即逐之也。銘出於孔悝之意，而以爲公所予者，示不敢專。孔悝之立，莊公特迫於母與渾良夫之劫，莊公又非令德之君，而記禮者引其銘，特以見所以爲銘者，大體如此。孔氏、應氏講義。

昔者周公旦有勳勞於天下，周公既没，成王、康王追念周公之所以勳勞者，而欲尊魯，故賜之以重祭。外祭則郊社是也，内祭則大嘗禘是也。夫大嘗禘，升歌《清廟》，下而管《象》，朱干玉戚以舞《大武》，八佾以舞《大夏》，此天子之樂也，康周公，故以賜魯也。子孫纂之，至于今不廢，所以明周公之德，而又以重其國也。

大嘗禘者，夏祭也。天子内祭之重者也。管象，謂吹管而舞《象》舞之樂也。朱干，以赤飾其盾。玉戚，以玉飾其斧，皆《武》、《象》所執者。《大夏》，禹樂文舞也。康，猶褒大也。魯惠公始請於周平王而僭禮，魯人飾以爲成王所賜。漢人記傳聞之言爾，辯已見《明堂位》。

卷二十四

讀禮記十一

經解第二十六

孔子曰：「入其國，其教可知也。其爲人也，温柔敦厚，《詩》教也。疏通知遠，《書》教也。廣博易良，《樂》教也。絜靜精微，《易》教也。恭儉莊敬，《禮》教也。屬辭比事，《春秋》教也。故《詩》之失愚，《書》之失誣，《樂》之失奢，《易》之失賊，《禮》之失煩。《春秋》之失亂。其爲人也，温柔敦厚而不愚，則深於《詩》者也。疏通知遠而不誣，則深於《書》者也，廣博易良而不奢，則深於《樂》者也。絜靜精微而不賊，則深於《易》者也。恭儉莊敬而不煩，則深於《禮》者也。屬辭比事而不亂，則深於《春秋》者也。」

此言入國知教，而其所以爲教者，皆不外乎六經之理。《詩》依違諷諫，是温柔；不指切事情，是敦厚。有能然者，知其爲《詩》教。然惟敦厚，故近愚。愚之言可欺也。《書》舉其大綱是疏通，上及帝主之出，是知遠。有能然者，知其爲《書》教。然惟知遠故近誣，誣之言失實也。《樂》無所不通，是廣博，能使人從化是易良。有能然者，知其爲《樂》教。然惟廣博故近奢，奢言過此則流於侈也。《易》極深研幾是絜靜，能窮理盡性是精微。有能然者，知其爲易教。然惟精深故近賊，賊言過此則害於理也。《禮》以恭遜節儉，齊莊敬謹爲本，過則煩矣。《春秋》以聚合會同之辭，比次褒貶之事，戰爭則亂矣。有其得而無其失，則知其各深於其經者。集周氏、鄭氏、孔氏説補修。

天子者，與天地參。故德配天地，兼利萬物，與日月並明，明照四海，而不遺微小。其在朝廷則道仁聖禮義之序，燕處則聽《雅》、《頌》之音；行步則有環佩之聲；升車則有鸞和之音。居處有禮，進退有度，百官得其宜，萬事得其序。《詩》云：「淑人君子，其儀不忒。其儀不忒，正是四國。」此之謂也。

盛德同於天地日月，猶無所在而不謹自治之道。補。

發號出令而民説，謂之和；上下相親，謂之仁；民不求其所欲而得之，謂之信；除去天地之害，謂之義。義與信，和與仁，霸王之器也。有治民之意而無其器，則不成。

鬻子之書曰：「發號出令爲天下福者，謂之道；上下相親，謂之和；民不求而得所欲，謂之信；除去天地之害，謂之仁。仁與信，和與道，帝王之器也。」與此略同。但「霸王之器」作「帝王之器」，旨意宏矣。天台陳氏。

禮之於正國也，猶衡之於輕重也，繩墨之於曲直也，規矩之於方圜也。故衡誠縣，不可欺以輕重；繩墨誠陳，不可欺以曲直；規矩誠設，不可欺以方圜；君子審禮，不可誣以奸詐【一】。是故隆禮由禮，謂之有方之士；不隆禮不由禮，謂之無方之民。敬讓之道也。故以奉宗廟則敬，以入朝廷則貴賤有位，以處室家則父子親、兄弟和，以處鄉里則長幼有序。孔子曰：「安上治民，莫善於禮。」此之謂也。縣平聲。

方，猶道也。鄭氏。

故朝覲之禮，所以明君臣之義也。聘問之禮，所以使諸侯相尊敬也。喪祭之禮，所以明臣子之恩也。鄉飲酒之禮，所以明長幼之序也。昏姻之禮，所以明男女之别也。夫禮，禁亂之所由生，猶坊止水之所自來也。故以舊坊爲無所用而壞之者，必有水敗；以舊禮爲無所用而去之者，必有亂患。

春見曰朝，秋見曰覲，大曰聘，小曰問，壻曰昏，以昏時迎婦也。妻曰姻，因而隨之也。坊謂隄坊，禮之所從來者已久，故曰舊。五者之禮，皆坊民之具。葉氏。

故昏姻之禮廢，則夫婦之道苦，而淫辟之罪多矣。鄉飲酒之禮廢，則長幼之序失，而爭鬬之獄繁矣。喪祭之禮廢，則臣子之恩薄，而倍死忘生者衆矣。聘覲之禮廢，則君臣之位失，諸侯之行惡，而倍畔侵陵之敗起矣。

苦，謂不至不答之屬。此覆説五者之禮廢則……

故禮之教化也微，其止邪也於未形，使人日徙善遠罪而不自知也。是以先王隆之也。

【一】不可誣以奸詐　「誣」原作「欺」，據《禮記·經解》改。

《易》曰：「君子慎始。差若豪釐，繆以千里。」此之謂也。隆，謂尊盛之也。始，謂其微時也。此言禮教人之善於其微，而止人之邪於其未形。故人日遷善遠罪而不自知。又引《易》以證謹始之意。補。

哀公問第二十七

哀公問於孔子曰：「大禮何如？君子之言禮，何其尊也？」孔子曰：「丘也小人，不足以知禮。」君曰：「否。吾子言之也。」孔子曰：「丘聞之，民之所由生，禮爲大。非禮無以節事天地之神也，非禮無以辨君臣、上下、長幼之位也。非禮無以别男女、父子、兄弟之親，昏姻疏數之交也。君子以此之爲尊敬然。問言禮何其尊，答謂以此故尊禮。鄭氏。然後以其所能教百姓，不廢其會節。有成事，然後治其雕鏤、文章、黼黻以嗣其順之，然後言其喪筭，備其鼎俎，設其豕腊，修其宗廟，歲時以敬，祭祀以序，宗族即安其居節，醜其衣服，卑其宮室，車不雕幾，器不刻鏤，食不貳味，以與民同利。昔之君子之行禮者如此。」幾音祈。

所謂能，能於禮也。會，猶期也。不廢其會節，謂上文天地、君臣、男女三事，不廢其會期，不廢其節文也。有成事，言教之有成效也。以嗣其順之，謂治其文飾，嗣續其所以順之，使之忻然安行也。喪筭謂喪服親疏、遠近、哭踊、卒哭、祥練月日之數也。安其居節者，安守其常也。醜其衣服者，醜，惡也，惡衣服也。與下文卑其宮室意聯。車不雕幾者，雕，雕刻，幾附纏之也。用鄭氏、孔氏、陸氏補。

公曰：「今之君子，胡莫之行也？」孔子曰：「今之君子，好實無厭，淫德不倦，荒怠敖慢，固民是盡，午其衆以伐有道，求得當欲，不以其所。昔之用民者由前，今之用民者由後。今之君子莫爲禮也。」午，五故反。

實，謂富貴。固民是盡，謂竭盡其財力。午，猶忤，謂逆也，午其衆以伐有道，謂逆衆人之心以伐有道之人也。所者，理之所在也。求得當欲不以其所者，謂求其所得，必須稱己所欲而不以其理也。由前，用上文所言之禮。由後，用下文所言之非禮。鄭氏、孔氏、周氏。

孔子侍坐於哀公，哀公曰：「敢問人道誰爲大？」孔子愀然作色而對曰：「君之及此言也，百姓之德也。固臣敢無辭而對：人道政爲大。」公曰：「敢問何謂爲政？」孔子對曰：「政者，正也。君爲正，則百姓從政矣。君之所爲，百姓之所從也。君所不爲，百姓何從？」愀，七小反，又音秋。

愀然，變動貌。德，猶福也。此章止用「政者正也」一語而演爲問答之煩如此，漢世諸子之文多類此。而此得列於經耳。補。

公曰：「敢問爲政如之何？」孔子對曰：「夫婦別，父子親，君臣嚴。三者正，則庶物從之矣。」公曰：「寡人雖無似也，願聞所以行三言之道，可得聞乎？」孔子對曰：「古之爲政，愛人爲大。所以治愛人，禮爲大。所以治禮，敬爲大。敬之至矣，大昏爲大，大昏至矣。大昏既至，冕而親迎，親之也。親之也者，親之也。是故君子興敬爲親，舍敬是遺親也，弗愛不親，弗敬不正，愛與敬，其政之本與！」迎，逆敬反。舍音捨。

庶物，猶言庶事也。無似謂無能肖似於人也。親之也者，親之也，謂親其人乃所以致人之親己。鄭氏、方氏。

公曰：「寡人願有言然。冕而親迎，不已重乎？」孔子愀然作色而對曰：「合二姓之好，以繼先聖之後，以爲天地、宗廟、社稷之主，君何謂已重乎？」

願有言然者，疑似之意，不敢以爲是也。已重謂太重，怪其以祭服親迎也。繼先聖爲天地之主，蓋通天子言之。鄭氏、晦菴。

公曰：「寡人固，不固，焉得聞此言也？寡人欲問，不得其辭。請少進。」孔子曰：「天地不合，萬物不生。大昏，萬世之嗣也，君何謂已重焉？」孔子遂言曰：「内以治宗廟之禮，足以配天地之神明，出以治直言之禮，足以立上下之敬。物恥足以振之，國恥足以興之。爲政先禮，禮其政之本與！」

固，固陋也。言寡人固陋，若不因固陋而廢問焉，得聞此言也。陸氏以寡人固爲句。心有欲問之意而口無能問之辭，故曰欲問不得辭。請少進，猶言請益也。直言之禮，指朝廷言也。直言則上無慢下之令，下無慢上之心，故足以立上下之敬。物恥，謂事物之污陋，國恥，謂國體之卑辱。二者之恥，惟禮能振之、興之，以免於恥。集皇氏、方氏、應氏説。

孔子遂言曰：「昔三代明王之政，必敬其妻子也。有道妻也者，親之主也，敢不敬與？子也者，親之後也，敢不敬與？君子無不敬也。敬身爲大，身也者，親之枝也，敢不敬與？不能敬其身，是傷其親，傷其親是傷其本，傷其本，枝從而亡。三者，百姓之象也。身以及身，子以及子，妃以及妃。君行此三者，則愾乎天下矣。大王之道也如此，國家順矣。」妃，芳非反。愾，許乞反，又許氣反。

冕而親迎，所以敬其妻。冠於阼階，所以敬其子。百姓之象，言爲百姓之所傚象。身以及身，謂敬其身以及百姓之敬其身。子與妃皆然，妃即妻也。愾乎天下，言天下嗟嘆之不足。大王之道如此，指其遷豳，愛厥妃而當時内無怨女，外無曠夫之事言之。方氏、陸氏、周氏。

公曰：「敢問何謂敬身？」孔子對曰：「君子過言則民作辭，過動則民作則。君子言不過辭，動不過則，百姓不命而敬恭。如是，則能敬其身，能敬其身則能成其親矣。」

君言動有過，民將效之，故不可不謹。補。

公曰：「敢問何謂成親？」孔子對曰：「君子也者，人之成名也。百姓歸之名，謂之君子之子，是使其親爲君子也，是爲成其親之名也已。」孔子遂言曰：「古之爲政，愛人爲大。不能愛人，不能有其身，不能有其身，不能安土，不能安土，不能樂天，不能樂天，不能成其身。」公曰：「敢問何謂成身？」孔子對曰：「不過乎物。」

謂之君子之子者，言百姓歸己善名，指爲君子所生之子。是因己修身，使其親亦得君子之稱。此修身能成其親也。有，猶保也，不能保其身，謂陷於非僻。安土，謂安其所處之位。樂天，謂樂循天理。物猶事也，不過乎物，謂事皆得中無過差。用晦菴、孔氏補。

公曰：「敢問君子何貴乎天道也？」孔子對曰：「貴其不已。如日月東西相從而不已也，是天道也。不閉其久，是天道也。無爲而物成，是天道也。已成而明，是天道也。」

不閉其久者，天有常久不已之道。不閉塞之而通其久，謂變通無窮也。已成而明，謂生物既成而其功名著也。用孔氏補。

公曰：「寡人蠢愚冥煩，子志之心也。」孔子蹴然辟席而對曰：「仁人不過乎物，孝子不過乎物。是故仁人之事親也如事天，事天如事親。是故孝子成身。」公曰：「寡人既聞此言也，無如後罪何？」孔子對曰：「君之及此言也，是臣之福也。」蠢，始容反。志音識。蹴，子六反。

張子《西銘》即事親以明事天之道，説蓋本此。無如後罪何？慮其不能行而始罪也。志之心謂記於心。真西山方氏補。

仲尼燕居第二十八【二】

仲尼燕居，子張、子貢、言游侍，縱言至於禮。子曰：「居，女三人者，吾語女禮，使女以禮周流，無不徧也。」子貢越席而對曰：「敢問何如？」子曰：「敬而不中禮，謂之野；恭而不中禮，謂之給；勇而不中禮，謂之逆。」子曰：「給，奪慈仁。」

周流，謂不滯於一方一曲，故其用無所不徧，鄙野、辨給、逆亂皆滯於一而不能周流者也。再言給奪慈仁者，以子貢越席而對，近於給也。給者，巧言令色，似慈仁而實鮮仁，故曰奪。奪者，亂之也。用鄭氏補。

子曰：「師！爾過，而商也不及。子產猶衆人之母也，能食之，不能教也。」子貢越席而對曰：「敢問將何以爲此中者也？」子曰：「禮乎禮！夫禮，所以制中也。」子貢退，言游進曰：「敢問禮也者，領惡而全好者與？」子曰：「然。」「然則何如？」子曰：「郊社之義，所以仁鬼神也。嘗禘之禮，所以仁昭穆也。饋奠之禮，所以仁死喪也。射鄉之禮，所以仁鄉黨也。食饗之禮，所以仁賓客也。」

領惡而全好者，領謂摠攬收拾之。好惡對立，一長一消，惡者收斂而無餘，則好者渾全而無虧矣。上言師、商、子產皆領惡之事，下言郊社、食饗、賓客皆全好之事。應氏、馬氏。

子曰：「明乎郊社之義，嘗禘之禮，治國其如指諸掌而已乎！是故以之居處有禮，

【二】問何爲成身……仲尼燕居第二十八　此段文字原脱，據文淵閣本補。

故長幼辨也。以之閨門之内有禮，故三族和也。以之朝廷有禮，故官爵序也。以之田獵有禮，故戎事閑也。以之軍旅有禮，故武功成也。是故宫室得其度，量鼎得其象，味得其時，樂得其節，車得其式，鬼神得其饗，喪紀得其哀，辨説得其黨，官得其體，政事得其施，加於身而錯於前。凡衆之動得其宜。」

視諸掌，言易見。三族，父、子、孫。量，斗斛之量。鼎，三牲之鼎。象，法象。《易》曰「制器者尚其象」。式，謂車有六等之數，尊卑之辨也。辨説得其黨，謂分辨論説《詩》、《書》、《禮》、《樂》之等，各得其黨類，不乖義理也。前者據其身之前而言，蒞其前者，皆以禮而措之，故總結以凡衆之動得其宜。用孔氏、方氏補。

子曰：「禮者何也？即事之治也。君子有其事，必有其治。治國而無禮，譬猶瞽之無相與，倀倀乎其何之？譬如終夜有求於幽室之中，非燭何見？若無禮，則手足無所措，耳目無所加，進退揖讓無所制，是故以之居處，長幼失其别，閨門三族失其和，朝廷官爵失其序，田獵戎事失其策，軍旅武功失其制，宫室失其度，量鼎失其象，味失其時，樂失其節，車失其式，鬼神失其饗，喪紀失其哀，辨説失其黨，官失其體，政事失其施，加於身而錯於前，凡衆之動失其宜。如此則無以祖洽於衆也。」倀，敕良反。

此覆説上文，以有禮者其得如彼，無禮者其失如此。祖，始也。洽，合也。言失禮則無以爲衆倡始，無以和洽其衆。本鄭氏説。

子曰：「慎聽之！女三人者，吾語女；禮猶有九焉，大饗有四焉。苟知此矣，雖在畎畝之中，事之，聖人已。兩君相見，揖讓而入門，入門而縣興，揖讓而升堂，升堂而樂闋，下管《象》、《武》，《夏》、《籥》序興，陳其薦俎，序其禮樂，備其百官，如此而后，君子知仁焉。行中規，還中矩，和鸞中《采齊》，客出以《雍》，徹以《振羽》，是故君子無物而不在禮矣。入門而金作，示情也。升歌《清廟》，示德也。下而管《象》，示事也。是故古之君子不必親相與言也，以禮樂相示而已。」縣音玄。闋，苦穴反。中，丁仲反。還音旋。齊，才細反。

大饗，饗諸侯來朝者，兩君相見之盛禮也。九禮有其四者，一揖遜入門，入門縣興；二揖遜升堂，升堂樂闋；三下管《象》、《武》，《夏》、《籥》序興；四陳其薦俎，序其禮樂，備其百官，凡四也。五行中規，六還中矩，七和鸞中《采齊》，八客出以《雍》，九徹以《振羽》，通前四者，凡九也。九者皆大饗之所兼有，而四者惟大饗得有之耳。縣者，鍾磬。縣興，謂金作也。樂闋者，樂之一曲奏終也。下堂下管，吹管《象》、《武》，武舞也。夏者，夏翟，蓋羽也。《夏》《籥》，文舞也。序興謂文武之樂更起也。《采齊》、《雍》、《振羽》皆樂章。《振羽》即今《振鷺》之詩也。入門金作，覆説上之入門縣興。升歌《清廟》，覆説上之升堂樂闋。下而管《象》，覆説上之下管《象》、《武》。始相見而金作，乃賓主相敬，故言示情。《清廟》頌文王之德者，故言示德。《象》、《武》頌武王之功者，故言示事。此不待親相與言，但以禮樂相示，而意已傳。此其爲古者之盛。《論語》「以雍徹」，而此徹以《振羽》者，《論語》言天子之祭禮，此言諸侯之饗禮也。用天台賈氏及孔氏補。

子曰：「禮也者，理也。樂也者，節也。君子無理不動，無節不作。不能《詩》，於禮繆；不能樂，於禮素；薄於德，於禮虛。」

歌《詩》所以通禮之意，作樂所以成禮之文，崇德所以實禮之行。鄭氏。

子曰：「制度在禮，文爲在禮，行之其在人乎！」

禮待其人，然後行。孔氏。

子貢越席而對曰：「敢問夔其窮與？」子曰：「古之人與？古之人也。達於禮，而不達於樂，謂之素；達於樂，而不達於禮，謂之偏。夫夔達於樂而不達於禮，是以傳於此名也，古之人也。」

問夔其窮與？疑其不達於禮也。答以達於樂不達於禮謂之偏，夔以樂傳後世，故不及乎職外之所能，是偏主於樂耳，其可謂之窮乎？既又美夔爲古之人，是與今之人不同。兼《虞書》舜命伯夷典朕三禮，伯夷讓夔，是夔亦非不知而偏者。此漢人傳聞之言，特主於禮而言耳。用馬氏、孔氏補。

子張問政。子曰：「師乎！前，吾語女乎！君子明於禮樂，舉而錯之而已。」子張復問。子曰：「師！爾以爲必鋪几筵、升降酌獻酬酢，然後謂之禮乎？爾以爲必行綴兆，興羽籥，作鍾鼓，然後謂之樂乎？言而履之，禮也。行而樂之，樂也。君子力此二者，以南面而立。夫是以天下太平也，諸侯朝，萬物服體，而百官莫敢不承事矣。禮之所興，衆之所治也。禮之所廢，衆之所亂也。目巧之室，則有奥阼，席則有上下，車則有左右，行則有隨，立則有序，古之義也。室而無奥阼，則亂於堂室也。席而無上下，則亂於席上也。車而無左右，則亂於車也。行而無隨，則亂於塗也。立而無序，則亂於位也。昔聖帝、明王、諸侯辨貴賤、長幼、遠近、男女、外内，莫敢相踰越，皆由此塗出也。」三子者既得聞此言也於夫子，昭然若發矇矣。

目巧之室，謂匠者以目巧而作室也。西南隅謂之奥，奥之外有賓位，東階謂之阼，奥阼言賓主之位也。若發矇者，若目不明，得人開發而有所見也。孔氏、方氏。

孔子閒居第二十九

孔子閒居，子夏侍。子夏曰：「敢問《詩》云『凱弟君子，民之父母』，何如斯可謂民之父母矣？」孔子曰：「夫民之父母乎必達於禮樂之原，以致五至而行三無，以横於天下。四方有敗，必先知之。此之謂民之父母矣。」閒音閑。弟，徒禮反。

凱弟，樂易也。原，本也。五至、三無，見下文。横，廣被也。四方有敗，必先知之。心乎爲民，務去其不善，故先知之，所謂心誠求之也。方氏、馬氏。

子夏曰：「民之父母，既得而聞之矣，敢問何謂五至？」孔子曰：「志之所至，《詩》

亦至焉；《詩》之所至，禮亦至焉；禮之所至，樂亦至焉；樂之所至，哀亦至焉。哀樂相生，是故正明目而視之，不可得而見也；傾耳而聽之，不可得而聞也。志氣塞乎天地，此之謂五至。」

《詩》者志之所之也，故志之所至，《詩》亦至焉。興於《詩》，必立於禮，故《詩》之所至，禮亦至焉。立於禮，必成於樂，故禮之所至，樂亦至焉。樂極則哀生，故樂之所至，哀亦至焉。五者相因而生，相尋而至，視之而不得見，聽之而不得聞，蓋本於内心之所發，充之則塞乎天地，是爲禮樂之原。用横渠説補。

子夏曰：「五至既得而聞之矣，敢問何謂三無？」孔子曰：「無聲之樂，無體之禮，無服之喪，此之謂三無。」子夏曰：「三無既得略而聞之矣，敢問何詩近之？」孔子曰：「『夙夜其命宥密』，無聲之樂也；『威儀逮逮，不可選也』，無體之禮也；『凡民有喪，匍匐救之』，無服之喪也。」

其，《詩》作基，基，始也。逮，《詩》作棣，逮逮安和之貌。無聲之樂，無體之禮，無服之喪，皆言禮樂之原發於心者。補。

子夏曰：「言則大矣，美矣，盛矣！言盡於此而已乎？」孔子曰：「何爲其然也，君子之服之也，猶有五起焉。」子夏曰：「何如？」孔子曰：「無聲之樂，氣志不違；無體之禮，威儀遲遲；無服之喪，内恕孔悲。無聲之樂，氣志既得；無體之禮，威儀翼翼;無服之喪,施及四國。無聲之樂,氣志既從;無體之禮,上下和同;無服之喪,以畜萬邦。無聲之樂,日聞四方;無體之禮,日就月將;無服之喪,純德孔明。無聲之樂,氣志既起;無體之禮,施及四海;無服之喪,施及孫子。」

承上文五起以推衍三無之義。補。

子夏曰:「三王之德參於天地,敢問何如斯可謂參天地矣?」孔子曰:「奉三無私以勞天下。」子夏曰:「敢問何謂三無私?」孔子曰:「天無私覆,地無私載,日月無私照。奉斯三者以勞天下,此之謂三無私。其在《詩》曰『帝命不違,至于湯齊。湯降不遲,聖敬日齊。昭假遲遲,上帝是祇。帝命式于九圍』。是湯之德也。

勞謂勤勞,降,謙降也。齊,《詩》作躋。集。

天有四時,春秋冬夏,風雨霜露,無非教也。地載神氣,神氣風霆,風霆流形,庶物露生,無非教也。

神氣,散而爲風,薄而爲霆,皆從地起,故屬之地。蓋聞有天雨,有雷雨,天雨遠,雷雨近。此章以風雨屬天,以風霆屬地,其審之矣。世有風雷大作而高山絕頂晴皎自如者,非風霆即地之神氣之爲耶!天主施,而春秋冬夏,風雨霜露,所以施者也。地主生,而神氣風霆,風霆流形,品物露生所以主者也。顯然在目,足以使人開動感悟,所以爲教者各在其中,而無一毫之私參其間。三王所奉者此而已。用馬氏、横渠補。

清明在躬，氣志如神。耆欲將至，有開必先。天降時雨，山川出雲。其在《詩》曰：『嵩高惟嶽，峻極于天。惟嶽降神，生甫及申。惟申及甫，惟周之翰。四國于蕃，四方于宣』。此文武之德也。耆，市志反。

耆欲，謂所可願之事。《祭統》載衛悝《鼎銘》亦曰「乃考文，叔興舊嗜欲」。晦菴據《家語》云「有物將至，其兆必先」，疑有物訛爲耆欲，其兆訛爲有開。生甫及申，鄭氏註謂仲山甫，申伯其後。《詩箋》又依毛氏以甫爲穆王時甫侯。然此宣王時詩。注爲仲山甫、申伯者，近之。今依本文之注，此宣王詩而稱文、武之德者，先儒謂推本其所自，由文、武積德感召而生賢也。清明在躬，志氣如神，養於中者也，同於天者也。耆欲將至，有開必先徵於外者也，應於天者也。天降時雨，山川出雲，指其顯然爲驗。謂國家將興，天必爲之生賢佐。時雨將至，山川必爲之出雲。時至氣應，其理則一，因引嵩嶽降神之詩以證之。用馬氏補。

三代之王也，必先其令聞。《詩》云『明明天子，令聞不已』；三代之德也。『弛其文德，協此四國』，大王之德也。」子夏蹶然而起，負牆而立，曰：「弟子敢不承乎！」蹶，居衛反。

弛，《詩》作矢，協《詩》作洽。宣王《詩》云大王者，斷章取類。補。

坊記第三十

子言之：「君子之道，辟則坊與？坊民之所不足者也。大爲之坊，民猶踰之，故君子禮以坊德，刑以坊淫，命以坊欲。」辟讀如譬。坊音防。

辟則坊與，謂君子坊民之道如隄坊之礙水也。民之所不足，謂於理有闕失也。坊德，坊其逸德。命謂教令。用礼氏補。

子云：「小人貧斯約，富斯驕。約斯盜，驕斯亂。禮者，因人之情而爲之節文，以爲民坊者也。故聖人之制富貴也，使民富不足以驕，貧不至於約，貴不慊於上，故亂益亡。」

約，謂氣歉，驕，謂氣盈，慊，不滿也。亡，無也。人情或貧或富，皆易於踰越失道。故聖人制爲節文以坊之。使農有田里之差，士有爵命之級，各得其分，無甚富甚貴，雖貴臣亦無慊於爵禄之薄，故亂所以亡也。

子云：「貧而好樂，富而好禮，衆而以寧者，天下其幾矣。《詩》云『民之貪亂，寧爲荼毒』。故制國不過千乘，都城不過百雉，家富不過百乘，以此坊民，諸侯猶有畔者。」幾，居豈反。

貧者易濫，富者易驕，衆者易亂，故曰貧而好樂，富而好禮，衆而以寧者，天下其幾矣。其幾矣云者，言如此者寡也。城高一丈長三丈爲雉，雉凡五堵。鄭氏、方氏。

子云：「夫禮者，所以章疑別微，以爲民坊者也。故貴賤有等，衣服有別，朝廷有位，則民有所讓。」子云：「天無二日，土無二王，家無二主，尊無二上，示民有君臣之別也。《春秋》不稱楚、越之王喪，禮，君不稱天，大夫不稱君，恐民之惑也。《詩》云『相彼盍旦，尚猶患之』。」子云：「君不與同姓同車，與異姓同車不同服，示民不嫌也。以此坊民，民猶得同姓以弑其君。」相，息亮反。盍音渴，今如字。

章，明也。《春秋》不書楚、越之葬，楚、越僭王，書則當稱葬某王，故不書也。君，諸侯也。諸侯稱天子爲天王，諸侯之臣則不稱諸侯以天，大夫之臣亦不稱大夫以君，尊無二上也。盍旦，夜鳴求旦之鳥也，即《月令》所謂鶡旦。盍，何不也。鳥欲反夜爲旦，人情猶患惡之，以其反常也。況臣之僭君，欲反下爲上者乎？鄭氏、孔氏、方氏。

子云：「君子辭貴不辭賤，辭富不辭貧，則亂益亡。故君子與其使食浮於人也，寧使人浮於食。」子云：「觴酒豆肉，讓而受惡，民猶犯齒。衽席之上，讓而坐下，民猶犯貴。朝廷之位讓而就賤，民猶犯君。《詩》云『民之無良，相怨一方。受爵不讓，至于己斯亡』。」子云：「君子貴人而賤己，先人而後己，則民作讓。故稱人之君曰君，自稱其君曰寡君。」子云：「利禄先死者而後生者，則民不偝；先亡者而後存者，則民可以託。《詩》云：『先君之思，以畜寡人。』以此坊民，民猶偝死而號無告。」偝音佩。畜，許六反。號平聲。

食浮於人，謂禄過其功，其人不足以稱也。受惡，謂辭其美者與人，而自受其不美者。犯，猶僭。齒，年也。利禄先死而後生者，謂如死之與生皆合與禄，必先與死者而後及生者，則民皆不偝於死者也。亡，謂奔亡在他國者，存，謂在國者。爲國事而亡者，君心念之而不忍絶，則民勉於忠義而可託。偝死而號無告，言死者見偝，而家之老弱號呼無所告訴也。鄭氏、孔氏。

子云：「有國家者，貴人而賤禄，則民興讓；尚技而賤車，則民興藝。故君子約言，小人先言。」

人，謂賢者，技，謂能者。以賢者爲貴，而不吝爵禄以尊之，則人皆興讓而勉於德矣。以能者爲貴，而不吝車服以貴之，則人皆興藝而勉於能矣。約言，謂寡言。先言，謂尚口。鄭氏及方氏説。

子云：「上酌民言，則下天上施。上不酌民言，則犯也；下不天上施，則亂也。故君子信讓以涖百姓，則民之報禮重。《詩》云：『先民有言，詢于芻蕘。』」施，始政反。

酌，取也，酌取民言而施之於民，則下民悦之，如受天上之施。蓋爲政合天下之公，顧民被其澤戴之如天也。上不酌民，則事或妄行非義，故曰犯也。下不敬之，如天上之施，則民或肆慢侵擾，故曰亂也。引《詩·大雅》以證古者酌取民言。方氏、胡氏。

子云：「善則稱人，過則稱己，則民不爭。善則稱人，過則稱己，則怨益亡。《詩》云

『爾卜爾筮，履無咎言』。」子云：「善則稱人，過則稱己，則民讓善。《詩》云『考卜惟王，度是鎬京。惟龜正之，武王成之』。」子云：「善則稱君，過則稱己，則民作忠。《君陳》曰『爾有嘉謀嘉猷，入告爾君于内。女乃順之于外，曰「此謀此猷，惟我君之德」。於乎！是惟良顯哉』！」子云：「善則稱親，過則稱己，則民作孝。《大誓》曰『子克紂，非予武，惟朕文考無罪。紂克予，非朕文考有罪，惟予小子無良』。」女音汝。大音泰。

履，《詩》作體。度，《詩》作宅。君，《書》作后。文之煩簡亦不同。《君陳》周公子伯禽弟，書取以爲篇名。「爾卜爾筮，履無咎言」，與「考卜惟王」，皆斷章取義以證。凡人之歸美而無爭也，援《君陳》以證臣之歸美於君，援《太誓》以證子之歸美於父。補。

子云：「君子弛其親之過而敬其美。《論語》曰『三年無改於父之道，可謂孝矣』。高宗云『三年其惟不言，言乃讙』。」子云：「從命不忿，微諫不倦，勞而不怨，可謂孝矣。《詩》云『孝子不匱』。」弛，式氏反。讙音歡。

弛，猶棄忘也。高宗三年不言，居父小乙之喪也，故其既言天下皆喜。從命不忿，愛也。微諫不倦，敬也。不匱，無乏止之時也。鄭氏、馬氏。

子云：「睦於父母之黨，可謂孝矣。故君子因睦以合族。《詩》云『此令兄弟，綽綽有裕。不令兄弟，交相爲瘉』。」子云：「於父之執，可以乘其車，不可以衣其衣，君子以廣孝也。」瘉，羊主反。

痡，病也。可以乘其車，車於身差遠。不可以衣其衣，衣於身最親，父執之衣尚不可衣，則於父可知。此自敬父之心而推之也，故曰廣孝。前書言君與異姓同車不同服，意亦類此。用孔氏、方氏補。

子云：「小人皆能養其親，君子不敬，何以辨？」子云：「父子不同位，以厚敬也。《書》云『厥辟不辟，忝厥祖』。」

不同位，恐相褻也。引《書》伊尹戒太甲言，爲人君不自尊嚴，與卑下相瀆，亦辱其先祖。因君見父以足上意。孔氏。

子云：「父母在，不稱老，言孝不言慈，閨門之内，戲而不歎。君子以此坊民，民猶有薄於孝而厚於慈。」

孝，愛親；慈，愛子。言孝不言慈者，慮其厚於子而薄於親也。戲，謂孺子言笑，歎，謂憂戚聲。方氏、鄭氏。

子云：「長民者朝廷敬老，則民作孝。」子云：「祭祀之有尸也，宗廟之有主也，示民有事也。修宗廟，敬祀事，教民追孝也。以此坊民，民猶忘其親。」

示民有事，謂示民有所尊事。孔氏。

子云：「敬則用祭器，故君子不以菲廢禮，不以美没禮。故食禮，主人親饋則客祭，主人不親饋則客不祭。故君子苟無禮，雖美不食焉。《易》曰『東鄰殺牛，不如西鄰之禴祭，寔受其福』。《詩》云『既醉以酒，既飽以德』。以此示民，民猶爭利而忘義。」

祭器，籩豆、簠鉶之屬，有敬事於賓客則用之，謂饗食也。若燕器不過盤杅之屬。菲謂過儉，美謂過奢。引《易》引《詩》，明在德而不在物。鄭氏、方氏。

子云：「七日戒，三日齊，承一人焉以爲尸，過之者趨走，以教敬也。醴酒在室，醍酒在堂，澄酒在下，示民不淫也。尸飲三，衆賓飲一，示民有上下也。因其酒肉，聚其宗族，以教民睦也。故堂上觀乎室，堂下觀乎上。《詩》云『禮儀卒度，笑語卒獲』。」醍音體。度如字，又徒洛反。

醴，齊甘酒也。醍，齊粢醍也，味厚於醴。澄酒，清酒也，味又厚於醍。味薄者在上，味厚者在下，示民不貪淫於味，堂上觀室，堂下觀上，言祭時肅敬之威儀，内外遞相倣法也。用鄭氏、孔氏、方氏補。

子云：「賓禮每進以讓，喪禮每加以遠。浴於中霤，飯於牖下，小斂於户内，大斂於阼，殯於客位，祖於庭，葬於墓，所以示遠也。殷人弔於壙，周人弔於家，示民不偝也。」子云：「死，民之卒事也，吾從周。以此坊民，諸侯猶有薨而不葬者。」

殷弔於壙，即壙上弔而别，太簡。周弔於家，待反哭於家而後弔，慇懃，故曰吾從周。孔氏。

子云：「升自客階，受弔於賓位，教民追孝也。未没喪，不稱君，示民不爭也。故《魯春秋》記晉喪曰『殺其君之子奚齊及其君卓』。以此坊民，子猶有弒其父者。」

升自客階，受弔賓位，謂反哭時。既葬矣，猶不忍即父位也。未没喪，未終喪也。諸侯親死未踰年稱子，踰年然後稱君，以《春秋》所書爲證。鄭氏。

子云：「孝以事君，弟以事長。示民不貳也。故君子有君不謀仕，惟卜之日稱二君。喪父三年，喪君三年，示民不疑也。父母在，不敢有其身。不敢私其財，示民有上下也。故天子四海之内無客禮，莫敢爲主焉。故君適其臣，升自阼階，即位於堂，示民不敢有其室也。父母在，饋獻不及車馬，示民不敢專也。以此坊民，民猶忘其親而貳其君。」

孝以事君，推事父之道以事君也。不貳，謂使一其心也。君子有君不謀仕者，有君矣，則專於所事不更謀仕於他國也。卜仕之日，謂謀仕之初，未有所事。故稱二君以卜，若云仕秦乎？仕晉乎之類。蓋記禮乃漢儒傳聞，多春秋、戰國時舊説，故有此事爾。自此遺彼曰饋，自下奉上曰獻。事親孝，故忠可移於君，事兄弟，故順可移於長。忠孝弟順其本一也，以其本一，故有君不謀仕，而其喪君亦如父爲三年也。君統臣者也，故天子無客禮，君適於臣則君爲主，父統子者也，故父在子不敢有其身，不敢私其財，不敢以車馬之重爲饋獻。石材。

子云：「禮之先幣帛也，欲民之先事而後禄也，先財而後禮，則民利；無辭而行情，則民爭。故君子於有饋者，弗能見，則不視其饋。《易》曰『不耕穫，不菑畬，凶』。以此坊民，民猶貴禄而賤行。」下孟反。

相見之禮先於幣帛，相見之禮既講而後以幣帛修好，此謂禮之先於幣帛也。事，指相見之禮而言，禄，指幣帛而言，故曰欲民之先事而後禄，否而以財貨爲先，反以禮爲後，則民趨利矣。無相見之禮辭，而直行其情，則民相爭矣，故君子於有饋之者，弗及見之，則不視其饋，惡無其禮而徒以貨取也。民春耕而後有秋穫，田有一歲之菑而後有三歲之畬，若不耕而穫，不菑而畬，世安有無事而可得利者乎？故引《易》以證之以爲凶也。然在《易·無妄》六二爻惟曰「則利有攸往」，不言凶也。與此文義亦略不同。補。

子云：「君子不盡利以遺民。《詩》云『彼有遺秉，此有不斂穧，伊寡婦之利』。故君子仕則不稼，田則不漁，食時不力珍。大夫不坐羊，士不坐犬。《詩》云『采葑采菲，無以下體。德音莫違，及爾同死』。以此坊民，民猶忘義而爭利以亡其身。」

以遺民，以餘利遺其民而不與民爭利也。田，仕者田獵。漁，小民漁網，故田則不漁。食時者，食四時之常膳。不力珍者，不務非時之珍味。不坐羊、坐犬，古謂不殺。陸氏云：大夫苟坐熊之皮矣，不坐羊；士苟坐羊之皮矣，不坐犬。「采葑采菲，無以下體」，亦斷章取義，言不兼取，與詩本義不同。用孔氏、陸氏補。

子云：「夫禮，坊民所淫，章民之别，使民無嫌，以爲民紀者也。故男女無媒不交，無幣不相見，恐男女之無别也。以此坊民，民猶有自獻其身。《詩》云『伐柯如之何？匪斧不克。取妻如之何？匪媒不得。蓺麻如之何？横從其畝。取妻如之何？必告父母』。」

從，子容反。

淫，過也。章，明也。嫌，嫌疑。紀，綱紀。柯，斧柄。蓺，種也。輔氏、孔氏。

子云：「取妻不取同姓，以厚别也。故買妾不知其姓則卜之。以此坊民，《魯春秋》猶去夫人之姓曰『吴』，其死曰『孟子卒』。」

魯姬姓，吴亦姬姓。魯昭公取吴爲同姓，謂之吴孟子，不敢言姬姓而詭言子姓也。補。

子云：「禮非祭，男女不交爵。以此坊民，陽侯猶殺繆侯而竊其夫人。故大饗廢夫人之禮。」

交爵，謂相獻酬。陽侯殺繆侯事未聞何國。鄭氏、孔氏。

子云：「寡婦之子，不有見焉，則弗友也，君子以辟遠也。故朋友之交，主人不在，不有大故，則不入其門。以此坊民，民猶以色厚於德。」見，賢遍反。辟音避。遠，于萬反。

見，謂有才德著見於外。

子云：「好德如好色，諸侯不下漁色，故君子遠色，以爲民紀。故男女授受不親，御婦人則進左手，姑、姊妹、女子子。已嫁而反，男子不與同席而坐，寡婦不夜哭，婦人疾，問之，不問其疾。以此坊民，民猶淫泆而亂於族。」

不下漁色，取象漁網而雜取之於下也。御婦人，爲婦人御車也。御者在乘車者之右，前左手則身微背之。不問其疾者，略問其安否，不問其疾之所在，皆遠嫌也。孔氏、方氏。

子云：「昏禮壻親迎，見於舅姑，舅姑承子以授壻，恐事之違也。以此坊民，婦猶有不至者。」

舅姑，妻之父母也。妻之父爲外舅，妻之母爲外姑。妻之父母承奉女子以付授於壻而戒之，恐女子之乖違也。不至，謂期而不至。鄭氏。

卷二十五

讀禮記十二

中庸第三十一

《中庸》，按《家語》，子思所作，實得聖門之親傳，非漢儒所集其他記禮比也。然至唐李翺始爲之説。至本朝周濂溪始得其要，至二程先生、張横渠、吕氏、游氏、楊氏、侯氏、謝氏、尹氏始各推衍其義，自是爲集解者凡三家：會稽石𡼏初集濂溪以下十人之説，晦菴先生因其集解删成輯略，別爲章句，以總其歸，又爲《或問》以明其所以去取之意，已無餘藴矣。吴郡衛湜再爲集解，乃增入石氏元本，及附入石氏元所不集與晦菴以後諸説皆取之。晦菴《章句》雖亦參錯其間，意若及有未滿於晦菴者。天臺賈蒙久爲集解，雜列諸家，晦菴《章句》之説又特間見一二而已。晦菴以命世特出之才，任萬世道説之託，平生用力盡在《四書》。《四書》歸宿萃於《中庸》，其該貫精備，何可當也！而二家之所見如此哉！至若《中庸章句》序，遵學淵源盡在此書，尤不容不朝夕吟誦。今自序及《章句》皆録于篇【一】，所謂至當歸一，精義無二；所謂江漢以濯之，秋陽以暴之，皜皜乎其不尚也。近亦有尊崇晦菴章句者，復晦菴餘説，是爲趙氏《中庸章句纂疏》，是爲盧氏《四書中庸集義》亦不暇多録，學者自當各以其本書參考。若衛氏、賈氏所集晦菴《章句》後晚出諸説，間亦竊附一二以示義理無窮。非敢偏主一説，以俟來者考焉。

中庸章句序

《中庸》何爲而作也？子思子憂道學之失其傳而作也。蓋自上古聖神繼天立極，而道統之傳有自來矣。其見於經，則「允執厥中」者，堯之所以授舜也；「人心惟危，道心惟微，惟精惟一，允執厥中」者，舜之所以授禹也。堯之一言，至矣！盡矣！而舜復益之以三言者【二】，則所以明夫堯之一言，必如是而後可庶幾也。

蓋嘗論之：心之虛靈知覺，一而已矣，而以爲有人心、道心之異者，則以其或生於形氣之私，或原於性命之正，而所以爲知覺者不同，是以或危殆而不安，或微妙而難見耳。然人莫不有是形，故雖上智不能無人心，亦莫不有是性，故雖下愚不能無道心。二者雜於方寸之間，而不知所以治之，則危者愈危，微者愈微，而天理之公卒無以勝夫人欲之私矣。精則察夫二者之間而不雜也，一則守其本心之正而不離也。從事於斯，無少間斷，必使道心常爲一身之主，而人心每聽命焉，則危者安、微者著，而動静云爲自無過不及之差矣。

【一】皆録于篇　「篇」原作「爲」，據文淵閣本改。

【二】而舜復益之以三言者　「言」原作「元」，據朱熹《四書章句集注》改。

夫堯、舜、禹，天下之大聖也。以天下相傳，天下之大事也。以天下之大聖，行天下之大事，而其授受之際，丁寧告戒不過如此。則天下之理，豈有以加於此哉？自是以來，聖聖相承：若成湯、文、武之爲君，皋陶、伊、傅、周、召之爲臣，既皆以此而接夫道統之傳。若吾夫子，則雖不得其位，而所以繼往聖、開來學，其功反有賢於堯、舜者。然當是時，見而知之者，惟顔氏、曾氏之傳得其宗。及曾氏之再傳，而復得夫子之孫子思，則去聖遠而異端起矣。子思懼夫愈久而愈失其真也，於是推本堯、舜以來相傳之意，質以平日所聞父師之言，更互演繹，作爲此書，以詔後之學者。蓋其憂之也深，故其言之也切；其慮之也遠，故其説之也詳。其曰「天命率性」，則道心之謂也；其曰「擇善固執」，則精一之謂也；其曰「君子時中」，則執中之謂也。世之相後千有餘年，而其言之不異如合符節。歷選前聖之書，所以提挈綱維、開示藴奥，未有若是其明且盡者也。自是而又再傳以得孟氏，爲能推明是書，以承先聖之統，及其没而遂失其傳焉。則吾道之所寄不越乎言語文字之間，而異端之説日新月盛，以至於老、佛之徒出，則彌近理而大亂真矣。然而尚幸此書之不泯，故程夫子兄弟者出，得有所考，以續夫千載不傳之緒；得有所據，以斥夫二家似是之非。蓋子思之功於是爲大，而微程夫子，則亦莫能因其語而得其心也。惜乎！其所以爲説者不傳，而凡石氏之所輯録，僅出於其門人之所記，是以大義雖明，而微言未析。至其門人所自爲説，則雖頗詳盡而多所發明，然倍其師説而淫於老、佛者，亦有之矣。

熹自早歲即嘗受讀而竊疑之，沈潛反復，蓋亦有年，一旦恍然似有以得其要領者，然後乃敢會衆説而折其中，既爲定著《章句》一篇，以竢後之君子。而一二同志復取石氏書，删其煩亂，名以輯略，且記所嘗論辯取舍之意，别爲《或問》以附其後。然後此書之旨，枝分節解、脉絡貫通、詳略相因、巨細畢舉，而凡諸説之同異得失，亦得以曲暢旁通，而各極其趣。雖於道統之傳，不敢妄議，然初學之士，或有取焉，則亦庶乎行遠升高之一助云爾。淳熙己酉春三月戊申，新安朱熹序。

中庸中者，不偏不倚，無過不及之名。庸，平常也。朱熹章句

子程子曰：「不偏之謂中，不易之謂庸。中者，天下之正道，庸者，天下之定理。」此篇乃孔門傳授心法，子思恐其久而差也，故筆之於書，以授孟子。其書始言一理，中散爲萬事，末復合爲一理，「放之則彌六合，卷之則退藏於密」，其味無窮，皆實學也。善讀者玩索而有得焉，則終身用之，有不能盡者矣。

天命之謂性，率性之謂道，修道之謂教。

命，猶令也。性，即理也。天以陰陽五行化生萬物，氣以成形，而理亦賦焉，猶命令也。於是人物之生，因各得其所賦之理，以爲健順五常之德，所謂性也。率，循也。道，猶路也。人物各循其性之自然，則其日用事物之間，莫不各有當行之路，是則所謂道也。修，品節之也。性道雖同，而氣稟或異，故不能無過不及之差，聖人因人物之所當行者而

品節之，以爲法於天下，則謂之教。若禮、樂、刑、政之屬是也。蓋人之所以爲人，道之所以爲道，聖人之所以爲教，原其所自，無一不本於天而備於我。學者知之，則於其所學知所用力而自不能已矣。故子思於此首發明之，讀者宜深體而默識也。

「性即理也」一語，近世間有疑之者。愚意訓義不得不有所託以明之耳。天命，本言賦予之自然，然不得不假人爲之命令爲喻，故曰命猶令也。性本指人物之所稟賦，然不得不推所賦之實理爲説，故曰性即理也。陳氏曰：「理是泛言天地間公共之理，性是言在我之理。只此一理受於天而爲我所有，故謂之性。」此語足以解或者之疑矣。又據賈氏《集解》載晦菴之説曰：「天命即天道也，以其化育流行，賦與萬物，故謂之命。萬物稟而受則謂之性。蓋無一理之不具，而一毫人欲之私未有與焉。語其大目則仁、義、禮、智是也。率，循也，循其性之自然而不雜乎人欲之私，是之謂道。若君臣、父子、夫婦、兄弟、朋友之倫，與凡事物當然之理是也。修，品節之也，聖人修道以教天下，使之遏人欲，存天理，是所謂教，禮樂刑政皆其具也。」此説比《章句》尤易見，而《纂疏》、《集義》未之收，因附此。

道也者，不可須臾離也，可離非道也。是故君子戒慎乎其所不睹，恐懼乎其所不聞。離去聲。

道者，日用事物當行之理，皆性之德而具於心，無物不有，無時不然，所以不可須臾離也。若其可離，則爲外物而非道矣。是以君子之心常存敬畏，雖不見不聞，亦不敢忽，所以存天理之本然，而不使離於須臾之頃也。

莫見乎隱，莫顯乎微，故君子慎其獨也。見音現。

隱，暗處也。微，細事也。獨者，人所不知而已所獨知之地。言幽暗之中，細微之事，跡雖未形而幾則已動，人雖不知而已獨知之，則是天下之事無有著見明顯而過於此者。是以君子既常戒懼，而於此尤加謹焉，所以遏人欲於將萌，而不使其滋長於隱微之中，以至離道之遠也。

《或問》諸家之説，皆以戒慎不睹，恐懼不聞即爲謹獨之意。予乃分之曰：既言道不可離，則是無適而不在矣。又言莫見乎隱莫顯乎微，則是要切之處尤在於隱微也。既言戒謹不睹、恐懼不聞，則是無處而不謹矣。又言謹獨，則是其謹者尤在於獨也【三】。又嘗答門人呂燾云，是謹上更加謹。

喜怒哀樂之未發，謂之中；發而皆中節，謂之和。中也者，天下之大本也；和也者，天下之達道也。樂音洛。中節之中去聲。

喜、怒、哀、樂，情也。其未發，則性也，無所偏倚，故謂之中。發皆中節，情之正也，無所乖戾，故謂之和。大本者，天命之性，天下之理，皆由此出，道之體也。達道者，循性之謂，天下古今之所共由，道之用也。此言性情之德，以明道不可離之意。

【三】「未之收」至「則是其謹者」此段文字原脱，據文淵閣本補。

致中和，天地位焉，萬物育焉。

致，推而極之也。位者，安其所也。育者，遂其生也。自戒懼而約之，以至於至靜之中無少偏倚，而其守不失，則極其中而天地位矣。自謹獨而精之，以至於應物之處無少差繆，而無適不然，則極其和而萬物育矣。蓋天地萬物本吾一體，吾之心正，則天地之心亦正矣，吾之氣順，則天地之氣亦順矣。故其效驗至於如此。

東萊吕氏云「自其天地之位而以中言之，自其萬物之育而以和言之，朱氏如此區别，固未見有害也。深觀其所從來，則天地之所以位，萬物之所以育，蓋有不可析者」。子思曰：「致中和，天地位焉，萬物育焉。」龜山曰：中，故天地位焉；和，故萬物育焉。參觀二者之論，則氣象自可見。

右第一章。子思述所傳之意以立言：首明道之本原出於天而不可易，其實體備於己而不可離。次言存養省察之要，終言聖神功化之極。蓋欲學者於此反求諸身而自得之，以去夫外誘之私而充其本然之善。楊氏所謂一篇之體要是也。其下十章蓋子思引夫子之言以終此章之義。

仲尼曰：「君子中庸，小人反中庸。」

中庸者，不偏不倚，無過不及，而平常之理，乃天命所當然，精微之極致也。惟君子爲能體之，小人反是。

君子之中庸也，君子而時中；小人之中庸也，小人而無忌憚也。」

王肅本作「小人之反中庸也」，程子亦以爲然。今從之。君子之所以爲中庸者，以其有君子之德，而又能隨時以處中也。小人之所以反中庸者，以其有小人之心，而又無所忌憚也。蓋中無定體，隨時而在是乃平常之理也。君子知其在我，故能戒謹不睹，恐懼不聞，而無時不中。小人不知有此，則肆欲妄行，而無忌憚矣。

右第二章。此下十章皆論中庸以釋首章之義。文雖不屬，而意則相承也。變和言庸者，游氏曰：「以性情言之，則曰中和；以德行言之，則曰中庸是也。」然中庸之中，實兼中和之義。

子曰：「中庸其至矣乎！民鮮能久矣！」鮮上聲，下同。

過則失中，不及則未至，故惟中庸之德爲至。然亦人所同得，初無難事，但世教衰，民不興行，故鮮能之，今已久耳。《論語》無能字。

右第三章。

子曰：「道之不行也，我知之矣，知者過之，愚者不及也；道之不明也，我知之矣，賢者過之，不肖者不及也。」知者之知去聲。

道者，天理之當然，中而已矣。知愚賢不肖之過不及，則生禀之異而失其中也。知者知之過，既以道爲不足行；愚者不及知，又不知所以行，此道之所以常不行也。賢者行之過，既以道爲不足知；不肖者不及行，又不求所以知，此道之所以常不明也。人莫不飲食也，鮮能知味也。

道不離人，人自不察。是以有過不及之弊。

右第四章。

晏氏曰：「知愚之過不及，宜曰道之不明。賢不肖之過不及，宜曰道之不行。今乃反言，何哉？蓋知者專於明道或怠於行道，賢者專於行道或忽於明道。」陳氏曰：「人莫不飲食，是日用不可闕處。但人鮮能知其味，譬如道乃我之所固有，惟是人不自求知之，所以行矣而不著，習矣而不察。」

子曰：「道其不行矣夫！」夫音扶。

由不明，故不行。

右第五章。此章承上章而舉其不行之端，以起下章之意。

子曰：「舜其大知也與！舜好問而好察邇言，隱惡而揚善，執其兩端，用其中於民，其斯以爲舜乎！」知去聲。與平聲。好去聲。

舜之所以爲大知者，以其不自用而取諸人也。邇言者，淺近之言，猶必察焉，其無遺善可知。然於其言之未善者，則隱而不宣，其善者則播而不匿，其廣大光明又如此，則人孰不樂告以善哉！兩端，謂衆論不同之極致。蓋凡物皆有兩端，如小大、厚薄之類，於善之中又執其兩端，而量度以取中，然後用之，則其擇之審而行之至矣。然非在我之權度精切不差，何以與此。此知之所以無過不及，而道之所以行也。

右第六章。

《語録》問取極厚極薄之二説而中折之，則此爲中矣。曰不然。或極厚者説得是，則用極厚之説，極薄之説是，則用極薄之説，厚薄之中者説得是，則用厚薄之中者之説。至於輕重小大，莫不皆然惟其説之是者用之，不是棄兩頭不用，而但取兩頭之中者用之也。

子曰：「人皆曰予知，驅而納諸罟擭陷阱之中，而莫之知辟也；人皆曰予知，擇乎中庸而不能期月守也。」予知之知去聲。罟音古。擭，胡化反。阱，才性反。辟、避同。期，居之反。

罟，網也。擭，機檻也。陷阱，坑坎也。皆所以揜取禽獸者也。擇乎中庸，辨别衆理，以求所謂中庸，即上章好問用中之事也。期月，匝一月也。言知禍而不知辟，以況能擇而不能守，皆不得爲知也。

右第七章。承上章大知而言，又舉不明之端以起下章也。

罟擭陷阱，趙格菴謂此形容禍機之所伏。

子曰：「回之爲人也，擇乎中庸，得一善則拳拳服膺而弗失之矣。」

回，孔子弟子顔淵名。拳拳，奉持之貌。服，猶着也。膺，胷也。奉持而着之心胷之間，言能守也。顔子蓋真知之，故能擇能守如此。此行之所以無過不及而道之所以明也。

右第八章。

子曰：「天下國家可均也，爵禄可辭也，白刃可蹈也，中庸不可能也。」

均，平治也。三者亦知、仁、勇之事，天下之至難也，然不必其合於中庸，則質之近似者皆能以力爲之。若中庸，則雖不必皆如三者之難，然非義精仁熟，而無一毫人欲之私者，不能及也。三者難而易，中庸易而難，此民之所以鮮能也。

右第九章。亦承上章以起下章。

子路問强。

子路，孔子弟子仲由也。子路好勇，故問强。

子曰：「南方之强與？北方之强與？抑而强與？與平聲。

抑，語辭。而，汝也。

寬柔以教，不報無道，南方之强也，君子居之。

寬柔以教，謂含容巽順以誨人之不及也。不報無道，謂横逆之來，直受之而不報也。南方風氣柔弱，故以含忍之力勝人爲强，君子之道也。

衽金革，死而不厭，北方之强也，而强者居之。

衽，席也。金，戈兵之屬。革，甲冑之屬。北方風氣剛勁，故以果敢之力勝人爲强，强者之事也。

雩川倪氏曰：衽，衣衿也。金，鐵也。革，皮也。以皮聯鐵爲衣甲，被之於身，如衣衿然，故曰衽。

故君子和而不流，强哉矯！中立而不倚，强哉矯！國有道，不變塞焉，强哉矯！國無道，至死不變，强哉矯！」

此四者，汝之所當强也。矯，强貌。《詩》曰「矯矯虎臣」是也。倚，偏着也。塞，未達也。國有道，不變未達之所守；國無道，不變平生之所守也。此則所謂中庸之不可能者，非有以自勝其人欲之私，不能擇而守也。君子之强，孰大於是。夫子以是告子路者，所以抑其血氣之剛，而進之以德義之勇也。

右第十章。

《或問》謂强者，力有以勝人之名也。凡人和而無節，則必至於流；中立而無依，則必至於倚。國有道而富貴，或不能不改其平素；國無道而貧賤，或不能久處乎窮約。非持守之力有以勝人者，其孰能及之？故此四者，汝子路之所當强也。南方之强，不及强者也；北方之强，過乎强者也，四者之强，强之中也。子路好勇，故聖人之言所以長其善者，而救其失者類如此。《語録》曰：國有道，則有達之理，故不變其未達之所守；若國無道，則有不幸而死之理，故不變其平生之所守。不變其未達之守易，不變其平生之守難。又《語録》曰：强哉矯！贊嘆之辭。

子曰：「素隱行怪，後世有述焉，吾弗爲之矣。

素，按《漢書》當作索，蓋字之誤也。索隱行怪，言深求隱僻之理而過爲詭異之行也。然以其足以欺世而盜名，故後世或有稱述之者。此知之過而不擇乎善，行之過而不用其中。不當强而强者也，聖人豈爲之哉？

君子遵道而行，半塗而廢，吾弗能已矣。

遵道而行，則能擇乎善矣，半塗而廢，則力之不足也。此其知雖足以及之，而行有不逮，當强而不强者也。已，止也。聖人於此，非勉焉而不敢廢，蓋至誠無息，自有所不容止也。

君子依乎中庸，遯世不見知而不悔，惟聖者能之。」

不爲索隱行怪，則依乎中庸而已。不能半塗而廢，是以遯世不見知而不悔也。此中庸之成德，知之盡，仁之至，不賴勇而裕如者，正吾夫子之事而猶不自居也，故曰唯聖者能之而已。

右第十一章。子思所引夫子之言以明首章之義者止此。蓋此篇大旨以知、仁、勇三達德爲入道之門，故於篇首即以大舜、顔淵、子路之事明之。舜，知也。顔淵，仁也。子路，勇也。三者廢其一則無以造道而成德矣。餘見第二十章。愚按上三條：一曰吾弗爲之者，致知之事；二曰吾弗能已者，力行之事，夫子皆以自任；三曰惟聖能之者，大成獨立不返之事。夫子不敢以自居，而始終之，皆爲謙辭則一也。

《或問》索隱之説，謂《漢書·藝文志》劉歆論神仙家流，引此而以素爲索，顔氏又釋之以爲求索隱暗之事，則二字之義既明，與下文行怪二字語勢亦相類。

君子之道費而隱。費，符味反。

費，用之廣也。隱，體之微也。

夫婦之愚，可以與知焉，及其至也，雖聖人亦有所不知焉；夫婦之不肖，可以能行焉，及其至也，雖聖人亦有所不能焉。天地之大也，人猶有所憾。故君子語大，天下莫能載焉；語小，天下莫能破焉。與去聲。

君子之道，近自夫婦居室之間，遠而至於聖人天地之所不能盡，其大無外，其小無内，可謂費矣。然其理之所以然，則隱而莫之見也。蓋可知可能者，道中之一事，及其至而聖人不知不能，則舉全體而言，聖人固有所不能盡也。侯氏曰：「聖人所不知，如孔子問禮問官之類；所不能，如孔子不得位，堯、舜病博施之類。」愚謂人所憾於天地，如覆載生成之偏，及寒暑災祥之不得其正者。

《詩》云：「鳶飛戾天，魚躍於淵。」言其上下察也。鳶，余專反。

《詩·大雅·旱麓》之篇。鳶，鴟類。戾，至也。察，著也。子思引此詩以明化育流行，上下昭著，莫非此理之用，所謂費也。然其所以然者，則非見聞所及，所謂隱也。

君子之道，造端乎夫婦。及其至也，察乎天地。

結上文

右第十二章。子思之言蓋以申明首章，道不可離之意也。其下八章雜引孔子之言以明之。

《或問》十二章之説曰：「道之用廣而其體則微，密而不可見，所謂費而隱也。」即其近而言之，男女居室，人道之常，雖愚不肖亦能知而行之。極其遠而言之，則天下之大事物之多，聖人亦容有不盡知盡能者也。然非獨聖人有所不知不能也，天能生覆而不能形載，地能形載而不能生覆。至於氣化流行，則陰陽、寒暑、吉凶、災祥不能盡得其正者尤多。此所以雖以天地之大而人猶有憾也。夫自夫婦之愚不肖所能知能行，至於聖人天地之所不能盡，道蓋無所不在也。故君子之語道也，其大至於天地，聖人之所不能盡而道無不包，則天下莫能載矣。其小至於愚夫愚婦之所能知能行，而道無不體，則天下莫能破矣。道之在天下，其用之廣如此，可謂費矣。而其所用之體則不離乎此，而有非視聽之所及者，此所以爲費而隱也。子思之言至此極矣，猶以爲不足以盡其意也，故又引《詩》以明之曰「鳶飛戾天，魚躍於淵」，所以言道之體用，上下昭著而無所不在也。造端乎夫婦，極其近小而言也；察乎天地，極其遠大而言也。愚意造端乎夫婦，即指夫婦之愚不肖能知能行者而言，非指閨門正始而言。察乎天地，即指造化流行上下各適其適，顯然可見者而言，非指高遠深妙者而言。《語録》云：「天下莫能破，謂如物有至小而可破作兩者，是其中猶着得一物在，若其小無内，則是至小更不容破了。」愚按莫大於華嶽而地能載之。今云語大天下莫能載，則所語之大者，大包天地矣。莫小於芥子，而針能破之。今云語小莫能破，則所語之小者，細入無倫矣。

子曰：「道不遠人，人之爲道而遠人，不可以爲道。

道者，率性而已，固衆人之所能知能行者也，故常不遠於人。若爲道者，厭其卑近以爲不足爲，而反務爲高遠難行之事，則非所以爲道矣。

《詩》云『伐柯伐柯，其則不遠』。執柯以伐柯，睨而視之，猶以爲遠。故君子以人治人，改而止。睨，研計反。

《詩·豳風·伐柯》之篇。柯，斧柄。則，法也。睨，邪視也。言人執柯伐木以爲柯者，彼柯長短之法在此柯耳。然猶有彼此之别，故伐者視之猶以爲遠也。若以人治人，則所以爲人之道，各在當人之身，初無彼此之别。故君子之治人也，即以其人之道還治其人之身。其人能改，即止不治。蓋責之以其所能知能行，非欲其遠人以爲道也。張子所謂「以衆人望人則易從」是也。

忠恕違道不遠，施諸己而不願，亦勿施於人。

盡己之心爲忠，推己及人爲恕。違，去也，如《春秋傳》「齊師違穀七里」之違。言自此至彼，相去不遠，非背而去之之謂也。道，即其不遠人者是也。施諸己而不願，亦勿施於人，忠恕之事也。以己之心度人之心，未嘗不同，則道之不遠於人者可見。故己之所不欲，則勿以施之於人，亦不遠人以爲道之事。張子所謂「以愛己之心愛人，則盡仁」是也。

君子之道四，丘未能一焉：所求乎子，以事父未能也；所求乎臣，以事君未能也；所求乎弟，以事兄未能也；所求乎朋友，先施之未能也。庸德之行，庸言之謹，有所不足，不敢不勉，有餘不敢盡；言顧行，行顧言，君子胡不慥慥爾。」子、臣、弟、友四字絶句。

求，猶責也。道不遠人，凡己之所以責人者，皆道之所當然也，故反之以自責而自修焉。庸，平常也。行者，踐其實。謹者，擇其可。德不足而勉，則行益力；言有餘而訒，則謹益至。謹之至則言顧行矣；行之力則行顧言矣。慥慥，篤實貌。言君子之言行如此，豈不慥慥乎，贊美之也。凡此皆不遠人以爲道之事。張子所謂「以責人之心責己則盡道」是也。

右第十三章。道不遠人者，夫婦所能。丘未能一者，聖人所不能，皆費也。而其所以然者，有至隱存焉。下章放此。愚按：丘未能一者，皆事父從兄之事，得聖人之謙辭。

君子素其位而行，不願乎其外。

素，猶見在也。言君子但因見在所居之位而爲其所當爲，無慕乎其外之心也。

素富貴，行乎富貴；素貧賤，行乎貧賤；素夷狄，行乎夷狄；素患難，行乎患難。

君子無入而不自得焉。難去聲。

此言素其位而行也。

在上位不陵下，在下位不援上，正己而不求於人則無怨。上不怨天，下不尤人。援平聲。

此言不願乎其外也。

故君子居易以俟命，小人行險以徼幸。易去聲。

易，平地也。居易，素位而行也。俟命，不願乎外也。徼，求也。幸，謂所不當得而得者。

子曰：「射有似乎君子，失諸正鵠，反求諸其身。」正音征。鵠，工毒反。

畫布曰正，棲皮曰鵠，皆侯之中，射之的也。子思引此孔子之言以結上文之意。

右第十四章。子思之言也，凡章首無子曰者放此。

君子之道，辟如行遠必自邇，辟如登高必自卑。辟譬同。《詩》曰：「妻子好合，如鼓瑟琴；兄弟既翕，和樂且耽；宜爾室家，樂爾妻帑。」好去聲。耽，《詩》作湛，亦音耽。樂音洛。

《詩·小雅·常棣》之篇。鼓瑟琴，和也。翕，亦合也。耽，亦樂也。帑，子孫也。

子曰：「父母其順矣乎！」

夫子誦此《詩》而贊之曰：人能和於妻子，宜於兄弟如此，則父母其安樂之矣。子思引《詩》及此語，以明行遠自邇，登高自卑之意。

右第十五章。

《或問》十五章之説曰：章首二句承上章而言，道雖無所不在，而其進之則有序也。其下引《詩》與夫子之言，乃指一事以明之，非以二句之義爲止於此也。

子曰：「鬼神之爲德，其盛矣乎！

程子曰：「鬼神，天地之功用，而造化之跡也。」張子曰：「鬼神者，二氣之良能也。」愚謂以二氣言，則鬼者陰之靈也，神者陽之靈也。以一氣言，則至而伸者爲神，反而歸者爲鬼。其實一物而已。爲德，猶言性情功效。

視之而弗見，聽之而弗聞，體物而不可遺。

鬼神無形與聲，然物之終始，莫非陰陽合散之所爲，是其爲物之體，而物所不能遺也。其言體物，猶《易》所謂幹事。

使天下之人齊明盛服以承祭祀。洋洋乎！如在其上，如在其左右。」齊，則皆反。

齊之爲言齊也，所以齊不齊而致其齊也。明，猶絜也。洋洋，流動充滿之意。能使人畏敬奉承，而發見昭著如此，乃其體物而不可遺之驗也。孔子曰：「其氣發揚於上，爲昭明君蒿悽愴。此百物之精也，神之著也。」正謂此爾。

「《詩》曰：『神之格思，不可度思！矧可射思！』度，待洛反。射音亦，《詩》作斁。

言。

《詩·大雅·抑》之篇。格，來也。矧，況也。射，厭也，言厭怠而不敬也。思，語辭。

夫微之顯，誠之不可揜如此夫。」夫音扶。

誠者，真實無妄之謂。陰陽合散，無非誠者。故其發見之不可揜如此。

右第十六章。不見不聞，隱也。體物如在，則亦費矣。此前三章，以其費之小者而言。此後三章，以其費之大者而言。此一章，兼費隱、包大小而言。

《或問》鬼神之説，曰：「鬼神之義，孔子所以告宰予者，見於《祭義》之篇。其説已詳，而鄭氏釋之亦已明矣。其以口鼻之噓吸者爲魂，耳目之精明者爲魄，蓋指血氣之類以明之。程子、張子更以陰陽造化爲説，則其意又廣，而天地萬物之屈伸往來皆在其中矣。蓋陽魂爲神，陰魄爲鬼。是以其在人也，陰陽合，則魄凝魂聚而有生，陰陽判則魂升爲神，魄降爲鬼。《易·大傳》所謂精氣爲物，遊魂爲變，故知鬼神之情狀者，正以明此。而《書》所謂「徂落」者，亦以其升降爲言耳。若又以其往來者言之，則來者方伸而爲神，往者既屈而爲鬼。蓋二氣之分，實一氣之運，故陽主伸，陰主屈，而錯綜以言，亦各得其義焉。學者熟玩而精察之。

《語録》問性情莫便是二氣之良能否？功用莫便是天地之功用否？曰：「鬼神視之而不見，聽之而不聞，須是於良能功用上認取其德。」又門人黄氏曰：「性情功用只是造化之跡，日月自有日月之性情功效，風雷自有風雷之性情功效。」右言鬼神之爲德。《文集》曰:「天地之升降,日月之盈縮,萬物之消息變化無一非鬼神之所爲者。是以鬼神雖無形聲,而徧體乎萬物之中,物莫能遺。」《語録》曰:「體物是與物爲體,猶幹事是與事爲幹。」右言體物。蔡氏曰:「凡物之體,無非鬼神體之,故曰體物而不可遺。」此體字虚,非若形體之體,蓋體其體之謂也。右亦言體物,與晦菴微不同,當考。陳氏曰:「齊,是齊其念慮之不同。明,是明潔其心。洋洋,是此理昭然,流動充滿於上下左右間。此是鬼神陰陽之發見昭著處,蓋體物而不遺之驗也。」右言齊明承祀。海陵胡氏曰:「鬼神,以形言之則天地,以氣言之則陰陽,以主宰言之,則鬼神。鬼神無形,故視之弗見,無聲,故聽之弗聞,無體,故物爲體。視其所以生,所以成,莫非鬼神之功。故天下之人不可遺忘,以神無聲無形,故其來也不可億度,人當敬事之不暇,況可厭射之乎?」右言鬼神之德,至神之格思。《文集》曰:「鬼神只是氣之屈伸,其德則天命之實理,所謂誠也。」陳氏曰:「此理雖隱微而甚顯,以陰陽之往來屈伸,皆是真實而無妄,所以發見之不可揜如此。」右言微之顯,誠之不可揜。

子曰:「舜其大孝也與!德爲聖人,尊爲天子,富有四海之内。宗廟饗之,子孫保之。

子孫,謂虞思、陳胡公之屬。

故大德必得其位,必得其禄,必得其名,必得其壽。

舜年百有十歲。

故天之生物，必因其材而篤焉。故栽者培之，傾者覆之。

材，質也。篤，厚也。栽，埴也。氣至而滋息爲培，氣反而遊散則覆。

《詩》曰：『嘉樂君子，憲憲令德！宜民宜人；受禄於天；保佑命之，自天申之！』

《詩·大雅·假樂》之篇。假，當依此作嘉。憲，當依《詩》作顯。申，重也。

故大德者必受命。」

受命者，受天命爲天子也。

右第十七章。此由庸行之常推之，以極其至。見道之用廣也，而其所以然者，則爲體微矣。後二章亦此意。

子曰：「無憂者其惟文王乎！以王季爲父，以武王爲子，父作之，子述之。

此言文王之事。《書》言「王季其勤王家」，蓋其所作，亦積功累仁之事也。

武王纘大王、王季、文王之緒。壹戎衣而有天下，身不失天下之顯名。尊爲天子，富有四海之内。宗廟饗之，子孫保之。大音泰，下同。

此言武王之事。纘，繼也。大王，王季之父也。《書》云：「大王肇基王跡。」《詩》云「至於大王，實始翦商。」緒，業也。戎衣，甲胄之屬。壹戎衣，《武成》文，言一著戎衣以伐紂也。愚意謂不待再也。

武王末受命,周公成文、武之德,追王大王、王季,上祀先公以天子之禮。斯禮也,達乎諸侯大夫,及士庶人。父爲大夫,子爲士;葬以大夫,祭以士。父爲士,子爲大夫;葬以士,祭以大夫。期之喪達乎大夫,三年之喪達乎天子,父母之喪,無貴賤一也。」追王之王去聲。

此言周公之事。末,猶老也。追王,蓋推文、武之意,以及乎王跡之所起也。先公,組紺以上至后稷也。上祀先公以天子之禮,又推大王、王季之意,以及於無窮也。制爲禮法,以及天下,使葬用死者之爵,祭用生者之禄,喪服自期以下,諸侯絶,大夫降,而父母之喪上下同之,推己以及人也。愚意末受命,謂末年方受天命,故事不及竟而有待於周公以成之也。組紺者,太王之父。

右第十八章

子曰:「武王、周公其達孝矣乎!

達,通也。承上章而言武王、周公之孝,乃天下之人通謂之孝,猶孟子之言達尊也。

夫孝者:善繼人之志,善述人之事者也。

上章言武王纘大王、王季、文王之緒以有天下,而周公成文、武之德以追崇其先祖,此繼志述事之大者也。下文又以其所制祭祀之禮,通於上下者言之。

春秋修其祖廟，陳其宗器，設其裳衣，薦其時食。

祖廟，天子七，諸侯五，大夫三，適士二，官師一。宗器，先世所藏之重器；若周之赤刀、大訓、天球、河圖之屬也。裳衣，先祖之遺衣服，祭則設之以授尸也。時食，四時之食，各有其物，如春行羔、豚、膳、膏、香之類是也。趙氏疏：羔，稚羊。豚，稚豕。香謂牛膏調膳之。時各以其物之所宜。

宗廟之禮，所以序昭穆也；序爵，所以辨貴賤也；序事所以辨賢也；旅酬下爲上，所以逮賤也；燕毛，所以序齒也。昭如字，爲去聲。

宗廟之次，左爲昭，右爲穆，而子孫亦以爲序。有事於大廟，則子姓、兄弟、群昭、群穆咸在而不失其倫焉。爵，公、侯、卿、大夫也。事，宗祝有司之職事也。旅，衆也。酬，導飲也。旅酬之禮，賓弟子、兄弟之子，各舉觶於其長，而衆相酬。蓋宗廟之中以有事爲榮，故逮及賤者，使亦得以申其敬也。燕毛，祭畢而燕，則以毛髮之色別長幼，爲坐次也。齒，年數也。

踐其位，行其禮，奏其樂，敬其所尊，愛其所親，事死如事生，事亡如事存，孝之至也。

踐，猶履也。其，指先王也。所尊、所親，先王之祖考、子孫、臣庶也。始死謂之死，既葬則曰反而亡焉，皆指先王也。此結上文兩節，皆繼志述事之意也。

郊社之禮，所以事上帝也，宗廟之禮，所以祀乎其先也。明乎郊社之禮、禘嘗之義，治國其如示諸掌乎。」

郊，祀天。社，祭地。不言后土者，省文也。禘，天子宗廟之大祭，追祭太祖之所自出於太廟，而以太祖配之也。嘗，秋祭也。四時皆祭，舉其一耳。禮必有義對舉之，互文也。示與視同，視諸掌，言易見也。此與《論語》文意大同小異，記有詳略耳。愚意以示爲指示之示，亦通。《論語》指其掌，亦示之義。

右第十九章

《或問》謂太祖東向。群廟左者，南向，取其向明，故謂之昭。右者，北向，取其深遠故謂之穆。趙氏註左昭右穆者，死者之昭穆也。群昭群穆者，生者之昭穆也。序昭穆，序生者之昭穆。右序昭穆。鄭氏曰：事，謂薦羞。辨賢謂以其事別所能也。右辨賢。《語録》曰：主人酌以獻賓，賓報主人曰酢。主又自飲而復飲賓曰酬。其主人又自飲者，是導賓使飲也。賓受之不飲，奠於席前，至旅時亦不舉，又自別舉爵。又曰旅酬者，以其家臣或鄉吏之屬大夫，則有鄉吏一人，先舉觶獻賓，賓飲畢即以觶授於執事者。執事者則以獻於其長，遞遞相承，獻及於沃盥者而止焉。沃盥，謂執沃盥之事，至賤者也。孔氏曰：旅酬之時，使卑者二人各舉觶於其長者，卑下者先飲。晦菴《語類》曰：導飲者，爲上先飲也。右下爲上。

哀公問政。

哀公，魯君，名蔣。

子曰：「文、武之政，布在方策。其人存則其政舉，其人亡則其政息。

方，版也。策，簡也。息，猶滅也。有是君，有是臣，則有是政矣。

人道敏政，地道敏樹。夫政也者，蒲盧也。夫音扶。

敏，速也。蒲盧，沈括以爲蒲葦是也。以人立政，猶以地種樹，其成速矣，而蒲葦又易生之物，其成尤速也。言人存政舉，其易如此。

故爲政在人，取人以身，修身以道，修道以仁。

此承上文人道敏政而言也。爲政在人，《家語》作「爲政在於得人」，語意尤備。人謂賢臣，身指君身。道者，天下之達道。仁者，天地生物之心而人得以生者。所謂元者，善之長也。言人君爲政在於得人，而取人之則又在修身。能仁其身，則有君有臣而政無不舉矣。

仁者人也，親親爲大；義者宜也，尊賢爲大；親親之殺，尊賢之等，禮所生也。殺去聲。

人，指人身而言。具此生理，自然便有惻怛慈愛之意，深體味之可見。宜者，分别事理，各有所宜也。禮，則節文斯二者而已。

在下位不獲乎上，民不可得而治矣。

鄭氏曰：此句在下，誤重在此。

故君子不可以不修身；思修身，不可以不事親；思事親，不可以不知人；思知人，不可以不知天。」

爲政在人，取人以身，故不可以不修身。修身以道，修道以仁，故思修身不可以不事親。欲盡親親之仁，必由尊賢之義，故又當知人。親親之殺，尊賢之等，皆天理也，故又當知天。愚意欲知人之賢否，須明乎天理之精微。

天下之達道五，所以行之者三：曰君臣也，父子也，夫婦也，昆弟也，朋友之交也。五者天下之達道也。知、仁、勇三者，天下之達德也，所以行之者一也。知去聲。

達道者，天下古今所共由之路，即《書》所謂五典，孟子所謂「父子有親，君臣有義，夫婦有别，長幼有序，朋友有信」是也。知，所以知此也；仁，所以體此也；勇，所以强此也；謂之達德者，天下古今所同得之理也。一，則誠而已矣。達道雖人所共由，然無是三德，則無以行之；達德雖人所同得，然一有不誠，則人欲間之，而德非其德矣。程子曰：「所謂誠者，止是誠實此三者。三者之外，更别無誠。」

「或生而知之，或學而知之，或困而知之，及其知之一也；或安而行之，或利而行之，或勉强而行之，及其成功一也。」强上聲。

知者之所知，行者之所行，謂達道也。以其分而言：則所以知者知也，所以行者仁也，所以至於知之成功而一者勇也。以其等而言：則生知安行者知也，學知利行者仁也，困知勉行者勇也。蓋人性雖無不善，而氣稟有不同者，故聞道有蚤莫，行道有難易，然能自强不息，則其至一也。吕氏曰：「所入之塗雖異，而所至之域則同，此所以爲中庸。若乃企生知安行之資爲不可幾及，輕困知勉行謂不能有成，此道之所以不明不行也。」

子曰：「好學近乎知，力行近乎仁，知恥近乎勇。好，近乎知之知，並去聲。「子曰」二字衍文。此言未及乎達德而求以入德之事。通上文三知爲知，三行爲仁，則此三近者，勇之次也。吕氏曰：「愚者自是而不求，自私者徇人欲而忘反，懦者甘爲人下而不辭。故好學非知，然足以破愚；力行非仁，然足以忘私；知恥非勇，然足以起懦。」

知斯三者，則知所以修身；知所以修身，則知所以治人；知所以治人，則知所以治天下國家矣。斯三者，指三近而言。人者，對己之稱。天下國家，則盡乎人矣。言此以結上文修身之意，起下文九經之端也。

凡爲天下國家有九經，曰：修身也；尊賢也；親親也；敬大臣也；體群臣也；子庶民也；來百工也；柔遠人也；懷諸侯也。

經，常也。體，謂設以身處其地而察其心也。子，如父母之愛其子也。柔遠人，所謂無忘賓旅者也。此列九經之目也。吕氏曰：「天下國家之本在身，故修身爲九經之本。然必親師友，然後修身之道進，故尊賢次之。道之所進，莫先於家，故親親次之。由家以及朝廷，故敬大臣、體群臣次之。由朝廷以及其國，故子庶民、來百工次之。由其國以及天下，故柔遠人、懷諸侯次之。此九經之序也。」視群臣猶吾四體，視百姓猶吾子，此視臣視民之别也。

修身則道立，尊賢則不惑，親親則諸父昆弟不怨，敬大臣則不眩，體群臣則士之報禮重，子庶民則百姓勸，來百工則財用足，柔遠人則四方歸之，懷諸侯則天下畏之。

此言九經之效也。道立，謂道成於己而可爲民表，所謂建其有極是也。不惑，謂不疑於理，不眩，謂不迷於事。敬大臣，則信任專，而小臣不得以間之，故臨事而不眩也。來百工，則通工易事，農末相資，故財用足。柔遠人，則天下之旅皆悦而願出於其塗，故四方歸。懷諸侯，則德之所施者博，而威之所制者廣矣，故曰天下畏之。

齊明盛服，非禮不動，所以修身也；去讒遠色，賤貨而貴德，所以勸賢也；尊其位，重其禄，同其好惡，所以勸親親也；官盛任使，所以勸大臣也；忠信重禄，所以勸士也；時使薄斂，所以勸百姓也；日省月試，既稟稱事，所以勸百工也；送往迎來，嘉善而矜不能，所以柔遠人也；繼絶世，舉廢國，治亂持危，朝聘以時，厚往而薄來，所以懷諸侯也。齊，側皆反。去上聲。遠、好、惡、斂並去聲。既，許氣反。稟，彼錦、力錦二反。稱去聲。朝音潮。

此言九經之事也。官盛任使，謂官屬衆盛，足任使令也，蓋大臣不當親細事，故所以優之者如此。忠信重禄，謂待之誠而養之厚，蓋以身體之而知其所賴乎上者如此也。既讀曰餼，餼稟稍食也。稱事，如《周禮》稾人職，曰「考其弓弩，以上下其食」是也。往則爲之授節以送之，來則豐其委積以迎之。朝，謂諸侯見於天子，聘，謂諸侯使大夫來獻。《王制》「比年一小聘，三年一大聘，五年一朝。」厚往薄來，謂燕賜厚而納貢薄。

凡爲天下國家有九經，所以行之者一也。

一者，誠也。一有不誠，則九者皆爲虚文矣，此九經之實也。

凡事豫則立，不豫則廢。言前定則不跲，事前定則不困，行前定則不疚，道前定則不窮。跲，其劫反。行去聲。

凡事，指達道、達德九經之屬。豫，素定也。跲，躓也。疚，病也。此承上文言。凡事皆欲先立乎誠，如下文所推是也。

「在下位不獲乎上，民不可得而治矣；獲乎上有道。不信乎朋友，不獲乎上矣；信乎朋友有道。不順乎親，不信乎朋友矣；順乎親有道。反諸身不誠，不順乎親矣；誠身有道：不明乎善，不誠乎身矣。

此又以在下位者推言素定之意。反諸身不誠，謂反求諸身，而所存所發未能真實而無妄也。不明乎善，謂未能察於人心天命之本，然而真知至善之所在也。

誠者，天之道也。誠之者，人之道也。誠者不勉而中，不思而得，從容中道，聖人也。誠之者，擇善而固執之者也。中，並去聲。從，七容反。

此承上文誠身而言。誠者，真實無妄之謂，天理之本然也。誠之者，未能真實無妄而欲其真實無妄之謂，人事之當然也。聖人之德，渾然天理，真實無妄，不待思勉而從容中道，則亦天之道也。未至於聖，則不能無人欲之私，而其爲德，不能皆實。故未能不思而得，則必擇善然後可以明善；未能不勉而中，則必固執然後可以誠身。此則所謂人之道也。不思而得，生知也；不勉而中，安行也。擇善，學知以下之事。固執，利行以下之事也。

博學之，審問之，慎思之，明辨之，篤行之。

此誠之之目也。學、問、思、辨所以擇善而爲知，學而知也。篤行，所以固執而爲仁，利而行也。程子曰：「五者廢其一，非學也。」

有弗學，學之弗能弗措也；有弗問，問之弗知弗措也；有弗思，思之弗得弗措也；有弗辨，辨之弗明弗措也；有弗行，行之弗篤弗措也。人一能之己百之，人十能之己千之。

君子之學，不爲則已，爲則必要其成，故常百倍其功。此困而知勉而行者也，勇之事也。

果能此道矣，雖愚必明，雖柔必强。

明者，擇善之功。强者，固執之效。吕氏曰：「君子所以學者爲能變化氣質而已。德勝氣質，則愚者可進於明，柔者可進於强。不能勝者，則雖有志於學，亦愚不能明，柔不能立而已矣。蓋均善而無惡者，性也，人所同也；昬明强弱之稟不齊者，才也，人所異也。誠之者，所以反其同而變其異也。夫以不美之質，求變而美，非百倍其功不足以致之。今以鹵莽滅裂之學，或作或輟，以變其不美之質，及不能變則曰天資不美，非學所能變。是果於自棄，其爲不仁甚矣！」

右第二十章。此引孔子之言以繼大舜、文、武、周公之緒，明其所傳之一致，舉而措之，亦猶是耳。蓋包費隱，兼小大，以終十二章之意。章内語誠始詳，而所謂誠者，實此篇之樞紐也。又按《孔子家語》亦載此章，而其文尤詳。「成功一也」之下，有「公曰：子之言美矣！至矣！寡人實固不足以成之也」。故其下復以「子曰」起答辭。今無此問詞，而猶有「子曰」二字，蓋子思删其繁文以附於篇，而所删有不盡者，今當爲衍文也。「博學之」以下，《家語》無之，意彼有闕文，抑此或子思所補也歟？

自誠明，謂之性；自明誠，謂之教。誠則明矣，明則誠矣。

自，由也。德無不實而明無不照者，聖人之德。所性而有者也，天道也。先明乎善，而後能實其善者，賢人之學。由教而入者也，人道也。誠則無不明矣，明則可以至於誠矣。

右第二十一章。子思承上章夫子天道、人道之意而立言也。自此以下十二章，皆子思之言，以反覆推明此章之意。

唯天下至誠，爲能盡其性；能盡其性，則能盡人之性；能盡人之性，則能盡物之性；能盡物之性，則可以贊天地之化育；可以贊天地之化育，則可以與天地參矣。

天下至誠，謂聖人之德之實，天下莫能加也。盡其性者，德無不實，故無人欲之私，而天命之在我者，察之由之，巨細精粗，無毫髮之不盡也。人物之性亦我之性，但以所賦形氣不同而有異耳。能盡之者，謂知之無不明而處之無不當也。贊，猶助也。與天地參，謂與天地並立爲三也。此自誠而明者之事也。

右第二十二章。言天道也。

其次致曲，曲能有誠，誠則形，形則著，著則明，明則動，動則變，變則化，唯天下至誠爲能化。

其次，通大賢以下凡誠有未至者而言也。致，推致也。曲，一偏也。形者，積中而發外。著，則又加顯矣。明，則又有光輝發越之盛也。動者，誠能動物。變者，物從而變。化則有不知其所以然者。蓋人之性無不同，而氣則有異，故惟聖人能舉其性之全體而盡之。其次則必自其善端發見之偏，而悉推致之，以各造其極也。曲無不致，則德無不實，而形、著、動、變之功自不能已。積而至於能化，則其至誠之妙，亦不異於聖人矣。

右第二十三章。言人道也。

温陵陳氏曰：「曲如揚雄謂塗雖曲而通諸夏，川雖曲而通諸海，委蛇致曲而入乎道也。」高安譚氏曰：「致其委曲，非直造徑造之謂也。」永康陳氏曰：「一室皆闇，必有容明之所。從其容明之處而闢之，此致曲之法也。」建安真氏曰：「曲猶《曲禮》之曲，纖悉委曲而用其功即博學、審問、謹思、明辨、篤行之意。顔子之四勿，曾子之三省，皆致曲之事也。」

至誠之道，可以前知。國家將興，必有禎祥；國家將亡，必有妖孽。見乎蓍龜，動乎四體。禍福將至，善必先知之，不善必先知之，故至誠如神。見音現。

禎祥者，福之兆；妖孽者，禍之萌。蓍所以筮，龜所以卜。四體，謂動作威儀之間，如執玉高卑，其容俯仰之類。凡此皆理之先見者也，然唯誠之至極，而無一毫私僞留於心目之間者，乃能有以察其幾焉。

右第二十四章。言天道也。

誠者自成也，而道自道也。道也之道音導。

言誠者物之所以自成，而道者人之所當自行也。誠以心言，本也；道以理言，用也。

誠者物之終始，不誠無物。是故君子誠之爲貴。

天下之物，皆實理之所爲，故必得是理，然後有是物。所得之理既盡，則是物亦盡而無有矣。故人之心一有不實，則雖有所爲亦如無有，而君子必以誠爲貴也。蓋人之心能無不實，乃爲有以自成，而道在我者亦無不行矣。

誠者非自成己而已也，所以成物也。成己，仁也；成物，知也。性之德也，合外内之道也，故時措之宜也。知去聲。

誠，雖所以成己，然既有以自成，則自然及物，而道亦行於彼矣。仁者，體之存。智者，用之發。是皆吾性之固有，而無内外之殊。既得於己則見於事者，以時措之，而皆得其宜也。

右第二十五章。言人道也。

《或問》二十五章之説，曰：「自成自道，如程子説，乃與下文相應。」按程子曰：「誠者自成，如至誠事親則成人子，至誠事君則成人臣。」游、楊皆以無待而然論之，其説雖高，然於此爲無所當。且又老莊之遺意也。愚按上文言誠者自成也，下文即言非自成己而已也。是自成即指成己而言，安得以爲無所待而自成耶？誠者，物之終始，不誠無物者，以理言之，則天地之理至實而無一息之妄。故自古至今，無一物之不實。而一物之中，自始至終，皆實理之所爲也。以心言之，則聖人之心亦至實而無一息之妄，故從生至死無一事之不實。而一事之中，自始至終皆實心之所爲也。此所謂誠者，物之終始者然也。苟未至於聖人，而其本心之實者，猶未免於間斷，則自其實有此心之初，以至未有間斷之前，所爲無不實者；及其間斷，則自其間斷之後以至未相接續之前，凡所云爲皆無實之可言。雖有其事，亦無以異於無有矣。愚按：雖有其事，亦無以異於無有，此説於不誠無物，極爲明切。蓋物即事也，故饗祀而誠，則有祖先。心一不誠，豈能如聞嘆息之聲矣？如誦讀而誠，則見義理。心一不誠，豈能復知《詩》、《書》之味矣？心在此則事在此，心在此者，誠也。事在此者，即其物也。祭如在，執事敬，皆誠者物之所以終始也。否而心不在焉，雖視而不見，聽而不聞，飲食而不知其味，是皆不誠，故無物也。

故至誠無息。

既無虚假，自無間斷。

不息則久，久則徵。

久，常於中也；徵，驗於外也。

徵則悠遠，悠遠則博厚，博厚則高明。

此皆以其驗於外者言之。鄭氏所謂至誠之德著於四方者是也。存諸中者既久，則驗於外者益悠遠而無窮矣。悠遠，故其積也廣博而深厚。博厚，故其發也高大而光明。

博厚，所以載物也；高明，所以覆物也；悠久，所以成物也。

悠久即悠遠，兼内外而言之也。本以悠遠致高厚，而高厚又悠久也。此言聖人與天地同用。潘氏曰：久是久於内，悠是久於外，故云兼内外。

博厚配地，高明配天，悠久無疆。

此言聖人與天地同體。

如此者不見而章，不動而變，無爲而成。見音現。

見，猶示也。不見而章，以配地而言也；不動而變，以配天而言也；無爲而成，以無疆而言也。

天地之道可一言而盡也：其爲物不貳，則其生物不測。

此以下，復以天地明至誠之功用。天地之道，可一言而盡，不過曰誠而已。不貳，所以誠也。誠故不息，而生物之多，有莫知其所以然者。

天地之道：博也，厚也，高也，明也，悠也，久也。

言天地之道，誠一不貳，故能各極其盛，而有下文生物之功。

今夫天，斯昭昭之多，及其無窮也，日月星辰繫焉，萬物覆焉。今夫地，一撮土之多，及其廣厚，載華嶽而不重，振河海而不泄，萬物載焉。今夫山，一卷石之多，及其廣大，草木生之，禽獸居之，寶藏興焉。今夫水，一勺之多，及其不測，黿鼉、鮫龍、魚鼈生焉，貨財殖焉。夫音扶。華藏並去聲。卷平聲。勺，市若反。

昭昭，猶耿耿小明也。此指其一處而言之，及其無窮，猶十二章及其至也之意，蓋舉全體而言也。振，收也。卷，區也。此四條皆以發明由其不貳不息以致盛大，而能生物之意。然天、地、山、川，實非由積累而後大，讀者不以辭害意可也。愚按：卷，古註平聲訓區。范作去聲，亦訓區。然未明言區果何義？禮韻平聲、去聲皆訓曲。如有卷者阿之卷，言卷曲也，當參考。意者區乃小石成塊之稱，如土之言撮歟？

《詩》云：「維天之命，於穆不已！」蓋曰天之所以爲天也。「於乎不顯！文王之德之純！」蓋曰文王之所以爲文也，純亦不已。於音烏，乎音呼。

《詩·周頌·維天之命》篇。於，嘆辭。穆，深遠也。不顯，猶言豈不顯也。純，純一不雜也。引此以明至誠無息之意。程子曰：「天道不已，文王純於天道亦不已。」純，則無二無雜，不已，則無間斷先後。

右第二十六章。言天道也。

《語録》曰：「管中所見之天也是天，恁地大底只是天。」愚意昭昭、撮土、卷石、一勺皆舉其一端而言，猶於人而舉其一息一事爲言也。及其猶言至於也，所謂昭昭者，即於無窮中指其昭昭。所謂撮土者，即於廣厚中指其撮土。卷石、一勺類此。天惟不止於昭昭之多，地惟不止於撮土之多，山惟不止於卷石之多，水惟不止於一勺之多，故能廣大無窮而覆載蓄育。聖人自一息之實至無一息之不實，自一事之實至無一事之不實，緝熙廣大，至與天地相似。此文王之純，亦猶天之不已也。經旨本無積小至大之意，讀者或以及其之語爲疑，故晦菴辯之始此。

大哉聖人之道！

包下文兩節而言。

洋洋乎！發育萬物，峻極於天。

峻，高大也。此言道之極於至大而無外也。

優優大哉！禮儀三百，威儀三千。

優優，充足有餘之意。禮儀，經禮也。威儀，曲禮也。此言道之入於至小而無間也。

趙氏疏禮儀，謂冠、昏、喪、祭、朝、覲、會同之類。威儀謂進退、升降、俯仰、揖遜之類。

待其人而後行。

總結上兩節。

故曰苟不至德，至道不凝焉。

至德，謂其人，至道，指上兩節而言也。凝，聚也，成也。

故君子尊德性而道問學，致廣大而盡精微，極高明而道中庸，温故而知新，敦厚以崇禮。

尊者，恭敬奉持之意。德性者，吾所受於天之正理。道，由也。温，猶燖温之温，謂故學之矣，而復時習之也。趙氏《纂疏》云燖者，宿火熟物也。敦，加厚也。尊德性所以存心而極乎道體之大也。道問學所以致知而盡乎道體之細也。二者修德凝道之大端也。不以一毫私意自蔽，不以一毫私欲自累，涵泳乎其所已知。敦篤乎其所已能，此皆存心之屬也。

析理則不使有毫釐之差，處事則不使有過不及之謬，理義則日知其所未知，節文則日謹其所未謹，此皆致知之屬也。蓋非存心無以致知，而存心者又不可以不致知。故此五句，大小相資，首尾相應，聖賢所示人入德之方，莫詳於此，學者宜盡心焉。

是故居上不驕，爲下不倍，國有道其言足以興，國無道其默足以容。《詩》曰「既明且哲，以保其身」。其此之謂與！倍與背同。與平聲。

興，謂興起在位也。《詩·大雅·烝民》之篇。愚按：孔氏云興謂足以興起其國。愚意興謂言之興行，亦通。然章句謂興起在位，蓋以身之顯晦爲言，興者，顯也。容者，晦也。與引詩保身相葉也。呂氏曰：明哲之人，知行知藏，所以卒保其身。東萊《詩記》曰：明者，哲之發，哲者，明之實。晦菴《詩傳》曰：保身，蓋順理以守身，非趨利避害、偷生全軀之謂也。

右第二十七章。言人道也。

《或問》二十七章之説，曰：此章承章首道體大小而言，一句之内皆具大小二意，如德性也，廣大也，高明也，故也，厚也，道之大也；問學也，精微也，中庸也，新也，禮也，道之小也；尊之，道之，致之，盡之，極之，道之，温之，知之，敦之，崇之，所以修是德而凝是道也。以其於道之大小無所不體，故居上居下，在治在亂，無所不宜。此又一章之通旨也。

子曰：「愚而好自用，賤而好自專，生乎今之世，反古之道。如此者，烖及其身者也。」好去聲。烖，古災字。

以上孔子之言，子思引之。反，復也。

非天子不議禮，不制度，不考文。

此以下，子思之言。禮，親疏貴賤相接之體也。度，品制。文，書名。愚意：制者，制作之制。度者，法度之度。制度者，言制爲之度也。與制度二字並言者不同。

今天下車同軌，書同文，行同倫。行去聲。

今，子思自謂當時也。軌，轍跡之度。倫，次序之體。三者皆同言天下一統也。

雖有其位，苟無其德，不敢作禮樂焉；雖有其德，苟無其位，亦不敢作禮樂焉。

鄭氏曰：「言作禮樂，必聖人在天子之位。」

子曰：「吾説夏禮，杞不足徵也；吾學殷禮，有宋存焉；吾學周禮，今用之【四】，吾從周。」

此又引孔子之言。杞，夏之後。徵，證也。宋，殷之後。三代之禮，孔子皆嘗學之而能言其意，但夏禮既不可考證，殷禮雖存，又非當世之法，惟周禮乃時王之制，今日所用。孔子既不得位，則從周而已。

右第二十八章【五】。承上章爲下不倍而言，亦人道也。

《或問》載周人尚輿，輿廣六尺六寸，故其跡轍之在地者，相距之間廣狹如一。

【四】今用之　「用」原作「則」，據《中庸》改。

【五】右第二十八章　「第」字原脱，據文津閣本補。

凡爲車者，必合乎此。然後行乎方内而無不通。文者，書之點畫形象。

王天下有三重焉，其寡過矣乎！王去聲。

吕氏曰：三重，謂議禮、制度、考文。惟天子得以行之，則國不異政，家不殊俗，而人得寡過矣。

上焉者雖善無徵，無徵不信，不信民弗從；下焉者雖善不尊，不尊不信，不信民弗從。

上焉者，謂時王以前，如夏、商之禮雖善，而皆不可考。下焉者，謂聖人在下，如孔子雖善於禮，而不在尊位也。

故君子之道：本諸身，徵諸庶民，考諸三王而不繆，建諸天地而不悖，質諸鬼神而無疑，百世以俟聖人而不惑。

此君子，指王天下者而言。其道，即議禮、制度、考文之事也。本諸身，有其德也。徵諸庶民，驗其所信從也。建，立也，立於此而參於彼也。天地者，道也。鬼神者，造化之跡也。百世以俟聖人而不惑，所謂聖人復起，不易吾言者也。

質諸鬼神而無疑，知天也；百世以俟聖人而不惑，知人也。

知天、知人，知其理也。

是故君子動而世爲天下道，行而世爲天下法，言而世爲天下則。遠之則有望，近之則不厭。

動，兼言行而言。道，兼法則而言。法，法度也。則，準則也。

《詩》曰：「在彼無惡，在此無射；庶幾夙夜，以永終譽！」君子未有不如此而蚤有譽於天下者也。惡，去聲。射音妒，《詩》作斁。

《詩·周頌·振鷺》之篇。射，厭也，所謂此者，指本諸身以下六事而言。愚按《詩》彼者周王，本指微子在國而言，此者周王，自指在我而言。

右第二十九章。承上章居上不驕而言，亦人道也。

晉陵錢氏曰：「三重，謂於三者重難之，不敢輕也。」愚意以三者皆重事。

仲尼祖述堯舜，憲章文武；上律天時，下襲水土。

祖述者，遠宗其道。憲章者，近守其法。律天時者，法其自然之運。襲水土者，因其一定之理。皆兼內外該本末而言也。

辟如天地之無不持載，無不覆幬，辟如四時之錯行【六】，如日月之代明。辟音譬。幬，徒報反。

錯，猶迭也。此言聖人之德。

萬物並育而不相害，道並行而不相悖，小德川流，大德敦化，此天地之所以爲大也。

悖，猶背也【七】。天覆地載，萬物並育於其間而不相害；四時日月，錯行代明而不

【六】辟如四時之錯行　「辟」字原脱，據《中庸》補。

【七】猶背也　「背」原作「皆」，據明本、朱熹《四書章句集注》改。

相悖。所以不害不悖者，小德之川流；所以並育並行者，大德之敦化。小德者，全體之分；大德者，萬殊之本。川流者，如川之流，脉絡分明而往不息也。敦化者，敦厚其化，根本盛大而出無窮也。此言天地之道，以見上文取辟之意也。

右第三十章。言天道也。

《或問》小德、大德之説，曰：以天地言之，則高下散殊者，小德之川流。於穆不已者，大德之敦化。以聖人言之，則物各付物者，小德之川流，純亦不已者，大德之敦化。曰：子所謂兼内外該本末而言何也？曰：是不可以一事盡也。姑以夫子已行之跡言之，則由其書之有得夏時，贊《周易》也。由其行之有不時不食也，迅雷風烈必變也，以至於仕止久速之皆當其可也。而其所以律天時之意可見矣。由其《書》之有序《禹貢》述《職方》也，由其行之有居魯而逢掖也，居宋而章甫也，以至於用捨行藏之所遇而安也，而其襲水土之意可見矣。若因是而推之，則古先聖王之所以迎日推筴，頒朔授民，而其大至於禪授放伐各以其時者，皆律天時之事也。其所以體國經野，方設居方，而其廣至於昆蟲草木各遂其性者，皆襲水土之事也。使夫子而得邦家也，則亦何慊於是哉！《語録》曰：兼本末内外精粗而言，是言聖人功夫。永嘉陳氏曰：祖述者，道而法在其中，憲章者，法而道在其中。律天時者，大則顯晦屈伸，襲水土者，小則採山釣水。細底道理爲本爲内，麄底爲末爲外。

唯天下至聖，爲能聰明睿知，足以有臨也；寬裕温柔，足以有容也；發强剛毅，足以有執也；齊莊中正，足以有敬也；文理密察，足以有别也。知去聲。齊，側皆反。别，彼列反。

聰明睿知，生知之資。臨，謂居上而臨下也。其下四者，乃仁、義、禮、知之德。文，文章也。理，條理也。密，詳細也。察，明辯也。

溥博淵泉，而時出之。

溥博，周徧而廣闊也。淵泉，静深而有本也。出，發見也。言五者之德充積於中，而以時發見於外也。

溥博如天，淵泉如淵。見而民莫不敬，言而民莫不信，行而民莫不説。見音現。説音悦。

言其充積極其盛，而發見當其可也。

是以聲名洋溢乎中國，施及蠻貊。舟車所至，人力所通，天之所覆，地之所載，日月所照，霜露所隊。凡有血氣者，莫不尊親，故曰配天。施去聲。隊音墜。

舟車所至以下，蓋極言之。配天，言其德之所及，廣大如天也。

右第三十一章。承上章而言小德之川流。亦天道也。

唯天下至誠，爲能經綸天下之大經，立天下之大本，知天地之化育。夫焉有所倚？夫音扶。焉，於虔反。

經綸，皆治絲之事。經者，理其緒而分之；綸者，比其類而合之也。經，常也。大經者，五品之人倫。大本者，所性之全體也。惟聖人之德極誠無妄，故於人倫各盡其當然之實，而皆可以爲天下後世法，所謂經綸之也。其於所性之全體，無一豪人欲之僞以雜之，而天下之道千變萬化皆由此出，所謂立之也。其於天地之化育，則亦其極誠無妄者有默契焉，非但聞見之知而已。此皆至誠無妄，自然之功用，夫豈有所倚著於物而後能哉？

肫肫其仁！淵淵其淵！浩浩其天！肫，之純反。

肫肫，懇至貌，以經綸而言也。淵淵，靜深貌，以立本而言也。浩浩，廣大貌，以知化而言也。其淵、其天則非特如之而已。

苟不固聰明聖知達天德者，其孰能知之？聖知之知去聲。

固，實也。鄭氏曰：「唯聖人能知聖人也。」

右第三十二章。承上章而言大德之敦化，亦天道也。前章言至聖之德，此章言至誠之道，然至誠之道非至聖不能知；至聖之德，非至誠不能爲。則亦非二物矣。此篇言聖人天道之極致，至此而無以加矣。

《或問》至聖至誠之説，曰：聰明睿知者，生知安行而首出庶物之姿也。容執敬別，則仁義禮智之事也。

《詩》曰「衣錦尚絅」，惡其文之著也。故君子之道，闇然而日章；小人之道，的然而日亡。君子之道，淡而不厭，簡而文，温而理，知遠之近，知風之自，知微之顯，可與入德矣。衣去聲。絅，口逈反。惡去聲。闇，於感反。

前章言聖人之德，極其盛矣。此復自下學立心之始言之，而下文又推之以至其極也。古之學者爲己，故其立心如此。尚絅，故闇然。衣錦，故有日章之實，淡、簡、温，絅之襲於外也。不厭而文且理焉，錦之美在中也，小人反是，則暴於外而無實以繼之，是以的然而日亡也。遠之近，見於彼者由於此也。風之自，著乎外者本乎内也。微之顯，有諸内者形諸外也。有爲己之心而又知此三者，則知所謹而可入德矣。故下文引《詩》言謹獨之事。

《詩》云「潛雖伏矣，亦孔之昭」！故君子内省不疚，無惡於志。君子之所不可及者，其唯人之所不見乎。惡去聲。

《詩·小雅·正月》之篇。承上文言莫見乎隱，莫顯乎微也！疚，病也。無惡於志，猶言無愧於心。此君子謹獨之事也。

《詩》云「相在爾室，尚不愧于屋漏」。故君子不動而敬，不言而信。相去聲。

《詩·大雅·抑》之篇。相，視也。屋漏，室西北隅也。承上文又言君子之戒謹、恐懼無時不然。不待言動而後敬，信則其爲己之功益加密矣。故下文引《詩》並言其效。

《詩》曰「奏假無言，時靡有爭」。是故君子不賞而民勸，不怒而民威於鈇鉞。假，格司反。鈇音夫。

《詩·商頌·烈祖》之篇。奏，進也。承上文而遂及其效，言進而感格於神明之際，極其誠敬，無有言説而人自化之也。威，畏也。鈇，莝斫刀也。鉞，斧也。

《詩》曰「不顯惟德！百辟其刑之」。是故君子篤恭而天下平。

《詩·周頌·烈文》之篇。不顯，説見二十六章，此借引以爲幽深玄遠之意。承上文言，天子有不顯之德，而諸侯法之，則其德愈深而效愈遠矣。篤，厚也。篤恭，言不顯其敬也，篤恭而天下平，乃聖人至德淵微自然之應，中庸之極功也。

《詩》云「予懷明德，不大聲以色」。子曰：「聲色之於以化民，末也。」《詩》曰「德輶如毛」，毛，猶有倫。「上天之載，無聲無臭」，至矣！輶，由、酉二音。

《詩·大雅·皇矣》之篇。引之以明上文所謂不顯之德者，正以其不大聲與色也。又引孔子之言以爲聲色乃化民之末務，今但言不大之而已，則有聲色者存，是未足以形容不顯之妙，不若《烝民》之詩所言「德輶如毛」，則庶乎可以形容矣。而又自以爲謂之毛，則猶有可比者，是亦未盡其妙，不若《文王》之詩所言上天之事，「無聲無臭」然後乃爲不顯之至耳。蓋聲、臭有氣無形，在物最爲微妙，而猶曰無之，故唯此可以形容不顯篤恭之妙，非此德之外别有三等，然後爲至也。

右第三十三章。子思因前章極致之言，反求其本。復自下學爲己謹獨之事，推而言之，以馴致乎篤恭而天下平之盛。又贊其妙至於無聲無臭而後已焉。蓋舉一篇之要而約言之，其反覆丁寧，示人之意至深切矣。學者其可不盡心乎！

《或問》卒章之説曰：承上三章，既言聖人之德而極其盛矣。子思懼夫學者求之於高遠玄妙之域，輕自大而反失之也，故反於其至近者而言之，以示入德之方，欲學者先知用心於内，不求人知，然後可以謹獨誠身而馴致乎其極也。君子篤恭而天下平，而其所以平者，無聲臭之可尋。此至誠盛德自然之效，而中庸之極功也。故以是而終篇焉。蓋以一篇而論之，則天命之性，率性之道，修道之教，與夫天地之所以位，萬物之所以育者，於此可見其實德。以此章論之，則所謂淡而不厭，簡而文，温而理，知遠之近，知風之自，知微之顯者，於此可見其成功，皆非空言也。然其所以入乎此者，則無他焉，亦曰反身以謹獨而已矣。故首章已發其意，此章又申明而極言之，其旨深哉！此章凡八引《詩》自「衣錦尚絅」，以至「不顯惟德」凡五條。始學成德，疎密淺深之序，自「不大聲色」至「無聲無臭」凡三條，皆所以贊夫不顯之德。《語録》曰：古人室在東南隅，開門東北隅爲突，西北隅爲屋漏，西南爲奥。人始進先見東北隅，却到西北隅，然後始到西南隅，此是至深密之地。又《文集》曰：《曾子問》謂之當室之白。孫炎曰：「當室日光所漏入也。」右釋屋漏。愚按西北隅爲屋漏者，蓋古屋室之制，其南東户西牖相連，其東之北則當户處日光直入，故云當室之白，其西之北當牖處日光穿入，故云屋漏。

卷二十六

讀禮記十三

表記第三十二

子言之：「歸乎！君子隱而顯，不矜而莊，不厲而威，不言而信。」

歸乎者，孔子歷聘不遇，將歸老於魯，如在陳曰：「歸與歸與」者也。下四者皆言盛德自然之形著。用孔氏補。

子曰：「君子不失足於人，不失色於人，不失口於人。是故君子貌足畏也，色足憚也，言足信也。《甫刑》曰『敬忌而罔有擇言在躬』。」

不失於人，謂交際之間敬謹也。惟不失足於人，故其貌足畏；惟不失色於人，故其色足憚；惟不失口於人，故其言足信。《甫刑》，《書》篇名。忌，戒也。惟敬戒，故無可擇之。言在躬，蓋舉一端爲證。躬，《書》作身。補。

子曰：「裼襲之不相因也，欲民之毋相瀆也。」

裼，袒衣也。襲，不袒也。蓋裘褻服也，不可以敬事，故有衣以覆之，袒而見美曰裼，不袒而充美曰襲。禮盛者不文，則以襲爲敬，如大裘不裼，賓襲執圭是也。禮不盛者尚文，則以裼爲敬，如君在則裼，無事則裼，受饗之時賓裼，奉束帛加璧是也。不相因者，恐一時或有異事，必易服從事，各成其敬，不以襲衣而因爲裼，不以裼衣而因爲襲，蓋節文既辨，而又不憚其勞，則無相褻之患【一】，各爲之敬也。本孔氏、方氏説。

子曰：「祭極敬，不繼之以樂。朝極辨，不繼之以倦。」樂音洛。朝，直遥反。

極敬者，誠意至也。敬至於樂，則敬弛。極辨【二】，分别政事也。亦曰節文明也。樂則敬者弛矣，倦則辨者略矣。故不以繼之而各謹其終始。補。

子曰：「君子慎以辟禍，篤以不揜，恭以遠恥。」辟避同。遠去聲。

揜，古説揜謂揜逼而被困迫。横渠云：不揜與誠之不可揜同義。馬氏謂篤實而有輝光，人所不能揜。愚謂後二説於義理雖顯，古説於文意上下相叶。在學者審之。集。

子曰：「君子莊敬日强，安肆日偷。君子不以一日使其躬傀焉，如不終日。」强平聲。傀，仕監反。

偷，苟且也。傀焉，可輕賤之貌。不以一日使其躬傀焉，戒安肆之日偷也。如不終日，勉莊敬之日强也。補。

子曰：「齊戒以事鬼神，擇日月以見君，恐民之不敬也。」見，賢遍反。

【一】「者恐一時或有異事」至「則無相褻之患」 此段文字原脱，據文淵閣本補。

【二】極敬者誠意至也敬至於樂則敬弛極 此段文字原脱，據文津閣、文淵閣本補。

敬鬼神、敬君，皆教民以敬，此莊敬之要也。補。

子曰：「狎侮死焉而不畏也。」

小人好輕狎侮慢相侵，雖有死焉，禍害而不知畏懼也。此安肆之極也。本孔氏補。

子曰：「無辭不相接也，無禮不相見也，欲民之毋相褻也。《易》曰：『初筮告。再三瀆，瀆則不告。』」

辭者，相接之言，所以通情也。禮者，相見之贄，所以將敬也。褻，瀆也。引《易·蒙》卦辭證無相褻瀆之義。用吕氏、方氏補。

自君子隱而顯至此爲一章。大指皆言敬。天台賈氏。

子言之：「仁者，天下之表也。義者，天下之制也。報者，天下之利也。」子曰：「以德報德，則民有所勸。以怨報怨，則民有所懲。《詩》曰：『無言不讎，無德不報。』《大甲》曰：『民非后，無能胥以寧；后非民，無以辟四方。』」子曰：「以德報怨，則寬身之仁也。以怨報德，則刑戮之民也。」

讎，猶答也。仁以表率天下，義以制抑天下，報謂禮也。禮以品節於仁義之間，故以德報德者，仁也。民有所勸，是即爲天下之表。以怨報怨者，義也。民有所懲，是即爲天下之制，有所勸矣。民知德而不陷乎惡，有所懲矣。民知法而不陷乎罪，是禮之報。爲天下之利。然所能爲天下之利者，正以德怨之報，皆出於天下之公而已，有德於民者，民欲報之以官；有功於民者，民欲報之以賞。因民所欲而官之賞之，所謂以報德而民知所勸也。傷人者，民欲報之以刑；賊人者，民欲報之以殺。因民所欲而刑之殺之，所謂以怨報怨而民知所懲也。若夫民之私德，豈無相報哉？惟不可使懷私恩者廢公議，復私讎者亂國法，此報之所以爲法也。《詩》曰「無言不讎，無德不報」，則言與德無不報也。《太甲》曰「民非后，無能胥以寧；后非民，無以辟四方」。則上與下亦有相報也。若以德報怨，雖過乎寬而本於厚，未害其爲仁也。以怨報德，則反易天常，天下之亂民，法所當誅者也。君子欲蹈乎中庸，則莫如孔子所謂以直報怨，以德報德也。延平黄氏、藍田吕氏。

子曰：「無欲而好仁者，無畏而惡不仁者，天下一人而已矣。是故君子議道自己，而置法以民。」子曰：「仁有三，與仁同功而異情。與仁同功，其仁未可知也。與仁同過，然後其仁可知也。仁者安仁，知者利仁，畏罪者强仁。强，其兩反。

無欲而好仁，無畏而惡不仁，安仁者也。一人而已，喻少也。有欲而好仁，利仁者也，其次也。有畏而惡不仁，强仁者也，又其次也。議道以己仁所同也，置法以民，有欲有畏者不同也。仁有三，即指安仁、好仁、强仁言之也。與仁同功，以三者之情雖異，及其成功則一。而未知其孰爲安者、利者、强者？故曰其仁未可知也。與仁同過，則或安而行之，或利而行之，或强而行之，皆可得而見。所謂人之過也各於其黨，觀過斯知仁矣，故曰然後其仁可知也。同功，言其終之至於仁一也。異情，言無欲有欲，無惡有惡。其始之行仁，各不同也。用吕氏補。

仁者，右也。道者，左也。仁者，人也。道者，義也。厚於仁者薄於義，親而不尊；厚於義者薄於仁，尊而不親。道有至義有考。至道以王，義道以霸，考道以爲無失。」

右者，人所有事。左者，居於不用之地而助右之所不及者也。仁者，人之體也。將有爲有行，非仁不可。故曰仁者右也。又曰仁者人也。道者，天之理也。仁至于不可行，不可以無節，則理有所不得已而助人之所不及者，義也。故曰道者左也。又曰道者義也。仁莫隆於父子，父子之道，親親也。義莫重於君臣，君臣之道，尊尊也。厚於此則薄於彼，厚於彼則薄於此，惟知其所以爲左右，則尊尊親親並行而不悖，無厚薄之間矣。至道者，至于道之極，不可以有加也，故以王。義道者，揆道而裁之者也，故以霸。考道者，稽考於道而事不輕舉者也，故亦可以無失。凡皆藍田吕氏之説。程氏云：本不可如此分别。集。

自仁者天下之表至此一章。皆泛論仁義。天台賈氏。

子言之：「仁有數，義有長短小大。中心憯怛，愛人之仁也。率法而强之，資仁者也。《詩》云『豐水有芑，武王豈不仕？詒厥孫謀，以燕翼子，武王烝哉！』數世之仁也。《國風》曰『我今不閲，皇恤我後？』終身之仁也。」憯，七感反。數世之數，所玉反。

仁有數，言不一也。所以然者，以義之所處長短小大各不同也。中心惻怛之仁，大者也。率法而强之仁，小者也。數世之仁，長者也。終身之仁，短者也。補。

子曰：「仁之爲器重，其爲道遠，舉者莫能勝也，行者莫能致也。取數多者，仁也。夫勉於仁者，不亦難乎！是故君子以義度人，則難爲人，以人望人，則賢者可知已矣。」子曰：「中心安仁者，天下一人而已矣。《大雅》曰『德輶如毛，民鮮克舉之，我儀圖之。惟仲山甫舉之，愛莫助之。』」

「器重道遠」與《論語》任重道遠同義。取數多者，言計天下之道，仁居其多也。以義度人，言以義理而擬度人，則人之能中其度者少。當以時人相比方耳。《詩·大雅·烝民》篇。引此以明舉仁者少。用鄭氏補。

《小雅》曰「高山仰止，景行行止。」子曰：「《詩》之好仁如此。鄉道而行，中道而廢，忘身之老也，不知年數之不足也。俛焉日有孳孳，斃而後已。」子曰：「仁之難成久矣，人人失其所好，故仁者之過易辭也。」行平聲。好去聲。鄉音嚮。

《小雅·車舝》之篇。景行，大道也。中道而廢，言力罷而始休於中道，非中道而畫之廢也。人人失其所好，言不知好仁也。仁者之過易辭，謂人皆不知好仁，苟有好仁者，雖或不免於過，而其情本善，亦易爲辭説，以明爲仁者人不可得而疵，而人當勇於仁也。補。

子曰：「恭近禮，儉近仁，信近情，敬讓以行，此雖有過，其不甚矣。夫恭寡過，情可信，儉易容也。以此失之者，不亦鮮乎！《詩》云『温温恭人，惟德之基』。」

禮主於敬，故恭近禮；儉不費用，無害於物，故近仁，言語信實，故近情；儉易容者，儉則寡求，故易容也。《詩·大雅·抑》之篇。引之以結上文恭近禮。孔氏。

子曰：「仁之難成久矣，唯君子能之。是故君子不以其所能者病人，不以人之所不能者愧人。是故聖人之制行也，不制以己，使民有所勸勉愧恥，以行其言。禮以節之，信以結之，容貌以文之，衣服以移之，朋友以極之，欲民之有壹也。《小雅》曰『不愧于人，不畏於天。』」

不制以己，以中人爲制，使天下皆可效法。能者勸勉，不能者愧恥，各得以行其言。朋友以極之，謂相勉勵以極致於道也。欲民之有壹，謂示民以中制，使皆得歸於一也。鄭氏、孔氏。

是故君子服其服，則文以君子之容；有其容，則文以君子之辭；遂其辭，則實以君子之德。是故君子恥服其服而無其容，恥有其容而無其辭，恥有其辭而無其德，恥有其德而無其行。是故君子衰絰則有哀色，端冕則有敬色，甲冑則有不可辱之色。《詩》云『惟鵜在梁，不濡其翼。彼記之子，不稱其服』。」

遂，猶成也。無其行，謂不行其德。《詩·曹國風·候人》之篇。梁，魚梁。鵜，食魚者，鵜之求食不之澤而之梁，無濡翼之勞而坐得食，如人無功而受顯服也。記，《詩》作其。鄭氏、吕氏。

此章自仁有數至此言仁之難成，惟君子勉之，有道則不難成。賈氏。

子言之：「君子之所謂義者，貴賤皆有事於天下。天子親耕，粢盛秬鬯以事上帝，故諸侯勤以輔事於天子。」

天子事上帝，諸侯事天子。講義。

子曰：「下之事上也，雖有庇民之大德，不敢有君民之心，仁之厚也。是故君子恭儉以求役仁，信讓以求役禮，不自尚其事，不自尊其身，儉於位而寡於欲，讓於賢，卑己而尊人，小心而畏義。求以事君，得之自是，不得自是，以聽天命。《詩》云『莫莫葛藟，施于條枚。凱弟君子，求福不回。』其舜、禹、文王、周公之謂與！有君民之大德，有事君之小心。《詩》云『惟此文王，小心翼翼。昭事上帝，聿懷多福。厥德不回，以受方國。』」

役，爲也，又行也。此言下事上之義，名分一定而上下之禮不可易，故雖有君民之大德，不敢忘事君之小心。馬氏。

子曰：「先王謚以尊名，節以壹惠，恥名之浮於行也。是故君子不自大其事，不自尚其功，以求處情；過行弗率，以求處厚；彰人之善，而美人之功，以求下賢。是故君子雖自卑而民敬尊之。」

節以壹惠，謂死者雖身兼數善，謚者獨取一善而名以節。孝子慈孫惠愛無窮之心，寧使行有餘而名不足，毋寧使名之浮於行也。以求處情，謂不欲虚爲矯飾，情者，實也。過行弗率，謂有過即改，不復循行。率者，循也。人之過也，多過於薄，有過而改，故曰以求處厚。用方氏補。

子曰：「后稷，天下之爲烈也，豈一手一足哉！唯欲行之浮於名也，故自謂便人。」

自謂便人，言不自以爲天下之烈，而止自以爲便於稼穡之人，蓋謙辭也。補。

此章言事君之義。雖有大功不敢自居。補。

子言之：「君子之所謂仁者，其難乎！《詩》曰：『凱弟君子，民之父母。』凱以强教之，弟以説安之。樂而毋荒，有禮而親，威莊而安，孝慈而敬，使民有父之尊，有母之親。如此而后可以爲民父母矣，非至德，其孰能如此乎？」强，其良反。徐，其兩反。説音悦。

《詩·大雅·泂酌》之篇。凱，樂也。此以爲强教者，和樂之中又有强盛之狀。凱風，長養之風也。凱樂，戰勝之樂也。八凱，性和而有才者也，皆有强盛意。吕氏。

今父之親子也，親賢而下無能；母之親子也，賢則親之，無能則憐之。母親而不尊，父尊而不親。水之於民也，親而不尊，火尊而不親。土之於民也，親而不尊，天尊而不親。命之於民也，親而不尊，鬼尊而不親。」

命，謂政令。鬼，謂祭祀。

子曰：「夏道尊命，事鬼敬神而遠之，近人而忠焉。先禄而後威，先賞而後罰，親而不尊。其民之敝，惷而愚，喬而野，樸而不文。殷人尊神，率民以事神，先鬼而後禮，先罰而後賞，尊而不親。其民之敝，蕩而不靜，勝而無恥。周人尊禮尚施，事鬼敬神而遠之，近人而忠焉。其賞罰用爵列，親而不尊。其民之敝，利而巧，文而不慚，賊而蔽。」遠，于萬反。近去聲。喬音驕，又如字。

命，命令也。喬謂自高大，不必音爲驕。呂氏。

子曰：「夏道未瀆辭，不求備，不大望於民，民未厭其親。殷人未瀆禮，而求備於民。周人强民，未瀆神，而賞爵刑罰窮矣。」厭，於艷反。强，其兩反。

瀆辭，謂再三告之。瀆禮，謂煩文。民未厭其親，謂待民以寬，民亦未厭其上下相親之心也。强民，謂承殷難變之敝，故强之也。不求備、不大望，謂寬易求備則細矣。賞罰窮，謂極於此矣。鄭、孔、方補。

子曰：「虞、夏之道寡怨於民，殷、周之道不勝其敝。」子曰：「虞、夏之質，殷、周之文，至矣。虞、夏之文，不勝其質，殷、周之質，不勝其文。」

此章明四代質文之異。虞、夏政寬，殷、周文煩而敝也。孔氏。

子言之曰：「後世雖有作者，虞帝弗可及也已矣。君天下，生無私，死不厚其子，子民如父母，有憯怛之愛，有忠利之教，親而尊，安而敬，威而愛，富而有禮，惠而能散。其君子尊仁畏義，恥費輕實，忠而不犯，義而順，文而靜，寬而有辨。《甫刑》曰『德威惟威，德明惟明。』非虞帝其孰能如此乎？」憯，七感反。

忠利之教，謂其教之也，非以罔之，將以忠之也，非以害之，將以利之也。恥費，謂奉己有節。輕實，謂予人無吝。實，謂財貨也。所引《甫刑》，今《書》以明堯德，記者引以結舜德。陸氏、孔氏、鄭氏、方氏。

自君子之所謂仁者其難乎至此，言君子之仁兼乎尊親，然後可以爲民父母，因歷言四代之道。賈氏。

子言之：「事君先資其言，拜自獻其身，以成其信。是故君有責於其臣，臣有死於其言。故其受祿不誣，其受罪益寡。」子曰：「事君，大言入則望大利，小言入則望小利。故君子不以小言受大祿，不以大言受小祿。《易》曰『不家食吉』」。

拜自獻其身，謂君既先資其言，乃親進爲君言也。大言大利，小言小利，横渠謂利非歸己之利，大言入則吾道可大行，是大利也。愚謂此病漢儒之説太卑，故陳高誼以張之耳。按本文所謂大利，明指大祿而言，未嘗及於行道，特以小言者不敢望大利爲安分，義各有在也。補。

子曰：「事君不下達，不尚辭，非其人弗自。《小雅》曰『靖共爾位，正直是與。神之聽之，式穀以女』。」子曰：「事君遠而諫，則讇也，近而不諫，則尸利也。」子曰：「邇臣守和，宰正百官，大臣慮四方。」子曰：「事君欲諫不欲陳。《詩》云『心乎愛矣，瑕不謂矣？

中心藏之，何日忘之？』」

不下達，不自通於君。不尚辭，不以飾辭而進。弗自之自，如《論語》何自之自。非其人弗自，苟非其人，不主之以進身也。遠而諫則讇，謂諫諍自有近臣，在遠而諫，則有求進之嫌也。若身爲近臣而反不諫，則是尸利。尸利謂不事其事，而徒享其利也。邇臣守和，和謂和平，不徇其君之喜怒也。宰正百官，宰謂冢宰，正百官其職也。欲諫不欲陳，諫謂入諫於君，陳謂陳其君之過於外也。《詩·小雅·隰桑》之篇【三】。瑕，胡也。補。

子曰：「事君難進而易退，則位有序；易進而難退，則亂也。故君子三揖而進，一辭而退，以遠亂也。」子曰：「事君，三違而不出竟，則利祿也，人雖曰『不要』，吾弗信也。」子曰：「事君慎始而敬終。」子曰：「事君可貴可賤，可富可貧，可生可殺，而不可使爲亂。」遠，于萬反。

進以禮故難，退以義故易。亂謂無序也，違謂道不合。不可使爲亂，言守節不變也。補。

子曰：「事君，軍旅不辟難，朝廷不辭賤。處其位而不履其事，則亂也。故君使其臣，得志則慎慮而從之，否則孰慮而從之，終事而退，臣之厚也。《易》曰『不事王侯，高尚其事』。」辟避同。

履，猶行也。君使其臣，謂使之聘問、師役之屬也。得志，謂事之當行，與己之志合

【三】詩小雅隰桑之篇　「隰桑」原作「小明」，孔子所引《詩》在《隰桑》，據改。

也。慎慮而從，欲其必有成也。否，謂事之難行，非己之所欲也。孰慮而從，蓋必不得已而從之。終事而退，非己志者，事成則去之也。《易・蠱卦》上九爻辭。此言事君之義而引高尚之説者，蓋承終事而退之意。或曰「惟不事王侯，乃可高尚」。以反證事君當盡職之義。亦通。用鄭氏補。

子曰：「唯天子受命于天，士受命于君。故君命順則臣有順命，君命逆則臣有逆命。《詩》曰『鵲之姜姜，鶉之賁賁，人之無良，我以爲君』。」賁音奔。

此重述事君不可使爲亂之義，言君命有不順，則臣弗從之矣。蓋以明君之出命，不可不謹也。《詩・鄘國風・鶉之奔奔》篇。姜姜、賁賁，爭鬭惡貌。此詩刺衛君無德，國人恥以爲君。蓋君逆天命，而臣子亦逆君命之證。鄭氏、孔氏、呂氏。

自事君先資其言至此，皆論事君之義。賈氏。

子曰：「君子不以辭盡人，故天下有道，則行有枝葉；天下無道，則辭有枝葉。是故君子於有喪者之側，不能賻焉，則不問其所費；於有病者之側，不能饋焉，則不問其所欲；有客不能館，則不問其所舍。故君子之接如水，小人之接如醴。君子淡以成，小人甘以壞。《小雅》曰『盜言孔甘，亂是用餤。』」音談。

不敢以辭盡人，謂當有其實，如下文不敢問所費、問所欲、問所舍，皆不敢以辭盡人也。《詩・巧言》篇，證甘以壞之。

子曰：「君子不以口譽人，則民作忠。故君子問人之寒則衣之，問人之飢則食之，稱人之美則爵之。《國風》曰：『心之憂矣，於我歸説。』」子曰：「口惠而實不至，怨菑及其身。是故君子與其有諾責也，寧有已怨。《國風》曰『言笑晏晏，信誓旦旦。不思其反，反是不思，亦已焉哉！』」子曰：「君子不以色親人。情疏而貌親，在小人則穿窬之盜也與？」子曰：「情欲信，辭欲巧。」譽音餘。衣、食，並去聲。説音悦，又始悦反。與平聲。

諾責，謂諾而不予，爲人責償也。已怨，謂絶而不許，爲人所怨也。諾而不予者虚言，絶而不許者直情，故寧有此，勿有彼也。辭欲巧，謂善其辭，然先曰情欲信而後曰辭欲巧，故與巧言令色之巧不同。補。

自君子不以辭盡人至此，皆言接人之義。賈氏。

子言之：「昔三代明王，皆事天地之神明，無非卜筮之用，不敢以其私褻事上帝。是故不犯日月，不違卜筮。卜筮不相襲也。大事有時日，小事無時日，有筮。外事用剛日，内事用柔日，不違龜筮。」

不犯日月，謂大事有時日，如冬至祭天，夏至祭地之類。守其日月之常，不敢犯而越之也。不違卜筮，謂小事無時月而有筮。外事用剛日，内事用柔日，卜筮而吉，即遵而用之也。不相襲，卜則不再筮也。吕氏、方氏。

子曰：「牲牷、禮樂、齊盛，是以無害乎鬼神，無怨乎百姓。」子曰：「后稷之祀易富也。其辭恭，其欲儉，其禄及子孫。《詩》曰『后稷兆祀，庶無罪悔，以迄于今』。」齊音咨。牲牷、禮樂、齊盛有常，故幽則無害乎鬼神，言不廢祀也。明則無怨乎百姓，言皆正供也。易富，謂易備惟恭儉而有常，是以易備也。引《詩·生民》篇。自后稷兆祀迄今無罪悔，以證易備而可久。無害於鬼神，無怨乎百姓之意。所謂禄及子孫，蓋指迄于今而言。補。

子曰：「大人之器威敬，天子無筮，諸侯有守筮。天子道以筮，諸侯非其國不以筮。卜宅寢室，天子不卜處大廟。」大人之器，謂龜也。威敬，謂不敢褻用於小事也。天子無筮者，天子體尊有國，中有事皆用龜卜而不以筮，至于巡守征伐在道，則以筮，蓋以龜當敬而不可褻也。諸侯有守筮者，筮櫝不以出國，惟天子所在爲家，雖在道亦以筮，諸侯出竟，則使人守筮於其國，蓋不敢問吉凶於他人之國，且辟天子也。卜宅寢室者，立宅必卜寢室之吉也。天子不卜處大廟者，爲宫室之法，寢室宅其中，宗廟處其左，卜者卜其中而已，中定則左右可知，故但卜寢室之所宅，不卜宗廟之所處。雖天子之廟，無卜也。一説諸侯適他國無他卜，惟卜寢室，若天子則不待卜，惟以處諸侯之祖廟爲常。未知孰是。孔氏、吕氏、江陵項氏、横渠張氏。

子曰：「君子敬則用祭器，是以不廢日月，不違龜筮。以敬事其君長，是以上不瀆於民，下不褻於上。」長，丁丈反。

敬則用祭器，謂朝聘待賓客，崇敬，不敢用燕器也。不廢日月，如一歲之朝覲，一日之朝夕。不違龜筮者，欲見其君長，及其所貢獻，皆卜筮而後進也。君子之事其君長，與其事天地鬼神，其敬一也。鄭氏、吕氏。

此章自昔三代明王至此，言事天事君，至敬而不敢褻，故有卜筮，因言卜筮之用。賈氏。

卷二十七

讀禮記十四

緇衣第三十三

子言之曰：「爲上易事也，爲下易知也，則刑不煩矣。」易，以豉反。

君不苛虐，臣無奸心，則刑可以措。鄭氏。

子曰：「好賢如《緇衣》，惡惡如《巷伯》，則爵不瀆而民作愿，刑不試而民咸服。《大雅》曰『儀刑文王，萬國作孚』。」好與上惡字並去聲。

《緇衣》、《巷伯》皆《詩》篇名。《緇衣》美鄭武公，既欲敝予又改，又欲還予授粲，好賢之切也。《巷伯》刺讒，既欲投畀豺虎，又欲投畀有北，惡惡之甚也。好惡明則民將自勸。《大雅·文王》篇，記者又引以證民心之自孚也。用鄭氏補。

子曰：「夫民教之以德，齊之以禮，則民有格心。教之以政，齊之以刑，則民有遯心。故君民者子以愛之，則民親之；信以結之，則民不倍；恭以涖之，則民有孫心。《甫

【一】椓　原作「提手旁」，據文淵閣四庫本、《尚書·呂性》改。

刑》曰『苗民匪用命，制以刑，惟作五虐之刑，曰法』。是以民有惡德而遂絶其世也。」倍音佩。孫音遜。

此章明教民以德，不以刑也。五虐之刑，謂殺及劓、刵、椓【一】、黥。高辛氏之末，侯國有三苗者，民不用上之命，君無德以教之，惟作五虐之刑以爲法，民愈爲惡德，三苗由是絶世。鄭氏、呂氏。

子曰：「下之事上也，不從其所令，從其所行。上好是物，下必有甚者矣。故上之所好惡，不可不慎也，是民之表也。」好、惡並去聲。

表者，所立以候日影之器。影之曲直，由表之邪正，此以喻民之好惡由上。呂氏。

子曰：「禹立三年，百姓以仁遂焉，豈必盡仁？《詩》云『赫赫師尹，民具爾瞻』。《甫刑》曰『一人有慶，兆民賴之』。《大雅》曰『成王之孚，下土之式』。」

以仁遂，謂無一之不歸於仁；遂者，終獲有成之名也。豈必百姓之盡仁？皆由於禹一人之化耳。連引《詩》、《書》三章以證下之無不從上。補。

子曰：「上好仁，則下之爲仁爭先人。故長民者章志、貞教、尊仁以子愛百姓，民致行己以説其上矣。《詩》云『有梏德行，四國順之』。」長上聲。説音悦。梏音角。

上好仁則下皆爭先爲仁，爲君者當章明己志，爲貞正之教，尊敬仁道以子愛百姓，則民盡心於行己以説樂其上矣。《詩·大雅·抑》之篇。引以證上有德，下所從。梏，《詩》

作覺。孔氏。

子曰：「王言如絲，其出如綸。王言如綸，其出如綍。故大人不倡游言。可言也，不可行，君子弗言也；可行也，不可言，君子弗行也。則民言不危行，而行不危言矣。《詩》云『淑慎爾止，不諐於儀』。」綍音弗。諐，起虔反。

綸，繩也，大於絲。綍，索也，又大於綸。言王言一出，下所視效，其端雖微，其末漸大，故大人不可倡爲浮游無用之言。言之必可行，行之必可言也。則民亦效之，言不高於行，行不高於言，而言行相應矣。危，謂高也。止，容止。用鄭氏、孔氏補。

子曰：「君子道人以言，而禁人以行，故言必慮其所終，而行必稽其所敝，則民謹於言而慎於行。《詩》云『慎爾出話，敬爾威儀』。《大雅》曰『穆穆文王，於緝熙敬止』。」道，行並去聲。於音烏。

道人以言，謂開明義理，使民知所向也。禁人以行，謂躬行身率，使民不敢爲非也。蓋空言不可以禁人，惟實行乃足以禁人也。言以道人，故當發言之始，已慮其所終。行以禁人，故方制行之新，已稽其所敝。上之謹審如此，則下亦化之，不苟於言行矣。引《詩》二章，皆謹言行之證。陳氏、馬氏、真氏。

子曰：「長民者，衣服不貳，從容有常，以齊其民，則民德壹。《詩》云『彼都人士，狐裘黄黄。其容不改，出言有章。行歸於周，萬民所望』。」長，丁丈反。從，七容反。

《詩・都人士》之篇。忠信爲周，周猶備也，無缺失可指。補。

子曰：「爲上可望而知也，爲下可述而志也，則君不疑於其臣，而臣不惑於其君矣。尹吉曰：『惟尹躬及湯，咸有壹德。』《詩》云『淑人君子，其儀不忒』。」吉，音作告。

可望而知，謂表裏如一，可述而志，謂先後如一，皆謂德歸於一，而無二三也。尹吉，當作告，蓋伊尹告太甲，即今《咸有一德》之書。引《詩》言不差忒，亦證一德之義。陸氏、吕氏、鄭氏。

子曰：「有國者章義癉惡，以示民厚，則民情不貳。《詩》云『靖共爾位，好是正直』。」子曰：「上人疑則百姓惑，下難知則君長勞。故君民者章好以示民俗，慎惡以御民之淫，則民不惑矣。臣儀行，不重辭，不援其所不及，不煩其所不知，則君不勞矣。《詩》云『上帝板板，下民卒癉』。《小雅》曰『匪其止共，惟王之卭』。」癉，丁但反。儀音義，近讀如字。援音袁。共音恭。卭，其恭反。

章，明也。癉，病也。難知，有姦心也。淫，貪侈也。儀行，鄭注作義行。吕氏謂非禮不行。故曰儀行，方氏謂臣有可儀之行，皆讀如字。不重辭，不尚言辭也。上帝喻君。板板猶反反。共，恭也。卭，窮也。此章言人君當明其好惡，使上下皆歸一德，上懷疑則民惑於好惡，下不易知則君勞於聽察。援其所不及，煩其所不知，皆勞其君聽察之事也。引《詩・板》篇，以證上人疑則百姓惑。引《小雅・巧言》篇，以證下難知則君長勞。補。

子曰：「政之不行也，教之不成也，爵禄不足勸也，刑罰不足恥也。故上不可以褻刑而輕爵。《康誥》曰『敬明乃罰』。《甫刑》曰『播刑之不迪』。」

有政教而後賞罰，足以勸懲。播刑之不迪，謂褻刑。不迪，不循其道也。補。

子曰：「大臣不親，百姓不寧，則忠敬不足而富貴已過也。大臣不治，而邇臣比矣，故大臣不可不敬也，是民之表也；邇臣不可不慎也，是民之道也。君毋以小謀大，毋以遠言近，毋以内圖外，則大臣不怨，邇臣不疾，而遠臣不蔽矣。葉公之《顧命》曰『毋以小謀敗大作，毋以嬖御人疾莊後，毋以嬖御士疾莊士、大夫、卿士』。」比，毗志反。葉，舒涉反。

比，私相親也。民之表，民所望也。民之道，民所從也。葉公，楚葉縣宰公子高也。臨終遺書曰《顧命》。小謀，小臣之謀。大作，大臣所爲。莊士、大夫、卿士，謂齊莊之士爲卿、大夫、士者也。此章明臣無大小皆須恭敬，而所任在大臣。大臣不信而小臣之比，國之大患也。君毋以小臣而謀大臣之事，毋以遠臣而言近臣之事，無以内臣而圖外臣之事，則小大得所，内外情通，大臣不怨恨於君，近臣不爲人所非，遠臣不爲近所蔽。記者又引葉公之《顧命》以證之，毋以小臣之謀敗大臣之作，所謂毋以小謀大也，毋以嬖御之人而疾端莊之後，毋以嬖御之士而疾端莊之士大夫，所謂毋以内圖外也。孔氏、吕氏、陸氏。

子曰：「大人不親其所賢，而信其所賤，民是以親失，而教是以煩。《詩》云『彼求我則，如不我得。執我仇仇，亦不我力』。《君陳》曰『未見聖，若己弗克見；既見聖，亦不克由聖』。」

大人，以位言，指在上之人也。在上不親任其所賢有德之人，而信用其所賤無德者，則民效其上，亦失所當親。雖教之，祇以爲煩而已。引《詩·正月》篇，《書·君陳》篇，皆以證不能親賢。孔氏。

子曰：「小人溺於水，君子溺於口，大臣溺於民，皆在其所褻也。夫水近於人而溺人，德易狎而難親也，易以溺人。口費而煩，易出難悔，易以溺人。夫民閉於人而有鄙心，可敬不可慢。易以溺人，故君子不可以不慎也。《大甲》曰『毋越厥命以自覆也。……若虞機張，往省括於厥度則釋』。《兑命》曰『惟口起羞，惟甲胄起兵，惟衣裳在笥，惟干戈省厥躬』。《大甲》曰『天作孽，可違也。自作孽，不可以逭』。尹吉曰『惟尹躬天見於西邑夏，自周有終，相亦惟終』。」兑作說。吉作告。天作先。

小人謂民，君子謂士大夫，大人謂王公。德易狎而難親，謂水之德也。水之性有剛柔之德，外陰而能柔，故易狎；内陽而能剛，故難親。狎而親之，則溺死矣。民閉於人而有鄙心，謂情隔不能自通於上，苟内懷鄙倍之心，上亦不得而知。虞，虞人也，機，弩牙也。括，羽括也。度，謂所儗射也。釋，發矢也。虞人之射禽弩機已張，從機間視括與射相直，乃釋弦發矢，喻爲政，亦當以己心參群臣及萬民乃可施也。衣裳在笥，言藏之而不輕以予人也。干戈省厥躬，言揆之於身而不可輕以加人也。違，避也。逭，逃也。尹告即伊尹所告。吉，告字也。天見，今《書》作先見。周謂忠信。相，助也，謂臣也。伊尹言見夏之先王以忠信自終，其臣亦與之有終，皆君所自致也。此言人所以没溺於患禍而不能自出者，皆因易而褻之也。故以小民之易於水而溺，以喻士大夫之易其言，王公之易其民，皆取溺之道也。引《書》四章，皆證不敢易之意。補。

子曰：「民以君爲心，君以民爲體。心莊則體舒，心肅則容敬。心好之，身必安之；君好之，民必欲之。心以體全，亦以體傷；君以民存，亦以民亡。《詩》云『昔吾有先正，其言明且清。國家以寧，都邑以成，庶民以生。誰能秉國成？不自爲正，卒勞百姓』。《君雅》曰『夏日暑雨，小民惟曰怨；資冬祁寒，小民亦惟曰怨』。」雅讀作牙。

心者體之主，體則從心者也，故以心體爲君民相須之喻。所引《詩》，今無之，餘見《節南山》。説者謂上句逸《詩》，因而併引之也。此言君不正，百姓所以勞也。引《君牙》言天之寒暑，小民且怨，况君之政教乎？用呂氏補。

子曰：「下之事上也，身不正，言不信，則義不壹，行無類也。」子曰：「言有物而行有格也，是以生則不可奪志，死則不可奪名。故君子多聞，質而守之；多志，質而親之；精知，略而行之。《君陳》曰『出入自爾師虞，庶言同』。《詩》云『淑人君子，其儀一也』。」行去聲。

身不正，故義不一。不一，謂不能專於其身也。言不信，故行無類。無類，謂無以副於其言也。言有物，謂無失實之言。行有格，謂無踰矩之行。生乎由是，死乎由是，故志也，言也，皆不可得而奪也。多聞，所聞欲博也。多志，多見而識之者也。質，正也。不敢信己，質衆人之所同，然後用之者也。守之者，服膺勿失。親之者，問學不厭，由知多聞而得之，又當精思以求其至約而行之，故曰精知。略而行之，略約其所同。引《詩》言善人君子，威儀齊一。凡以證言行，皆當歸一。師，衆也，虞，度也。吕氏。

子曰：「唯君子能好其正，小人毒其正。故君子之朋友有鄉，其惡有方。是故邇者不惑，而遠者不疑也。《詩》云『君子好仇』。」

正，謂正人。君子取友必端，故好其正。小人黨邪醜正，故毒其正。君子友其正者，惡其不正者，遠近曉然知其心。引《詩》明君子之仇匹皆好。補。

子曰：「輕絶貧賤而重絶富貴，則好賢不堅而惡惡不著也。人雖曰『不利』，吾不信也。《詩》云『朋友攸攝，攝以威儀』。」好與上惡並去聲。好仇之好上聲。

可友者以其賢，可絶者以其惡。然賢者不必富貴，惡者不必貧賤，苟輕絶貧賤而重絶富貴，則勢利之交而已。引《詩》以證取友以攝威儀，而非以利。方氏。

子曰：「私惠不歸德，君子不自留焉。《詩》云『人之好我，示我周行』。」

私惠，謂私以小物相問遺。不歸德，謂不合於理。不自留，不留意於此人。蓋德者，天下之公，惠者人情之私。苟以私惠於我而無德以將之，則恭敬而無實，君子不可虚拘。

引《詩·鹿鳴》篇，明好我在忠信之德，而不在小惠。馬氏、孔氏。

子曰：「苟有車，必見其軾。苟有衣，必見其敝。人苟或言之，必聞其聲。苟或行之，必見其成。《葛覃》曰『服之無射』。」軾，婢世反。射音亦。

此章言有是物必有是事，不可虛也。君子之學自本至末無非其實，故可久而無窮也。登車而有所禮則式，式，憑式也。有車則有式，無車將何所憑而式之乎？衣之久必敝，無衣則何敝之有乎？言必有聲，行必有成，亦猶是也。蓋誠者，物之終始，不誠無物，服之無射，亦言實有是服，乃可久服而無厭也。呂氏。

子曰：「言從而行之，則言不可飾也。行從而言之，則行不可飾也。故君子寡言而行以成其信，則民不得大其美而小其惡。《詩》云『白圭之玷，尚可磨也。斯言之玷，不可爲也』。《小雅》曰『允也君子，展也大成』。《君奭》曰『昔在上帝周田觀文王之德，其集大命於厥躬』。」周、田、觀、文四字，鄭注依《尚書》作割、申、勸、寧。

言在前而行隨之，則言須實；行在前而言隨之，則行須實。言行相顧，皆不可虛飾也。言行相副，則人於美惡大小不得增減，皆驗於行。引《詩》、《書》皆證言當信周田觀文王之德，今《書》作割、申、勸、寧王之德。申，重也。勸，勉也。云在昔上帝降割於殷，申勸文王之德而集大命於其身也。割，誤作周。申，之爲田。勸，之爲觀。則字畫尤相近而易誤。寧王即指文王言之。用孔氏補。

子曰：「南人有言曰『人而無恒，不可以爲卜筮』，古之遺言與？龜筮猶不能知也，而況於人乎？《詩》云『我龜既厭，不我告猶』。《兑命》曰『爵無及惡德，民立而正，事純而祭祀。是爲不敬。事煩則亂，事神則難』。《易》曰『不恒其德，或承之羞。……恒其德偵，婦人吉，夫子凶』。」

恒，常也。不可爲卜筮，言無恒者不足以感格鬼神。鬼神至虚而善應，龜筮皆神物，猶或不能知之，而況於人可以不恒之德而求之乎？「我龜既厭，不我告猶」，猶，謀也。所謂瀆則不告也。民立而正，事純而祭祀，是爲不敬。未詳何義。鄭氏曰：純猶皆也。言爵與惡德之人，民將立以爲正而放傚之，疾事皆如是而以祭祀，是不敬鬼神也。孔氏曰：言惡德之人主掌祭祀，其事則煩，事煩則致亂也。吕氏曰：此篇所引與《書》不同，當以《書》爲正。黷於祭祀，時謂弗欽，禮煩則亂，事神則難，言煩瀆非事神之道也。又引《恒》卦九三、六五爻辭，謂「不恒其德，或承之羞」，是當恒者也。然婦人從一而終，故恒其德吉。若夫子制義，不可以無變，從婦則凶也。補集。

奔喪第三十四

奔喪之禮：始聞親喪，以哭答使者，盡哀，問故，又哭盡哀。遂行，日行百里，不以夜行。唯父母之喪見星而行，見星而舍。若未得行，則成服而後行。過國至竟，哭，盡哀而止。哭辟市朝，望其國竟哭。使，色吏反。辟音避。

行百里者，吉行五十里，今以凶變倍之也。此猶爲五服之喪也。若父母喪見星而行見星而舍，則侵晨侵昏皆行，又不止百里而已。若未得行者，爲有君命。辟市朝不哭者，爲驚衆也。補。

至於家，入門左，升自西階，殯東，西面坐，哭盡哀，括髮袒，降堂東即位，西鄉哭，成踊，襲絰於序東，絞帶，反位，拜賓，成踊，送賓，反位。有賓後至者，則拜之，成踊、送賓皆如初。衆主人兄弟皆出門，出門哭止，闔門，相者告就次。於又哭，括髮袒，成踊。於三哭，猶括髮袒，成踊。三日成服，拜賓送賓皆如初。鄉、相並去聲。

入門左，與客入門而左之左同。升自西階，未忍踐阼階爲主也。括髮袒者，去飾也。又哭者，明日之朝。三哭，又其明日之朝。三日成服，則三哭之明日也。鄭氏、方氏。

奔喪者非主人，則主人爲之拜賓、送賓。奔喪者自齊衰以下，入門左，中庭北面，哭盡哀，免麻於序東，即位袒，與主人哭，成踊。於又哭，三哭，皆免袒。有賓則主人拜賓送賓。丈夫婦人之待之也，皆如朝夕哭位，無變也。齊音咨。免音問。

不升堂者，統於主人也。麻，亦絰帶也。鄭氏。

奔母之喪，西面哭盡哀，括髮袒，降堂東即位，西鄉哭，成踊，襲、免、絰於序東，拜賓送賓，皆如奔父之禮。於又哭，不括髮。鄉去聲。免音問。

殺於父也。鄭氏。

婦人奔喪，升自東階，殯東，西面坐，哭盡哀，東髽，即位，與主人拾踊。拾，其劫反。

升自東階者，婦人入自闈門。闈門謂東邊之門也。東髽，謂髽於東序，不髽於房，變於在室者也。髽，露髻也。拾，更也。主人與之更踊於賓客之間也。鄭氏、孔氏。

奔喪者不及殯，先之墓，北面坐，哭盡哀。主人之待之也，即位於墓左，婦人墓右，成踊，盡哀，括髮，東即主人位。絰絞帶，哭，成踊，拜賓，反位，成踊。相者告事畢。遂冠，歸入門左，北面，哭盡哀，括髮袒，成踊，東即位，拜賓，成踊賓出，主人拜送。有賓後至者，則拜之、成踊、送賓如初。衆主人兄弟皆出門，出門哭止，相者告就次。於又哭，括髮，成踊。於三哭，猶括髮，成踊。三日成服，於五哭，相者告事畢。爲母所以異於父者，壹括髮，其余免以終事。他如奔父之禮。絞，乎交反。相去聲。

鄭氏曰：主人之待之，謂在家者也。即位於墓左，既葬則於墓爲位，如未葬者，於殯宫也。男子左，婦人右，陰陽之義也。於母一括髮，於父則不一焉，隆殺之別也。五哭者，奔喪象始死爲一哭，明日象小斂爲二哭，又明日象大斂爲三哭，又明日成服之日爲四哭，成服明日之朝爲五哭。皆數朝哭，不數夕哭，凡五哭也。鄭氏、方氏、孔氏。

齊衰以下，不及殯，先之墓，西面哭盡哀，免麻於東方，即位，與主人哭，成踊，襲。有賓，則主人拜賓送賓。賓有後至者，拜之如初。相者告事畢。遂冠，歸入門左，北面，哭盡哀，免袒，成踊，東即位，拜賓，成踊。賓出，主人拜送。於又哭，免袒，成踊。於三哭，猶免袒，成踊。三日成服，於五哭，相者告事畢。相去聲。免音問。

此既葬後奔齊衰以下喪禮。孔氏。

聞喪不得奔喪，哭盡哀；問故，又哭盡哀。乃爲位，括髮袒，成踊，襲、絰、絞帶，即位，拜賓，反位，成踊。賓出，主人拜送於門外，反位。若有賓後至者，拜之，成踊，送賓如初。於又哭，括髮袒，成踊；於三哭，猶括髮袒、成踊。三日成服，於五哭，拜賓送賓如初。

此聞父母喪，君命有事不得奔，即於聞喪處發喪，成服之禮。鄭氏、孔氏。

若除喪而後歸，則之墓，哭，成踊，東括髮袒，絰，拜賓，成踊，送賓，反位，又哭盡哀，遂除。於家不哭。主人之待之也，無變於服，與之哭，不踊。自齊衰以下，所以異者免麻。

此除喪後方歸哭之禮。遂除，即於墓除服而歸。無變於服，主人自服已除之服，自齊衰以下除服後奔喪，唯着免麻，哭罷即除。鄭氏、孔氏。

凡爲位，非親喪，齊衰以下皆即位，哭盡哀，而東免絰，即位，袒，成踊，襲，拜賓，反位，哭，成踊，送賓，反位。相者告就次。三日五哭，卒。主人出送賓，衆主人兄弟皆出門，哭止，相者告事畢，成服，拜賓。若所爲位家遠，則成服而往。

此齊衰以下不得往奔，即於聞喪處成服之禮。云非親喪者，因明聞父母喪，哭之不離聞喪之處。惟齊衰以下則爲位而哭也。三日五哭者，併朝夕哭而言，爲急奔喪，己私事當早畢，故三日五哭而止也。鄭氏、孔氏。

齊衰望鄉而哭，大功望門而哭，小功至門而哭，緦麻即位而哭。

服有輕重之别，故哭有遠近之差，言齊衰望鄉而哭，則斬衰不待望鄉而已哭可知。方氏。

哭父之黨於廟，母妻之黨於寢，師於廟門外，朋友於寢門外，所識於野張帷。凡爲位不奠。哭，天子九，諸侯七，大夫五，士三。大夫哭諸侯，不敢拜賓。諸臣在他國，爲位而哭，不敢拜賓。與諸侯爲兄弟，亦爲位而哭。凡爲位者壹袒。

哭父之黨以下，謂無服之親，聞喪所哭之處也。不奠者，奠則當久設神位，在他處則難爲久設也。哭天子九至士三，此謂臣聞君喪而未奔，爲位而哭，尊卑日數之差也。張氏、鄭氏。

所識者吊，先哭於家而後之墓，皆爲之成踊，從主人北面而踊。

所識者先之家而後之墓，異於親也。親則先之墓矣。主人先踊而後賓踊，故曰從。自外而來，故北面。用鄭氏、孔氏補。

凡喪，父在，父爲主；父没，兄弟同居，各主其喪；親同，長者主之；不同，親者主之。

此論同居主喪之禮。

聞遠兄弟之喪，既除喪而後聞喪，免袒，成踊，拜賓則尚左手。

小功、緦麻既除，喪不追服，惟免袒尚左手者，吉拜。鄭氏。

無服而爲位者，唯嫂叔及婦人降，而無服者麻。

婦人降而無服，族姑姊妹嫁者也。麻謂緦之絰，吊服也。鄭氏、孔氏。

凡奔喪，有大夫至，袒，拜之，成踊，而后襲；於士，襲而后拜之。

袒、拜、成踊而后襲，以大夫尊，先拜之，而後成己禮也。襲而后拜，以士卑，先成己禮而後拜之也。本孔氏説。

問喪第三十五

親始死，雞斯，徒跣，扱上衽，交手哭。惻怛之心，痛疾之意，傷腎、乾肝、焦肺，水漿不入口，三日不舉火，故鄰里爲之糜粥以飲食之。雞斯讀爲笄纚，纚，色買反。

雞斯當爲笄纚，聲之誤也。笄謂骨笄，纚謂韜髮之繒【二】。親始死，去冠，惟留笄纚。小斂乃括髮，併去笄纚也。交手哭，謂兩手拊心而哭也。扱上衽者，扱深衣前衽於帶，爲其妨號踊也。糜，薄；粥，厚。鄰里爲之以飲食，孝子不自顧其生也。鄭氏、孔氏。

夫悲哀在中，故形變於外也。痛疾在心，故口不甘味，身不安美也。三日而斂，在牀

【二】「用鄭氏孔氏補」至「纚謂韜髮之」　此段文字原脱，據文淵閣本補。

曰尸，在棺曰柩。動尸舉柩，哭踊無數。惻怛之心，痛疾之意，悲哀志懣氣盛，故袒而踊之，所以動體、安心、下氣也。婦人不宜袒，故發胷、擊心、爵踊，殷殷田田，如壞牆然，悲哀痛疾之至也。故曰『辟踊哭泣，哀以送之，送形而往，迎精而反』也。其往送也，望望然，汲汲然，如有追而弗及也。其反哭也，皇皇然，若有求而弗得也。故其往送也如慕，其反也如疑。求而無所得之也。入門而弗見也，上堂又弗見也，入室又弗見也，亡矣喪矣，不可復見已矣！故哭泣辟踊，盡哀而止矣。心悵焉愴焉，惚焉愾焉，心絶志悲而已矣。祭之宗廟，以魄饗之，徼幸復反也。成壙而歸；不敢入處室，居於倚廬，哀親之在外也；寢苫枕塊，哀親之在土也。故哭泣無時，服勤三年，思慕之心，孝子之志也，人情之實也。殷音隱。壞音怪。

爵踊，如爵之跳，足不絶地。辟，拊心也。如壞牆，言將欲崩倒，不可枝梧也。孔氏、鄭氏、方氏。

或問曰：「死三日而后斂者，何也？」曰：「孝子親死，悲哀志懣，故匍匐而哭之，若將復生然，安可得奪而斂之也？故曰：三日而后斂者，以俟其生也。三日而不生，亦不生矣。孝子之心，亦益衰矣；家室之計，衣服之具，亦可以成矣；親戚之遠者，亦可以至矣。是故聖人爲之斷決，以三日爲之禮制也。」

此假設問以明三日而斂之義。孔氏。

或問曰：「冠者不肉袒，何也？」曰：「冠至尊也，不居肉袒之體也，故爲之免以代之也。然則秃者不免，傴者不袒，跛者不踊，非不悲也，身有錮疾，不可以備禮也，故曰『喪禮唯哀爲主』矣。女子哭泣悲哀，擊胸傷心；男子哭泣悲哀，稽顙觸地無容。哀之至也。」免音問。跛，補禍反。

肉袒者不冠，爲冠尊服，不敢褻之於肉袒之體，故着免以代冠。免，狀似冠而廣一寸。《郊特牲》「君袒而割牲」，蓋袒衣而非肉袒，肉袒者露肉。用鄭氏、孔氏修。

或問曰：「免者以何爲也？」曰：「不冠者之所服也。《禮》曰『童子不緦，唯當室緦』。緦者其免也，當室則免而杖矣。」免音問。

當室，謂無父兄而主家者也。童子不緦，不緦則不免，不免則不杖。今以孤子當室，次於成人，既爲族人服緦，則亦免而杖矣。鄭氏、孔氏、方氏。

或問曰：「杖者何也？」曰：「竹、桐一也，故爲父苴杖，苴杖竹也。爲母削杖，削杖，桐也。」或問曰：「杖者以何爲也？」曰：「孝子喪親，哭泣無數，服勤三年，身病體羸，以杖扶病也。則父在不敢杖矣，尊者在故也。堂上不杖，辟尊者之處也。堂上不趍，示不遽也。此孝子之志也，人情之實也，禮義之經也。非從天降也，非從地出也，人情而已矣。」苴，七餘反。辟音避。

苴者，不加削也。父尊極，故用苴杖，母屈於父，故用削杖。苴用竹，削用桐。或云竹節在外，外陽之象，故爲父；桐節在内，内陰之類，故爲母。愚竊意竹虚桐輕，皆易於攜持。竹直不待削，故苴而用之父，其次用木，則木莫輕於桐，故削而用之母耳。父在不杖，謂母喪也。尊者，指父言也。趍者，疾行也。事莫遽於喪而堂上不趍者，示父以閑暇，不欲以喪容戚之也。用鄭氏、孔氏、方氏修。

服問第三十六

傳曰「有從輕而重」，公子之妻，爲其皇姑；「有從重而輕」，爲妻之父母。「有從無服而有服」，公子之妻爲公子之外兄弟；「有從有服而無服」，公子爲其妻之父母。爲，於僞反。

此皆從服，非正服而可變易者也。從輕而重，從無而有，以人情無所嫌而伸之也。從重而輕，從有而無以人情有所嫌而屈之也。馬氏。

傳曰「母出，則爲繼母之黨服。母死，則爲其母之黨服」。爲其母之黨服，則不爲繼母之黨服。

雖外親亦無二統。鄭氏。

三年之喪既練矣，有期之喪既葬矣，則帶其故葛帶，絰期之絰，服其功衰。有大功之喪亦如之。小功無變也。

三年喪既練，期喪既葬，二者適相值，帶用故葛帶，絰用期之葛絰，服用功衰，謂期喪既葬，男子葛帶，與三年之葛帶麤細正同。以父葛爲重，故帶其舊葛帶也。三年練後，男子已除麻絰，故絰期之葛絰也。功衰者七升布，三年練後與期喪葬後皆用之也。有大功之喪亦如之者，謂於斯時也有大功之喪，帶絰服亦如之，蓋大功之初喪如期喪之既葬也。小功之喪不變，不以輕服減重服也。孔氏。

麻之有本者，變三年之葛。既練，遇麻斷本者，於免絰之。既免去絰，每可以絰必絰，既絰則去之。免音問。

麻之有本者，謂大功以上麻帶皆留根也。三年之葛，謂三年之喪既練去麻用葛者也，變三年之葛，謂三年之喪雖已去麻用葛，若遇大功以上之喪，再得變葛用麻也。麻斷本者，謂小功以下之帶，澡麻而去其根者也。若三年之喪既練而遇小功以下之喪，當其成服加免之時則絰之，既免則去其絰。凡首絰，可絰則絰，既即去之。本孔氏説。

小功不易喪之練冠，如免，則絰其緦、小功之絰，因其初葛帶緦之麻不變小功之葛，小功之麻不變大功之葛，以有本爲税。

凡皆不以輕服變重服也。税，變易也。麻以有本者爲重，故得變易而税焉。用方氏補。

殤長、中，變三年之葛，終殤之月筭，而反三年之葛。是非重麻，爲其無卒哭之税，下殤則否。長，丁丈反。

是非重麻者，言服長殤、中殤之麻不改，是非重此麻也，以殤服初死服麻，已後無卒哭税麻服葛之法，不容不爲之服麻也。本孔氏説。

君爲天子三年，夫人如外宗之爲君也。世子不爲天子服。

外宗，君外親之婦也，如外宗之爲君，期服也。世子不爲天子服，以有世襲，遠嫌也。鄭氏、孔氏。

君所主夫人妻，大子，適婦，大夫之適子爲君、夫人、大子，如士服。君之母非夫人，則群臣無服，唯近臣及僕驂乘從服，唯君所服服也。適，丁歷反。

夫人、大子、適婦三者，國之所重，故君特爲之主喪。夫人即妻，又曰妻者，以見大夫以下亦然也。大夫之適子爲君、夫人、大子有服者，諸侯之子世襲，故遠嫌，不敢爲天子服。大夫之子不世襲，無嫌，故可爲諸侯服也。如士服，期服也。君母非夫人，其臣不爲之服，惟僕御從之服，適庶之辨也。賈氏。

公爲卿大夫錫衰以居，出亦如之，當事則弁絰。大夫相爲亦然。爲其妻，往則服之，出則否。

當事，謂有事於喪所。弁絰，如爵弁而素加絰也。鄭氏、孔氏。

凡見人無免絰，雖朝於君無免絰，唯公門有税齊衰。《傳》曰「君子不奪人之喪，亦不可奪喪也」。《傳》曰「罪多而刑五，喪多而服五。上附下附，列也」。免音勉。

無免絰，絰重不可去也。税，猶免也。唯至公門，已有不杖齊衰，則脱去其衰，而絰猶不去也。鄭氏、孔氏。

問傳第三十七

斬衰何以服苴？苴，惡貌也，所以首其内而見諸外也。斬衰貌若苴，齊衰貌若枲，大功貌若止，小功、緦麻容貌可也。此哀之發於容體者也。斬衰之哭若往而不反，齊衰之哭若往而反，大功之哭三曲而偯，小功、緦麻哀容可也。此哀之發於聲音者也。偯，於起反。

苴，子麻也，此麻尤粗。枲，牡麻也，則稍精焉。若者，其服用此，貌亦如之也。首其内而見諸外，謂縫其端於内而露其苴於外也。斬衰不縫，齊衰略縫。功者，布之精緻，緦者，布之細也。往而不反，氣欲絶而不能生也。止，平停不動。三曲，舉聲而三折。偯，聲餘從容也。用方氏補。

斬衰唯而不對，齊衰對而不言，大功言而不議，小功、緦麻議而不及樂。此哀之發於言語者也。斬衰三日不食，齊衰二日不食，大功三不食，小功、緦麻再不食，士與斂焉則壹不食。故父母之喪既殯食粥，朝一溢米，莫一溢米，齊衰之喪疏食水飲，不食菜果；大功之喪不食醯醬，小功、緦麻不飲醴酒。此哀之發於飲食者也。

一溢米，重二十兩，與鎰金之鎰同義。孔氏。

父母之喪既虞、卒哭，疏食水飲，不食菜果，期而小祥，食菜果；又期而大祥，有醯醬；　中月而禫，禫而飲醴酒。始飲酒者先飲醴酒，始食肉者先食乾肉。疏，食音嗣。

此父母終喪以來飲食之節。

父母之喪，居倚廬，寢苫枕塊，不説絰帶；　齊衰之喪，居堊室，芐翦不納；　大功之喪，寢有席；　小功、緦麻，牀可也。此哀之發於居處者也。父母之喪，既虞，卒哭，柱楣翦屏，芐翦不納；　期而小祥，居堊室，寢有席；　又期而大祥，居復寢；　中月而禫，禫而牀。斬衰三升，齊衰四升、五升、六升，大功七升、八升、九升，小功十升、十一升、十二升，緦麻十五升去其半。有事其縷，無事其布，曰緦。此哀之發於衣服者也。説，吐活反。芐，户嫁反。

芐，今蒲苹也。芐翦不納者，謂以蒲苹爲席，翦頭爲之，不編納其頭而藏於內也。柱廬間之楣，以爲之固，故曰柱楣。翦廬傍屏蔽之草以爲飾，故曰翦屏。八十一縷曰升，緦麻十五升去其半者，七升半也。有事其縷，謂未織時鍛治其縷，無事其布，謂既織後不鍛治其布，是曰緦也。孔氏。

斬衰三升，既虞，卒哭，受以成布六升，冠七升。爲母疏衰四升，受以成布七升，冠八升。去麻服葛，葛帶三重。期而小祥，練冠縓緣，要絰不除。男子除乎首，婦人除乎帶。男子何爲除乎首也？婦人何爲除乎帶也？男子重首，婦人重帶。除服者先重者，易服者易輕者。又期而大祥，素縞麻衣。中月而禫，禫而纖，無所不佩。去，起吕反。重，直龍反。縓，七戀反。緣音椽。

成布，謂三升以上之布，麤疏，至六升其縷漸細，故稱成布。葛帶三重者，謂作四股，糾之四股則積而三重也。縓緣者，以縓色爲領緣，縓，今淺絳色。婦人重帶者，帶下體之上，以辟男子之重首絰也。黑經白緯曰纖。鄭氏、孔氏。

易服者何爲易輕者也？斬衰之喪既虞、卒哭，遭齊衰之喪。輕者包，重者特。既練遭大功之喪，麻、葛重。

輕者，謂男子之要帶，婦人之首絰。重者，謂男子之首絰，婦人之要帶。以其輕則兩施之，故曰包；以其重則獨留焉，故曰特。既練以下則言大功可易，斬衰之節也。斬衰已練，男子除絰而帶獨存，婦人除帶而絰獨存，謂之單，單獨也。遭大功之喪，男子有麻絰，婦人有麻帶，又皆易其輕者以麻，謂之重麻。既虞、卒哭，男子帶其故葛帶，絰期之葛絰。婦人絰其故葛絰，帶期之葛帶，謂之重葛。方氏、鄭氏。

齊衰之喪既虞、卒哭，遭大功之喪，麻、葛兼服之。

齊衰既虞、卒哭，遭大功之喪，換易輕者。男子則大功麻帶易齊衰之葛帶，其首猶服齊衰之葛絰，是首有葛，要有麻，故云麻葛兼服之。兼云者，既有葛又有麻也。孔氏。

斬衰之葛，與齊衰之麻同；齊衰之葛，與大功之麻同；大功之葛，與小功之麻同；小功之葛，與緦之麻同。麻同則兼服之，兼服之服，重者則易輕者也。

此明五服葛之與麻麤細相同，則得服後麻，兼服前葛，重者則易輕者，男子易於要，婦人易於首，俱得易輕者也。孔氏。

三年問第三十八

三年之喪，何也？曰：稱情而立文，因以飾群，别親疏貴賤之節，而弗可損益也。故曰「無易之道也」。創鉅者其日久，痛甚者其愈遲。三年者，稱情而立文，所以爲至痛極也。斬衰、苴杖，居倚廬，食粥，寢苫枕塊所以爲至痛飾也。三年之喪，二十五月而畢，哀痛未盡，思慕未忘，然而服以是斷之者，豈不送死有已，復生有節也哉！别，彼列反。創音瘡。斷，丁亂反。

群，謂五服之親，因三年之喪差降，各表其親黨。孔氏。

凡生天地之間者，有血氣之屬必有知，有知之屬莫不知愛其類。今是大鳥獸則失其群匹，越月踰時焉，則必反巡過其故鄉，翔回焉，鳴號焉，躑躅焉，踟躕焉，然後乃能去之。小者至於燕雀，猶有啁噍之頃焉，然後乃能去之。故有血氣之屬者莫知於人，故人於其親也，至死不窮。躑，直亦反。躅，直録反。啁，張留反。噍，子流反。

鳥獸小大，各思其類，況在於人，何有窮已？孔氏。

將由夫患邪淫之人與？則彼朝死而夕忘之，然而從之，則是曾鳥獸之不若也。夫焉能相與群居而不亂乎？將由乎修飾之君子與？則三年之喪，二十五月而畢，若駟之過隙，然而遂之，則是無窮也。故先王焉爲之立中制節，壹使足以成文理，則釋之矣。與音餘。

邪淫之人，薄於恩者也。患云者，患其恩之薄也。駟之過隙，駟馬駿疾，空隙狹小，過之速甚也。遂之，謂不時除之。釋，猶除也。此言小人薄於恩，君子厚於恩，先王爲之立中制。補。

然則何以至期也？曰：至親以期斷。是何也？曰：天地則已易矣，四時則已變矣，其在天地之中者，莫不更始焉，以是象之也。期音基。

此設問以明期之義。孔氏。

然則何以三年也？曰：加隆焉爾也。焉使倍之，故再期也。由九月以下，何也？曰：焉使弗及也。故三年以爲隆，緦、小功以爲殺，期、九月以爲間。上取象於天，下取法於地，中取則於人，人之所以群居和壹之理盡矣。

焉，猶然也。鄭氏。

故三年之喪，人道之至文者也。夫是之謂至隆。是百王之所同，古今之所壹也，未有知其所由來者也。孔子曰：「子生三年，然後免於父母之懷。」夫三年之喪，天下之達喪也。

未有知其所由來，明行之已久。鄭氏。

深衣第三十九

古者深衣，蓋有制度，以應規、矩、繩、權衡。短毋見膚，長毋被土，續衽鉤邊，要縫半下。見，賢遍反。被，彼義反。鉤，古侯反。

深衣者，古上衣下裳，此衣裳相連爲一，被體深邃，故謂之深衣也。規，圓；矩，方；繩，直；權衡，平。袂在前應規，袷在中應矩，縫在後應繩，齊在下應權衡也。短毋見膚，長毋被土，與身長短適相稱也。衽，今之襟，亦曰衭，衣之衽與裳相續，故曰續衽。衣邊本分四袴，今鉤連爲一，故曰鉤邊。要中之縫尺寸闊狹半於下畔之闊，蓋深衣裳十二幅，皆寬頭在下，狹頭在上，下共闊一丈四尺四寸，要縫半之，則七尺二寸，故曰要縫半下。一説深衣入要半寸，其縫齊音咨。摺一寸，謂之半下。此專以縫言也。集慈湖及文公家禮附注。

袼之高下可以運肘，袂之長短反詘之及肘，帶，下毋厭髀，上毋厭脅，當無骨者。袼音各。厭，於甲反。髀，步啓反。

袼，謂衣袂當臂處，高下宜稍寬，使可運動其肘。袂，袖也。肘，臂節也。當臂之半袂，言長短而不言尺寸者，經以臂之長短，布幅闊狹皆無常準，故但云屈之及肘，謂袖之短長但取其長一臂有半，使反詘其半，適及臂半之肘，此即衣袂長短之度，蓋視肘以爲袂也。帶，下不厭髀，上不厭脅，適當無骨之處，謂腹間也。用晦翁及趙侍郎汝楳説。

制十有二幅以應十有二月。袂圜以應規，曲袷如矩以應方，負繩及踝以應直，下齊如權衡以應平。袷音劫。齊音咨。

十有二幅者，謂裳六幅，每幅交解爲二分，爲上下之殺，闊處皆在下，狹處皆在上，共成十二幅也。袂，袖也。自袖口至腋下，裁令其勢圓，故應規。袷，交領也，領交會處自然成方，故應矩。後漢《儒林傳》註曰：方領，直領也。或云袷與領非一物，别有袷，方折之加於領上。未知然否。然近世朱晦菴定論爲直領矣。負繩，謂衣之背縫及裳之背縫，上下相當，如繩之直而負之於背，故應直。下齊者，衣裾之緝，謂之齊，如權衡相等，故應平。用鄭氏、孔氏、司馬公、慈湖石林修。

故規者，行舉手以爲容；負繩抱方者，以直其政，方其義也。故《易》曰「《坤》六二之動，直以方也」。下齊如權衡者，以安志而平心也。

所以袂圜中規者，欲使行者舉手揖讓以爲容儀如規也。負繩，背之縫也。抱方，領之方也。政，或作正，以直其正解負繩，以方其義解抱方，記者既明直方之義，故引《坤》卦六二直方以證之。裳下之齊如權之衡，低仰平也。孔氏。

五法已施，故聖人服之。故規矩取其無私，繩取其直，權衡取其平。故先王貴之。故可以爲文，可以爲武，可以擯相，可以治軍旅。完且弗費，善衣之次也。

完且弗費，謂其完牢且易有也。善衣，謂朝祭之服。鄭氏、孔氏。

具父母、大父母，衣純以繢。具父母，衣純以青。如孤子，衣純以素。純袂、緣、純邊，廣各寸半。純，之允反。繢，胡對反。

大父母，祖父母也。純，謂緣之也。繢，畫文會五采也。袂緣，謂袖口也。尊者存則以多飾爲孝。鄭氏、孔氏。

投壺第四十

投壺之禮：主人奉矢，司射奉中，使人執壺。奉音捧。

投壺者，主人與客燕飲，講論才藝之禮，蓋射禮之細也。矢者，所投之籌；中者受算之器。中或以鹿，或以兕，或以虎，或以閭，或以皮樹，皆刻木以象其形，鑿其背以盛算。孔氏。

主人請曰：「某有枉矢哨壺，請以樂賓。」賓曰：「子有旨酒嘉肴，某既賜矣，又重以樂，敢辭。」哨，七笑反。重，直用反。

枉，謂曲而不直。哨，謂哨峻不正，謙辭也。

主人曰：「枉矢哨壺不足辭也，敢固以請。」賓曰：「某既賜矣，又重以樂，敢固辭。」主人曰：「枉矢哨壺不足辭也，敢固以請。」賓曰：「某固辭不得命，敢不敬從。」賓再拜受，主人般還曰辟。主人阼階上拜送，賓般還曰辟。辟，音避。

賓既許主人投壺，賓乃於西階上，北面再拜遥受矢。主人見賓拜，乃般曲折還，謂賓曰：「今辟而不敢受。」言此者欲止賓之拜也。於是賓及主人皆來兩楹之間相就，俱南面，主人在東，接矢與賓，主人復歸阼階上，北面拜送矢，賓亦歸西階上，般還而告主人曰：「今辟而不敢受。」此言亦以止主人之拜也。孔氏。

已拜受矢，進即兩楹間，退反位，揖賓就筵。司射進度壺，間以二矢半。反位，設中，東面執八筭興。

壺，去坐二矢半。算，以記籌數，八算，賓主各四矢也。鄭氏。方氏。

請賓，曰：「順投爲入，比投不釋，勝飲不勝者。正爵既行，請爲勝者立馬，一馬從二馬。三馬既立，請慶多馬。」請主人亦如之。

此司射執八算起而告賓黨，爲投壺之法也。順投爲入者，以矢本順入於壺，乃名爲入。射者入一矢，則司射者釋一算，以記其射中之數。比投不釋者，其法賓主更迭而投，若勝者恃勝而連投，則雖入亦不爲之釋算也。正爵，謂罰爵以其正禮，故稱正爵也。既行，謂已行正爵也。立馬，謂取算以爲馬，表勝數也。一馬從二馬者，每一勝立一馬，以三馬爲成，若專三馬則爲一成，若勝者止得其二，則徹取劣偶之一，以足勝偶之二成三，故云一馬從二馬也。三馬既立，請慶多馬者，其勝已成，又酌酒慶賀多馬之偶也。請主人亦如之，謂亦如上文請賓之辭。

命弦者曰：「請奏《貍首》，間若一。」大師曰：「諾。」

此明司射命工作樂，節投壺之儀也。弦，鼓瑟者也。《貍首》逸詩篇。《射義》所云「曾孫侯氏」，《檀弓》所云「《貍首》之班然者」也。間若一者，間者樂之節，欲其終始相協如一。或云若者，預設之辭，蓋謂或間亦或一，非以爲節也。未知孰是。大師即弦者。諾，承領之辭。鄭氏、孔氏、吕氏、陸氏。

左右告矢具，請拾投。有入者，則司射坐而釋一筭焉。賓黨於右，主黨於左。拾，其劫反。

此明投壺中者釋算之儀。左謂主人，右謂賓客。司射者偏告主賓以矢具也。拾，更也。告矢已具，請更投之也。若矢有入壺者，則司射乃坐釋一算於地以記之。賓者於右，主者於左。鄭氏、孔氏。

卒投，司射執筭曰：「左右卒投，請數。」二筭爲純，一純以取，一筭爲奇，遂以奇筭告，曰：「某賢於某若干純。」奇則曰「奇」，鈞則曰「左右鈞」。數，色主反。純音全。奇，紀宜反。

卒，已也。一純以取者，二算成一純，則取以實於左手，至十純則縮而委之，每委異之，有餘則横諸純下。一筭爲奇，奇則縮諸純下，故曰遂以奇數。賢，謂勝。鈞，猶等也，等則左右手各執一筭以告。鄭氏。

命酌，曰：「請行觴。」酌者曰：「諾。」當飲者皆跪奉觴，曰：「賜灌。」勝者跪，曰：「敬養。」

奉觴曰賜灌，謂當飲者，謝曰「蒙賜灌」也，灌謂飲也。勝者跪執之，曰「敬以養氣體之不足也」。孔氏。

正爵既行，請立馬，馬各直其筭。一馬從二馬，以慶。慶禮曰：「三馬既備，請慶多馬。」賓主皆曰：「諾。」正爵既行，請徹馬。

飲不勝者畢，司射又請爲勝者立馬也。直，當也。一馬從二馬以慶，謂一黨，不必三勝。其一勝者併其馬於再勝者以慶之，惟一勝者不得慶也。鄭氏、孔氏。

筭多少視其坐。籌，室中五扶，堂上七扶，庭中九扶。筭長尺二寸。壺頸修七寸，腹修五寸，口徑二寸半，容斗五升。壺中實小豆焉，爲其矢之躍而出也，壺去席二矢半，矢以柘若棘，毋去其皮。扶，方於反。去上聲。

視其坐，視其所坐之人以計多少也。籌，矢也。鋪四指曰扶，一指按寸，即《春秋傳》三十一年《公羊傳》膚寸而合之扶，五扶則三尺也。室中最狹，故五扶。堂上差寬，故七扶。庭中彌寬，故九扶。鄭氏、孔氏。

魯令弟子辭曰：「毋憮，毋敖，毋偝立，毋踰言！偝立踰言有常爵。」薛令弟子辭曰：「毋憮，毋敖，毋偝立，毋踰言！若是者浮。」憮，好吾切。

魯與薛有時投壺號令其弟子之辭也。憮，大也。敖，慢也。偝立，不正鄉而立也。踰言，或踰位而言也。有常爵，罰以爵也。浮，滿爵也。用鄭氏補。山陰陸氏謂魯同姓之親，薛異姓之親，記魯令著所以待同姓之禮，記薛令著所以待異姓之禮。

鼓：○□○○□□○□○○□。半，○□○□○○○○□□○□○。魯鼓：○□○○

○□□○□○○□□○□○○□□。半，○□○○○□□○。薛鼓：取半以下爲投壺禮，盡用之爲射禮。司射、庭長及冠士立者皆屬賓黨，樂人及使者、童子皆屬主黨。魯鼓：○□○○□□○○半，○□○□○○○○□○□○。薛鼓：○□○○○○□○□○□○○□○□○○□半，○□○□○○○□○。○音圓。□鄭呼爲鼓。

此魯、薛擊鼓之節，每一圜點則一擊鼙，每一方點則一擊鼓。庭長，司正也。冠士，謂外人來觀投壺之成人也。樂人，國子之能爲樂者。鄭氏。

儒行第四十一

魯哀公問於孔子曰：「夫子之服，其儒服與？」孔子對曰：「丘少居魯，衣逢掖之衣；長居宋，冠章甫之冠。丘聞之也，君子之學也博，其服也鄉，丘不知儒服。」與音餘。

逢，大也。掖，袂也。章甫，殷冠名。補。

哀公曰：「敢問儒行？」孔子對曰：「遽數之不能終其物，悉數之乃留更僕，未可終也。」行，去聲。數，色主反。更平聲。

物，猶事也。更僕，謂其説久長，僕侍疲倦，雖更代之，未可終也。更僕，猶《詩》云「緝御」。用孔氏修。

哀公命席，孔子侍，曰：「儒有席上之珍以待聘，夙夜强學以待問，懷忠信以待舉，力行以待取。其自立有如此者。

席上之珍，吕氏謂儒者講學從容乎席上，知所自貴以待天下之用。晏氏謂君子比德於玉，故稱珍焉。方其藏器於身，則玉韞於匱中。及其待時而動，則珍陳於席上，故曰席上之珍以待聘。集。

儒有衣冠中，動作慎；其大讓如慢，小讓如僞；大則如威，小則如愧；其難進而易退也，粥粥若無能也。其容貌有如此者。粥，章六反。

中，動作慎，言衣冠不自異於常人。孔氏。疑謂衣冠中度，動作謹慎。

儒有居處齊難。其坐起恭敬；言必先信，行必中正；道塗不爭險易之利，冬夏不爭陰陽之和；愛其死以有待也，養其身以有爲也。其備豫有如此者。齊，側皆反。難，乃旦反。

齊者，齊莊。難者，恭慎。不爭陰陽之和，謂寒煗不自擇己便而妨人也。用横渠補。

儒有不寶金玉，而忠信以爲寶；不祈土地，立義以爲土地；不祈多積，多文以爲富；難得而易禄也，易禄而難畜也。非時不見，不亦難得乎！非義不合，不亦難畜乎？先勞而後禄，不亦易禄乎！其近人有如此者。樂，五孝切。

祈，求也。鄭氏。

儒有委之以貨財，淹之以樂好，見利不虧其義；劫之以衆，沮之以兵，見死不更其守；鷙蟲攫搏，不程勇者；引重鼎，不程其力；往者不悔，來者不豫；過言不再，流言不極；不斷其威，不習其謀。其特立有如此者。

摶猛引重，不量其勇力之堪與否，當之則往，喻儒者見艱難之事，遇則行之，不豫度量也。往者不悔，事過即化也。來者不豫，事至乃應也。過言不再，改之速也。流言不極，止之力也。威不斷而立，謀不習而成。用鄭氏、孔氏、方氏補。

儒有可親而不可刦也，可近而不可迫也，可殺而不可辱也。其居處不淫，其飲食不溽，其過失可微辨而不可面數也。其剛毅有如此者。

溽，濃厚也。過失不可面數，疑好勝尚氣之言。所貴於儒者，以聞過而改也。呂氏。

儒有忠信以爲甲胄，禮義以爲干櫓，戴仁而行，抱義而處；雖有暴政，不更其所。其自立有如此者。

甲，鎧。胄，兜鍪。干、櫓，小盾、大盾。

儒有一畝之宫，環堵之室；篳門圭窬，蓬户甕牖；易衣而出，并日而食；上答之不敢以疑，上不答不敢以諂。其仕有如此者。窬音豆。

窬，門旁窬，穿牆爲之，上剡如圭。鄭氏。

儒有今人與居，古人與稽；今世行之，後世以爲楷；適弗逢世，上弗援，下弗推，讒諂之民，有比黨而危之者，身可危也，而志不可奪也。雖危，起居竟信其志，猶將不忘百姓之病也。其憂思有如此者。推，昌錐反。比，毗志反。

稽，古説合也，胡氏云考也。上弗援，謂上無援引之者。下弗推，謂下無推進之者。危，謂毁害之也。上下皆不得其應，而讒諂之民反有危害之者。然雖能危吾之居處，而終得以伸吾之志願，猶將不忘百姓之病，所謂思飢猶己飢之者。於此而後足以見憂思，故曰其憂思有如此者。集鄭氏、方氏説。

儒有博學而不窮，篤行而不倦；幽居而不淫，上通而不困；禮之以和爲貴，忠信之美，優游之法；慕賢而容衆，毁方而瓦合。其寬裕有如此者。

幽居，窮也。上通，達也。不淫，言節有守而不至於過。不困，言才有餘而不至於乏。忠信之美，以忠信爲美也。優游之法，以和柔爲法也。毁方，毁去其圭角。瓦合，委曲相合如瓦之覆屋也。

儒有内稱不辟親，外舉不辟怨，程功積事，推賢而進達之，不望其報；君得其志，苟利國家，不求富貴。其舉賢援能有如此者。辟音避。

稱，即舉也。君得其志，謂君欲有爲，所舉之賢能成之，使君得遂其所欲爲之志也。苟利國家，不求富貴，薦賢爲國，不徼賞也。本鄭氏、方氏説。

儒有聞善以相告也，見善以相示也；爵位相先也，患難相死也；久相待也，遠相致也。其任舉有如此者。

相先，猶相讓也。久相待，謂雖久而不忘。遠相致，謂雖遠而不遺。任舉，謂保任薦舉天下之士也。鄭氏、馬氏。

儒有澡身而浴德，陳言而伏；靜而正之，上弗知也；麤而翹之，又不急爲也；不臨深而爲高，不加少而爲多；世治不輕，世亂不沮，同弗與，異弗非也。其特立獨行有如此者。

澡、浴皆喻致潔。陳言而伏，既言而退伏也。靜而正之，惟欲正君而不求名也。上弗知者，雖用心如此而上不見知也。麤而翹之，以事之麤者，微發其端而不急於爲之也。不臨深而爲高，不加少而爲多，據其實有而不增飾表襮也。世治不輕，世亂不沮，不以治而輕爲，不以亂而沮撓也。補。

儒有上不臣天子，下不事諸侯，慎靜而尚寬，强毅以與人，博學以知，服近文章，砥厲廉隅；雖分國如錙銖，不臣不仕。其規爲有如此者。

博學以知，博學而多知也。服近文章，服習親近於文章之事，如威儀之中度，語言之當理皆是也。砥厲廉隅，謂堅節行。砥以平之，厲以峻之；廉謂稜，隅謂角。皆方正刻削而分豪不可紊者也。分國如錙銖，其義未詳。鄭氏謂雖分國以禄之，視之輕如錙銖。錙者，八兩。銖者，權分十黍之重。又鄭氏以後諸家皆以博學以知服五字爲句，惟吕氏、陸氏以博學以知爲句，今從之。補。竊謂分國如錙銖，謂雖毫髮必與之共，亦不輕受也。

儒有合志同方，營道同術；並立則樂，相下不厭；久不相見，聞流言不信。其行本方立義，同而進，不同而退。其交友有如此者。樂音洛。下，户嫁反。厭，於艷反。

方，向嚮也，同志嚮也。營道者，經營道藝。同術者，同學術也。並立則樂，謂無忌心。相下不厭，謂有遜志。久不相見，聞流言不信，謂相信之篤，不爲讒言所動。本方，本於方正。用方氏修。

温良者，仁之本也；敬慎者，仁之地也；寬裕者，仁之作也；孫接者，仁之能也；禮節者，仁之貌也；言談者，仁之文也；歌樂者，仁之和也；分散者，仁之施也。儒皆兼此而有之，猶且不敢言仁也。其尊讓有如此者。

仁之本者，可與爲仁；仁之地者，可與行仁；其規模寬裕，則稱仁之動作；其與人遜接，則習仁之能事。吕氏。

儒有不隕獲於貧賤，不充詘於富貴，不慁君王，不累長上，不閔有司，故曰儒。今衆人之命儒也妄，常以儒相詬病。」孔子至舍，哀公館之，聞此言也，言加信，行加義，「終没吾世，不敢以儒爲戲」。妄音亡，以妄常爲句，今如字，以妄字爲句。

隕獲，困迫失志之貌，充詘，喜溢失節之貌。慁，猶辱。累，猶係。閔，猶病。言不取辱於君，上不累及於長上，下不被明刑而見閔於有司，此故謂之儒。今之名爲儒者，非真儒，故常爲人所詬病。鄭氏、晏氏。

卷二十八

讀禮記十五

大學第四十二

程氏謂《大學》乃孔子遺書。初學入德之門，無如《大學》者。至晦菴先生表章《四書》，遂以《大學》爲稱首。然其詮次皆與記禮元書不同。明道以「《康誥》曰」以後釋明字、新字、止字者，聯於首章「明德、新民、止至善」三語之下，然後及「古之欲明明德」一章。又然後以所謂誠意以後節節釋之。伊川移「古之欲明明德」一章於前，然後及「《康誥》」曰一章。至晦菴先生定爲《大學章句》，亦與程氏微不同。自修身一章以後，程氏嘗移易者，今悉仍舊，而今舉世之所誦習者，惟《章句》也。謹先録記禮本文以存古昔，然後抄《章句》於其後，以便誦習云。

大學之道，在明明德，在親民，在止於至善。知止而后有定，定而后能靜，靜而后能安，安而后能慮，慮而后能得。物有本末，事有終始，知所先後，則近道矣。古之欲明明德於天下者，先治其國；欲治其國者，先齊其家；欲齊其家者，先修其身；欲修其身者，先正其心；欲正其心者，先誠其意；欲誠其意者，先致其知；致知在格物。物格而后知至，知至而后意誠，意誠而后心正，心正而后身修，身修而后家齊，家齊而后國治，國治而后天下平。自天子以至於庶人，壹是皆以修身爲本。其本亂而末治者否矣，其所厚者薄而其所薄者厚，未之有也。此謂知本，此謂知之至也。

所謂誠其意者，毋自欺也。如惡惡臭，如好好色，此之謂自謙。故君子必慎其獨也。小人閑居爲不善，無所不至，見君子而後厭然，揜其不善而著其善。人之視己，如見其肺肝，然則何益矣？此謂誠於中，形於外，故君子必慎其獨也。曾子曰：「十目所視，十手所指，其嚴乎！」富潤屋，德潤身，心廣體胖，故君子必誠其意。《詩》云「瞻彼淇澳，菉竹猗猗。有斐君子，如切如磋，如琢如磨。瑟兮僩兮，赫兮喧兮。有斐君子終不可諠兮」。如切如磋者，道學也；如琢如磨者，自修也。瑟兮僩兮者，恂慄也；赫兮喧兮者，威儀也。有斐君子終不可諠兮者，道盛德至，善民之不能忘也。《詩》云「於戲！前王不忘」。君子賢其賢而親其親，小人樂其樂而利其利，此以没世不忘也。《康誥》曰「克明德」。《大甲》曰「顧諟天之明命」。《帝典》曰「克明峻德」。皆自明也。湯之盤銘曰「苟日新，日日新，又日新」。《康誥》曰「作新民」。《詩》曰「周雖舊邦，其命惟新」。是故君子無所不用其極。《詩》云「邦畿千里，惟民所止」。《詩》云「緡蠻黄鳥，止於丘隅」。子曰：「於止，知其所止，可以人而不如鳥乎！」《詩》云「穆穆文王，於緝熙敬止」！爲人君止於仁，爲人臣止於敬，爲人子止於孝，爲人父止於慈，與國人交止於信。

子曰：「聽訟，吾猶人也，必也使無訟乎！」無情者不得盡其辭。大畏民志，此謂知本。所謂修身在正其心者，身有所忿懥，則不得其正；有所恐懼，則不得其正；有所好樂，則不得其正；有所憂患，則不得其正。心不在焉，視而不見，聽而不聞，食而不知其味。此謂修身在正其心。所謂齊其家在修其身者，人之其所親愛而辟焉，之其所賤惡而辟焉，之其所畏敬而辟焉，之其所哀矜而辟焉，之其所敖惰而辟焉。故好而知其惡，惡而知其美者，天下鮮矣。故諺有之曰：「人莫知其子之惡，莫知其苗之碩。」此謂身不修不可以齊其家。所謂治國必先齊其家者，其家不可教而能教人者無之。故君子不出家而成教於國。孝者，所以事君也；弟者，所以事長也；慈者，所以使衆也。《康誥》曰「如保赤子」。心誠求之，雖不中，不遠矣。未有學養子而后嫁者也。一家仁，一國興仁；一家讓，一國興讓；一人貪戾，一國作亂。其機如此。此謂一言僨事，一人定國。堯、舜率天下以仁，而民從之；桀、紂率天下以暴，而民從之。其所令反其所好，而民不從。是故君子有諸己而后求諸人，無諸己而后非諸人。所藏乎身不恕而能喻諸人者，未之有也。故治國在齊其家。《詩》云「桃之夭夭，其葉蓁蓁；之子於歸，宜其家人」。宜其家人而后可以教國人。《詩》云「宜兄宜弟」。宜兄宜弟，而后可以教國人。《詩》云「其儀不忒，正是四國」。其爲父子兄弟足法，而后民法之也。此謂治國在齊其家。

所謂平天下在治其國者，上老老而民興孝，上長長而民興弟，上恤孤而民不倍。是以君子有絜矩之道也。所惡於上，毋以使下；所惡於下，毋以事上；所惡於前，毋以先後；所惡於後，毋以從前；所惡於右，毋以交於左；所惡於左，毋以交於右。此之謂絜矩之道。《詩》云「樂只君子，民之父母」。民之所好，好之；民之所惡，惡之。此之謂民之父母。《詩》云「節彼南山，維石巖巖。赫赫師尹，民具爾瞻」。有國者不可以不慎，辟則爲天下僇矣。《詩》云「殷之未喪師，克配上帝。儀監於殷，峻命不易」。道得衆則得國，失衆則失國。是故君子先慎乎德。

有德此有人，有人此有土，有土此有財，有財此有用。德者本也，財者末也。外本内末，爭民施奪，是故財聚則民散，財散則民聚。是故言悖而出者，亦悖而入；貨悖而入者，亦悖而出。《康誥》曰「惟命不于常」。道善則得之，不善則失之矣。《楚書》曰「楚國無以爲寶，惟善以爲寶」。舅犯曰「亡人無以爲寶，仁親以爲寶」。《秦誓》曰：「若有一介臣，斷斷兮無他技，其心休休焉，其如有容焉。人之有技，若己有之；人之彦聖，其心好之，不啻若自其口出；寔能容之，以能保我子孫黎民。尚亦有利哉！人之有技，媢疾以惡之；人之彦聖，而違之俾不通；寔不能容，以不能保我子孫黎民。亦曰殆哉！」唯仁人放流之，迸諸四夷，不與同中國。此謂唯仁人爲能愛人，能惡人。見賢而不能舉，舉而不能先，命也。見不善而不能退，退而不能遠，過也。好人之所惡，惡人之所好，是謂拂人之性，菑必逮夫身。是故君子有大道，必忠信以得之，驕泰以失之。生財有大道，生之者衆，食之者寡，爲之者疾，用之者舒，則財恒足矣。仁者以財發身，不仁者以身發財。未有上好仁而下不好義者也。未有好義其事不終者也，未有府庫財非其財者也。孟獻子曰「畜馬乘不察於雞豚，伐冰之家不畜牛羊，百乘之家不畜聚斂之臣。與其有聚斂之臣，寧有盜臣」。此謂國不以利爲利，以義爲利也。長國家而務財用者，必自小人矣。彼爲善之，小人之使爲國家，菑害並至。雖有善者，亦無如之何矣。此謂國不以利爲利，以義爲利也。

右《禮記》元本。

大學章句序

大學之書，古之大學所以教人之法也。蓋自天降生民，則既莫不與之以仁義禮智之性矣【一】。然其氣質之禀或不能齊，是以不能皆有以知其性之所有而全之也。一有聰明睿智能盡其性者出於其間，則天必命之以爲億兆之君師，使之治而教之，以復其性。此伏羲、神農、黄帝、堯、舜所以繼天立極，而司徒之職，典樂之官所由設也。三代之隆，其法寖備，然後王宫、國都以及閭巷，莫不有學。人生八歲，則自王公以下，至於庶人之子弟皆入小學，而教之以洒掃應對進退之節，禮樂射御書數之文；及其十有五年，則自天子之元

【一】則既莫不與之以仁義禮智之性矣 「矣」字原脱，據朱熹《大學章句集注》補。

子、衆子以至公、卿、大夫、元士之適子與凡民之俊秀，皆入大學，而教之以窮理、正心、修己、治人之道。此又學校之教，大小之節所以分也。夫以學校之設，其廣如此，教之之術，其次第節目之詳又如此，而其所以爲教，則又皆本之人君躬行心得之餘，不待求之民生日用彝倫之外，是以當世之人無不學。其學焉者無不有以知其性分之所固有，職分之所當爲，而各俛焉以盡其力。此古昔盛時所以治隆於上，俗美於下，而非後世之所能及也！

及周之衰，賢聖之君不作，學校之政不修，教化陵夷，風俗頽敗，時則有若孔子之聖，而不得君師之位以行其政教，於是獨取先王之法，誦而傳之以詔後世。若《曲禮》、《少儀》、《内則》、《弟子職》諸篇，固小學之支流餘裔，而此篇者，則因小學之成功，以著大學之明法，外有以極其規模之大，而内有以盡其節目之詳者也。三千之徒，蓋莫不聞其説，而曾氏之傳獨得其宗，於是作爲傳義，以發其意。及孟子没而其傳泯焉，則其書雖存，而知者鮮矣！

自是以來，俗儒記誦詞章之習，其功倍於小學而無用；異端虚無寂滅之教，其高過於大學而無實。其他權謀術數，一切以就功名之説，與夫百家衆技之流，所以惑世誣民、充塞仁義者，又紛然雜出於其間。使其君子不幸而不得聞大道之要，其小人不幸而不得蒙至治之澤，晦盲否塞，反覆沉痼，以及五季之衰，而壞亂極矣！

天運循環，無往不復。宋德隆盛，治教休明。於是河南程氏兩夫子出，而有以接乎孟氏之傳。實始尊信此篇而表章之，既又爲之次其簡編，發其歸趣，然後古者大學教人之法、聖經賢傳之指，粲然復明於世。雖以熹之不敏，亦幸私淑而與有聞焉。顧其爲書猶頗放失，是以忘其固陋，采而輯之，間亦竊附己意，補其闕略，以俟後之君子。極知僭踰，無所逃罪，然於國家化民成俗之意，學者修己治人之方，則未必無小補云。淳熙己酉二月甲子，新安朱熹序。

大學大舊音泰，今讀如字。

朱熹章句

子程子曰：「《大學》，孔氏之遺書，而初學入德之門也。」於今可見古人爲學次第者，獨賴此篇之存，而《論》、《孟》次之。學者必由是而學焉，則庶乎其不差矣。

大學之道，在明明德，在親民，在止於至善。

程子曰：親當作新。大學者，大人之學也。明，明之也。明德者，人之所得乎天，而虚靈不昧，以具衆理而應萬事者也。但爲氣稟所拘，人欲所蔽，則有時而昏；然其本體之明，則有未嘗息者。故學者當因其所發而遂明之，以復其初也。新者，革其舊之謂也，言既自明其明德，又當推以及人，使之亦有以去其舊染之污也。止者，必至於是而不遷之意。至善，則事理當然之極也。言明明德、新民，皆當至於至善之地而不遷。蓋必其有以盡夫天理之極，而無一毫人欲之私也。此三者，大學之綱領也。

《或問》在明明德，在親民，在止於至善，曰：天道流行，發育萬物，其所以爲造化者，陰陽五行而已。而所謂陰陽五行者，又必有是理而後有是氣，及其生物，則又必因是氣之聚，而後有是形。故人物之生，必得是理，然後有以爲健。順仁義禮智之性，必得是氣，然後有以爲魂魄、五藏、百骸之身。周子所謂無極之真，二五之精妙，合而凝者，正謂是也。然以其理而言之，則萬物一原，固無人物貴賤之殊，以其氣而言之，則得其正且通者爲人，得其偏且塞者爲物，是以或貴或賤而不能齊也。彼賤而爲物者，既梏於形氣之偏塞，而無以充其本體之全矣。唯人之生乃得其氣之正且通者，而其性爲最貴。故其方寸之間虛靈洞徹，萬理咸備，蓋其所以異於禽獸者，正在於此，而其所以可爲堯、舜而能參天地以贊化育者，亦不外焉是，則所謂明德者也。

然其通也，或不能無清濁之異；其正也，或不能無美惡之殊。故其所賦之質，清者智，而濁者愚；美者賢，而惡者不肖。又有不能同者，必其上智大賢之資，乃能全其本體而無少不明。其有不及乎此，則其所謂明德者，已不能無蔽而失其全矣。況乎又以氣質有蔽之心，接乎事物無窮之變，則其目之欲色，耳之欲聲，口之欲味，鼻之欲臭，四肢之欲安佚，所以害乎其德者，又豈可勝言也哉！二者相因，反覆深固，是以此德之明日益昏昧，而此心之靈其所知者，不過情欲利害之私而已。是則雖曰有人之形，而實何以遠於禽獸？雖曰可以爲堯、舜而參天地，而亦不能有以自充矣。然而本明之體，得之於天，終有不可得而昧者，是以雖其昏蔽之極，而介然之頃一有覺焉，則即此空隙之中，而其本體已洞然矣。是以聖人施教，既已養之於小學之中，而後開之以大學之道。其必先之以格物致知之説者，所以使之即其所養之中，而因其所發以啓其明之之端也。繼之以誠意、正心、修身之目者，則又所以使之因其已明之端而反之於身，以致其明之之實也。夫既有以啓其明之之端，而又有以致其明之之實，則吾之所得於天而未嘗不明者，豈不超然無有氣質物欲之累而復得其本體之全哉！是則所謂明明德者，而非有所作爲於性分之外也。

然其所謂明德者，則又人之所同得，而非有我之得私也。向也俱爲物欲之所蔽，則其賢愚之分，固無以大相遠者。今吾既幸有以自明矣，則視彼衆人之同得乎此，而不能自明者，方且甘心迷惑，没溺於卑污苟賤之中而不自知也，豈不爲之惻然而思，有以救之哉？故必推吾所自明者，以及之始於齊家，中於治國，而終及於平天下，使彼有是明德而不能自明者，亦皆有以自明而去其舊染之污焉。是則所謂新民者，而亦非有所付畀增益之也。然德之在己而當明，與其在民而當新者，則又皆非人力之所爲，而吾之所以明而新之者，又非可以私意苟且而爲也。是其所以得之於天，而見於日用之間者，固已莫不各有本然一定之則。程子所謂以其義理精微之極，有不可得而名者，故姑以至善目之而傳。所謂君之仁，臣之敬，子之孝，父之慈，與人交之信，乃其目之大者也。

衆人之心固莫不有是，而或不能知學者，雖或知之，而亦鮮能必至於是而不去。此爲大學之教者，所以慮其理雖粗復而有不純己，雖粗克而有不盡，且將無以盡未修己治人之道。故必指是而言，以爲明德、新民之標的也。欲明德而新民者，誠能求以至是，而不容其少有過不及之差焉。則其所以去人欲而復天理者，無毫髮之遺恨矣。大抵《大學》一篇之指，總而言之，不出乎八事，而八事之要，總而言之又不出乎此三者。此愚所以斷然以爲《大學》之綱領而無疑也。

知止而后有定，定而后能靜，靜而后能安，安而后能慮，慮而后能得。后與後同，後放此。

止者，所當止之地，即至善之所在也。知之，則志有定向。靜，謂心不妄動，安，謂所處而安，慮，謂處事精詳，得，謂得其所止。

《或問》此章曰：此推本上文之意，言明德、新民所以止於至善之由也。蓋明德、新民固皆欲其止於至善，然非先有以知夫至善之所在，則不能有以得其所當止者而止之，如射者固欲其中夫正鵠，然不先有以知其正鵠之所在，則不能有以得其所當中者而中之也。知止者，物格知至，而於天下之事皆有以知其至善之所在，是則吾所當止之地也。能知所止，則方寸之間事事物物皆有定理矣。理既有定，則無以動其心而能靜矣。心既能靜，則無所擇於地而能安矣。能安則日用之間從容閑暇，事至物來，有以揆之而能慮矣。能慮則隨事觀理，極深研幾，無不各得其所止之地而止之矣。其間四節，蓋亦推言其所以然之，故有此四者，非實有等級之相懸，爲終身經歷之次序也。

物有本末，事有終始，知所先後，則近道矣。

明德爲本，新民爲末。知止爲始，能得爲終。本始所先，末終所後。此結上文兩節之意。

古之欲明明德於天下者，先治其國；欲治其國者，先齊其家；欲齊其家者，先修其身；欲修其身者，先正其心；欲正其心者，先誠其意；欲誠其意者，先致其知；致知在格物。治，平聲，後放此。

明明德於天下者，使天下之人皆有以明其明德也。心者，身之所主也。誠，實也。意者，心之所發也。實其心之所發，欲其一於善而無自欺也。致，推極也。知，猶識也。推極吾之知識，欲其所知無不盡也。格，至也。物，猶事也。窮至事物之理，欲其極處無不到也。此八者大學之條目也。

《或問》此章曰：此言大學之序，其詳如此。蓋綱領之條目也。格物致知，誠意、正心、修身者，明明德之事也；齊家、治國、平天下者，新民之事也。格物致知，所以求知至善之所在。自誠意以至於平天下，所以求得夫至善而止之也。所謂明明德於天下者，自明其明德而推以新民，使天下之人皆有以明其明德也。人皆有以明其明德，則各誠其意，各正其心，各修其身，各親其親，各長其長，而天下無不平矣。然天下之本在國，故欲平天下者，必先有以治其國。國之本在家，故欲治國者，必先有以齊其家。家之本在身，故欲齊家者，必先有以修其身。至於身之主則心也，一有不得其本然之正，則身無所主。雖欲勉强以修之，亦不可得而修矣。故欲修身者，必先有以正其心，而心之所發則意也，一有私欲雜乎其中，而爲善去惡或有未實，則心爲所累，雖欲勉强以正之，亦不可得而正矣。故欲正心者必先有以誠其意，若夫知，則心之神明妙衆理而宰萬物者也。人莫不有而或不能使其表裏洞然無所不盡，則隱微之間，真妄錯雜，雖欲勉强以誠之，亦不可得而誠矣。故欲誠意者，必先有以致其知，致者推致之謂，如喪致乎哀之致，言推之而至於盡也。至於天下之物，則必各有所以然之故，與其所當然之則，所謂理也。人莫不知而或不能使其精粗隱顯究極無餘，則理所未窮，知必有蔽。雖欲勉强以致之，亦不可得而致矣。故致知之道在乎即事觀理，以格夫物。格者，極至之謂，如格于文祖之格。言窮之而至其極也。此《大學》之條目，聖賢相傳，所以教人爲學之次第，至爲纖悉。

物格而后知至，知至而后意誠，意誠而后心正，心正而后身修，身修而后家齊，家齊而后國治，國治而后天下平。治去聲，後放此。

物格者，物理之極處無不到也。知至者，吾心之所知無不盡也。知既盡則意可得而實矣，意既實則心可得而正矣。修身以上明明德之事也，齊家以下，新民之事也。物格知至則知所止矣，意誠以下則皆得所止之序也。

《或問》此章曰：此覆説上文之意也。物格者，事物之理各有以詣其極而無餘之謂也。理之在物者，既詣其極而無餘，則知之在我者亦隨所詣而無不盡矣。知無不盡，則心之所發能一於理而無自欺矣。意不自欺，則心之本體物不能動而無不正矣。心得其正，則身之所處不至陷於所偏而無不修矣。身無不修，則推之天下、國家亦舉而措之耳。豈外此而求之智謀功利之末哉？愚按晦菴之説既行，異端之辯交起，皆所不問。惟以格物爲格去外物，其説本於大賢温公。或者宗之以格鬭爲證，後學不能無疑。愚謂格之義皆至也，格於皇天，上至於天也；格汝舜，舜來至於前也；七旬有苗格，有苗至於中國也；惟先格王，先王有極至之德也。若格鬭去者，亦正以兩人親手而鬭，彼此擊刺，皆至其身，非有間隔其間，故謂之格。安得以格鬭爲格去外物之證哉？若曰格去外物，當用間隔，不當用感格之格。武夷胡氏既以格爲格式，廬陵胡氏又以格有三義。謹按格式之格亦以法制於是而極，所謂規矩方圓之至也。一以《論語》有恥且格爲證，不思格乃感格與吾無間隔，是亦至也。

自天子以至於庶人，壹是皆以修身爲本。

壹是，一切也。正心以上，皆所以修身也；齊家以下，則舉此而錯之耳。

其本亂而末治者否矣，其所厚者薄，而其所薄者厚，未之有也。

本，謂身也。所厚，謂家也。此兩節結上文兩節之意。右經一章，蓋孔子之言，而曾子述之。凡二百五字。其傳十章，則曾子之意而門人記之也。舊本頗有錯簡，今因程子所定，更考經文，别爲序次如左。凡千五百四十六字。凡傳文，雜引經傳，若無統紀，然文理接續，血脉貫通，深淺始終，至爲精密。熟讀詳味，久當見之，今不盡釋也。

《康誥》曰「克明德」。

《康誥》，《周書》。克，能也。

《大甲》曰「顧諟天之明命」。大讀作泰。諟古是字。

《大甲》，商書。顧，謂常自在之也。諟，猶此也。或曰審也。天之明命，即天之所以與我，而我之所以爲德者也，常自在之，則無時不明矣。

《帝典》曰「克明峻德」。峻，《書》作俊。

《帝典》，《堯典》，《虞書》。峻，大也。

皆自明也。

結所引《書》，皆言自明己德之意。

右傳之首章釋明明德。此通下三章至止於信。舊本誤在没世不忘之下。

湯之盤銘曰「苟日新，日日新，又日新」。

盤，沐浴之盤也。銘，名其器以自警之辭也。苟，誠也。湯以人之洗濯其心以去惡，如沐浴其身以去垢。故銘其盤，言誠能一日有以滌其舊染之污而自新，則當因其已新者，而日日新之，又日新之，不可略有間斷也。

《康誥》曰「作新民」。

鼓之舞之之謂作，言振起其自新之民也。

《詩》曰「周雖舊邦，其命惟新」。

《詩・大雅・文王》之篇，言周國雖舊，至文王能新其德，以及於民，而始受天命也。《語録》曰：新民之極，和天命也新。

是故君子無所不用其極。

自新新民，皆欲止於至善也。

右傳之二章釋新民。

《或問》謂盤銘言自新也。《康誥》言新民也。《文王》之詩，自新新民之極也。極，即至善之云也。

《詩》云「邦畿千里，惟民所止」。

《詩・商頌・玄鳥》之篇。邦畿，王者之都也。止，居也。言物各有當止之處也。

《詩》云「緡蠻黄鳥，止於丘隅」。子曰：「於止，知其所止，可以人而不如鳥乎！」緡，《詩》作綿。

《詩・小雅・綿蠻》之篇。緡蠻，鳥聲。丘隅，岑蔚之處。子曰以下，孔子説詩之辭，言人當知所當止之處也。

《詩》云「穆穆文王，於緝熙敬止！」爲人君止於仁，爲人臣止於敬，爲人子止於孝，爲人父止於慈，與國人交，止於信。於緝之於，音烏。

《詩・文王》之篇。穆穆，深遠之意。於，歎美辭。緝，繼續也。熙，光明也。敬止，言其無不敬而安所止也。引此而言聖人之止無非至善。五者乃其目之大者也。學者於此究其精微之蘊，而又推類以盡其餘，則於天下之事，皆有以知其所止而無疑矣。

《詩》云「瞻彼淇澳，菉竹猗猗。有斐君子，如切如磋，如琢如磨。瑟兮僩兮，赫兮喧兮。有斐君子，終不可諠兮」。如切如磋者，道學也；如琢如磨者，自修也；瑟兮僩兮者，恂慄也；赫兮喧兮者，威儀也；有斐君子，終不可諠兮者，道盛德至善，民之不能忘也。澳，於六反。菉《詩》作緑。猗叶韻，音阿。僩，下板反。喧《詩》作咺。諠，《詩》作諼，並況晚反。恂，鄭氏讀作峻。

《詩·衛風·淇澳》之篇。淇，水名。澳，隈也。猗猗，美盛貌，興也。斐，文貌。切，以刀鋸。琢，以椎鑿。皆裁物使成形質也。磋以鑢鍚。磨以沙石。皆治物使其滑澤也。治骨角者，既切而復磋之，治石玉者，既琢而復磨之，皆言其治之有緒而益致其精也。瑟，嚴密之貌。僩，武毅之貌。赫喧，宣著盛大之貌。諠，忘也。道，言也。學，謂講習討論之事。自修者，省察克治之功。恂慄，戰懼也。威，可畏也。儀，可象也。引《詩》而釋之，以明明德者之止於至善。道學自修，言其所以得之之由。恂慄威儀，言其德容表裏之盛，卒乃指其實而嘆美之也。

《詩》云「於戲前王不忘」！君子賢其賢而親其親，小人樂其樂而利其利。此以没世不忘也。於戲音烏呼。樂音洛。

《詩·周頌·烈文》之篇。於戲，歎辭。前王謂文、武也。君子，謂其後賢後王。小人，謂後民也。此言前王所以新民者止於至善。能使天下後世無一物不得其所，所以既没世而人思慕之，愈久而不忘也。此兩節咏嘆淫泆，其味深長，當熟玩之。

右傳之三章，釋止於至善。此章内自引《淇澳》詩以下，舊本誤在誠意章下。

子曰：「聽訟，吾猶人也，必也使無訟乎！」無情者不得盡其辭，大畏民志。此謂知本。

猶人，不異於人也。情，實也。引夫子之言，聖人能使無實之人不敢盡其虚誕之辭。蓋我之明德既明，自然有以畏服民之心志，故訟不待聽而自無也。觀於此言，可以知本末之先後矣。

右傳之四章，釋本末。此章舊本誤在「止於信」下。

《或問》謂此章之下有闕文焉。

此謂知本。

程子曰：衍文也。

此謂知之至也。

此句之上别有闕文，此特其結語耳。右傳之五章，蓋釋格物、致知之義，而今亡矣。此章舊本通下章，誤在經文之下。間嘗竊取程子之意以補之曰：所謂致知在格物者，言欲致吾之知在即物而窮其理也。蓋人心之靈莫不有知，而天下之物莫不有理，惟於理有未窮，故其知有不盡也。是以大學始教，必使學者即凡天下之物，莫不因其已知之理，而益窮之以求至乎其極。至於用力之久，而一旦豁然貫通焉，則衆物之表裏精粗無不到，而吾心之全體大用無不明矣。此謂格物，此謂知之至也。愚按《大學》自二程先生更定，至晦菴先生《章句》益精矣。獨所謂傳之四章，自聽訟吾猶人以下，釋本末云「下有闕文」。傳之五章，釋致知云「上有闕文。」是於功夫次第大備之間，猶有文字闕失未滿之恨也。辛酉歲見董丞相槐行實載此章，謂經本無闕文，此特錯簡之釐正未盡者耳。首章明德、新民、至善三句綱領之下，即繼以欲明明德以下條目八事之詳，此經也。自知止而后有定，定而后能靜，靜而后能安，安而后能慮，慮而後能得。物有本末，事有終始，知所先後則近道矣。此謂知本。子曰「聽訟，吾猶人也，必也使無訟乎！」無情者不得盡其辭。大畏民志，此謂知本，此謂知之至也。右正係釋致知在格物，不待別補。今錯在首章三句之下耳。

所謂誠其意者：毋自欺也，如惡惡臭，如好好色，此之謂自謙，故君子必慎其獨也。

好、惡上字皆去聲。謙讀爲慊，苦劫反。

誠其意者，自修之首也。毋者，禁止之辭。自欺云者，知爲善以去惡，而心之所發有未實也。慊，快也，足也。獨者，人所不知而己所獨知之地也。言欲自修者，知爲善以去其惡，則當實用其力，而禁止其自欺，使其惡惡則如惡惡臭，好善則如好好色，皆實決去，而求必得之，以自快足於己，不可徒苟且以徇外而爲人也。然其實與不實，蓋有他人所不及知而己獨知之者，故必謹之於此以審其幾焉。

小人閒居爲不善，無所不至，見君子而后厭然，揜其不善，而著其善。人之視己，如見其肺肝然，則何益矣。此謂誠於中，形於外，故君子必慎其獨也。閒音閑。厭，鄭讀爲黡。

閒居，獨處也。厭然，銷沮閉藏之貌。此言小人陰爲不善，而陽欲揜之，則是非不知善之當爲與惡之當去也；但不能實用其力以至此耳。然欲揜其惡而卒不可揜，欲詐爲善而卒不可詐，則亦何益之有哉！此君子重以爲戒，而必謹其獨也。

曾子曰：「十目所視，十手所指，其嚴乎！」

引此以明上文之意，言雖幽獨之中，而其善惡之不可揜如此，可畏之甚也。趙氏《纂統》曰：《語録》曰此承上文人之視己如見其肺肝之意。不可謂人不知，人曉然共見如此。

富潤屋，德潤身，心廣體胖，故君子必誠其意。胖，步丹反。

胖，安舒也。言富則能潤屋矣，德則能潤身矣。故心無愧怍，則廣大寬平而體常舒泰，德之潤身者然也。蓋善之實於中，而形於外者如此，故又言此以結之。

右傳之六章，釋誠意。經曰「欲誠其意，先致其知」。又曰「知至而后意誠」。蓋心體之明有所未盡，則其所發必有不能實用其力，而苟焉以自欺者。然或己明而不謹乎此，則其所明又非己有，而無以爲進德之基。故此章之指，必承上章而通考之，然後有以見其用力之始終，其序不可亂，而功不可闕如此云。

《或問》六章之指，其詳猶有可得而言者耶？曰：天下之道二，善與惡而已矣。然揆厥所元而循其次第，則善者天命所賦之本然，惡者物欲所生之邪穢也。是以人之常性，莫不有善而無惡，其本心莫不好善而惡惡。然既有是形體之累，而又爲氣稟之拘，是以物欲之私得以蔽之，而天命之本然者不得而著。其於事物之理，固有懵然不知其善惡之所在者，亦有僅識其粗而不能真知其可好可惡之極者。夫不知善之真可好，則其好善也雖曰好之，而未能無不好者以拒之於内；不知惡之真可惡，則其惡惡也雖曰惡之，而未能無不惡者以挽之於中。是以不免於苟焉以自欺，而意之所發有不誠者。夫好善而不誠，則非唯不足以爲善，而反有以賊乎其善；惡惡而不誠，則非唯不足以去惡，而適所以長乎其惡。是則其爲害也，徒有甚焉，而何益之有哉！聖人於此蓋有憂之，故爲大學之教，而必首之以格物致知之目，以開明其心術，使既有以識夫善惡之所在，與其可好可惡之必然矣。至此而復進之以必誠其意之説焉，則又欲其謹之於幽獨隱微之奥，以禁止其苟且自欺之萌。而凡其心之所發，如曰好善，則必由中及外，無一毫之不好也。如曰惡惡，則必由中及外，無一毫之不惡也。夫好善而中無不好，則是其好之也，如好好色之真，欲以快乎己之目，初非爲人而好之也。惡惡而中無不惡，則其惡之也，如惡惡臭之真，欲以足乎己之鼻，初非爲人而惡之也。所發之實既如此矣，而須臾之頃，纖芥之微，念念相承，又無敢有少間斷焉。則庶乎内外昭融，表裏澄徹，而心無不正，身無不修矣。若彼小人幽隱之間，實爲不善，而猶欲外托於善以自蓋。則亦不可謂其全然不知善惡之所在，但以不知其真可好惡，而又不能謹之於獨，以禁止其苟且自欺之萌，是以淪陷至於如此而不自知耳。此章之説其詳如此，是固宜爲自修之先務矣。

所謂修身在正其心者，身有所忿懥，則不得其正；有所恐懼，則不得其正；有所好樂，則不得其正；有所憂患，則不得其正。忿，弗粉反。懥，敕值反。好、樂並去聲。

程子曰「身有之身當作心」。忿懥，怒也。蓋是四者皆心之用，而人所不能無者。然一有之而不能察，則欲動情勝，而其用之所行，或不能不失其正矣。

心不在焉，視而不見，聽而不聞，食而不知其味。

心有不存，則無以檢其身。是以君子必察乎此而敬以直之，然後此心常存而身無不修也。

此謂修身在正其心。

右傳之七章。釋正心修身。此亦承上章以起下章。蓋意誠則真無惡而實有善矣，所以能存是心以檢其身。然或但知誠意，而不能密察此心之存否，則又無以直内而修身也。自此以下並以舊文爲正。

所謂齊其家在修其身者，人之其所親愛而辟焉，之其所賤惡而辟焉，之其所畏敬而辟焉，之其所哀矜而辟焉，之其所敖惰而辟焉。故好而知其惡，惡而知其美者，天下鮮矣。辟，讀爲僻。惡而之惡，敖、好並去聲。鮮上聲。

人，謂衆人。之，猶於也。辟，猶偏也。五者在人本有當然之則。然常人之情唯其所向而不加審焉，則必陷於一偏，而身不修矣。

故諺有之曰「人莫知其子之惡，莫知其苗之碩」。諺音彦。碩叶韻，時若反。

諺，俗語也。溺愛者不明，貪得者無厭。是則偏之爲害，而家之所以不齊也。

此謂身不修，不可以齊其家。

右傳之八章。釋修身齊家。

所謂治國必先齊其家者，其家不可教而能教人者，無之，故君子不出家而成教於國。孝者，所以事君也；弟者，所以事長也；慈者，所以役衆也。弟去聲。長上聲。

身修，則家可教矣；孝、弟、慈，所以修身而教於家者也；然而國之所以事君，事長、使衆之道不外乎此。所以家齊於上，而教成於下也。

《康誥》曰「如保赤子」，心誠求之，雖不中不遠矣。未有學養子而后嫁者也。中去聲。

此引書以釋之，又明立教之本不假强爲，在識其端而推廣之耳。

一家仁，一國興仁；一家讓，一國興讓；一人貪戾，一國作亂。其機如此。此謂一言僨事，一人定國。僨音奮。

一人，謂君也。機，發動所由也。僨，覆敗也。此言教成於國之效。

堯、舜帥天下以仁，而民從之；桀、紂帥天下以暴，而民從之。其所令反其所好，而民不從。是故君子有諸己而后求諸人，無諸己而后非諸人。所藏乎身，不恕而能喻諸人者，未之有也。好去聲。

此又承上文一人定國而言。有善於己，然後可以責人之善；無惡於己，然後可以正人之惡。皆推己以及人，所謂恕也。不如是，則所令反其所好，而民不從矣。喻，曉也。

故治國在齊其家。

通結上文。

《詩》云「桃之夭夭，其葉蓁蓁。之子於歸，宜其家人」。宜其家人而后可以教國人。

夭平聲。蓁音臻。

《詩·周南·桃夭》之篇。夭夭，少好貌。蓁蓁，美盛貌，興也。之子，猶言是子，此指女子之嫁者而言也，婦人謂嫁曰歸。宜，猶善也。《纂疏》曰：《詩傳》曰宜者，和順之意。

《詩》云「宜兄宜弟」。宜兄宜弟而后可以教國人。

《詩·小雅·蓼蕭》篇。

《詩》云「其儀不忒，正是四國」。其爲父子、兄弟足法而后民法之也。

《詩·曹風·鳲鳩》篇。忒，差也。

此謂治國在齊其家。

此三引《詩》皆以咏嘆上文之事，而又結之如此。其味深長，最宜潛玩。

右傳之九章，釋齊家治國。

所謂平天下在治其國者，上老老而民興孝，上長長而民興弟，上恤孤而民不倍。是以君子有絜矩之道也。長上聲。弟去聲。倍與背同。絜，胡結反。

老老，謂老吾老也。興，謂有所感發而興起也。孤者，幼而無父之稱。絜，度也。矩，所以爲方也。言此三者，上行下效，捷於影響，所謂家齊而國治也。亦可以見人心之所同，而不可使有一夫之不獲矣。是以君子必當因其所同，推以度物，使彼我之間各得分願，則上下四旁均齊方正而天下平矣。

所惡於上，毋以使下；所惡於下，毋以事上；所惡於前，毋以先後；所惡於後，毋以從前；所惡於右，毋以交於左；所惡於左，毋以交於右。此之謂絜矩之道。惡、先並去聲。

此覆解上文「絜矩」二字之義，如不欲上之無禮於我，則必以此度下之心，而亦不敢以此無禮使之。不欲下之不忠於我，則必以此度上之心，而亦不敢以此不忠事之。至於前後左右，無不皆然。則身之所處，上下、四旁、長短、廣狹，彼此如一，而無不方矣。彼同有是心而興起焉者，又豈有一夫之不獲哉？所操者約而所及者廣，此平天下之要道也。故章内之意，皆自此而推之。

《詩》云「樂只君子，民之父母」。民之所好好之，民之所惡惡之，此之謂民之父母。樂音洛。只音紙。好、惡並去聲，下並同。

《詩・小雅・南山有臺》之篇。只，語助辭，言能絜矩而以民心爲己心，則是愛民如子，而民愛之如父母矣。

《詩》云「節彼南山，維石巖巖。赫赫師尹，民具爾瞻」。有國者不可以不慎辟，則爲天下僇矣。節讀爲截。辟讀爲僻。僇與戮同。

《詩・小雅・節南山》之篇。節，截然高大貌。師尹，周太師尹氏也。具，俱也。辟，偏也。言在上者人所瞻仰，不可不謹。若不能絜矩而好惡徇於一己之偏，則身弒國亡，爲天下之大戮矣。

《詩》云「殷之未喪師，克配上帝，儀監於殷，峻命不易」。道得衆則得國，失衆則失國。喪去聲。儀，《詩》作宜。峻，《詩》作駿。易去聲。

《詩・文王》篇。師，衆也。配，對也。配上帝，言其爲天下君而對乎上帝也。監，視也。峻，大也。不易，言難保也。道，言也。引《詩》而言此，以結上文兩節之意。有天下者，能存此心而不失，則其所以絜矩而與民同欲者，自不能已矣。

是故君子先慎乎德。有德此有人，有人此有土，有土此有財，有財此有用。

先慎乎德【二】，承上文不可不慎而言。德，即謂明德。有人，謂得衆。有土，謂得國。有國則不患無財用矣。

德者本也，財者末也。

【二】先慎乎德　「慎」原作「謹」，據《大學章句集注》改。下文徑改。

本上文而言。

外本内末，爭民施奪。

人君以德爲外，以財爲内，則是爭鬭其民，而施之以刼奪之教也。蓋財者人之所同欲，不能絜矩而欲專之，則民亦起而爭奪矣。

是故財聚則民散，財散則民聚。

外本内末故財聚，爭民施奪故民散，反是則有德而有人矣。

是故言悖而出者，亦悖而入；貨悖而入者，亦悖而出。

悖，布内反。悖，逆也。此以言之，出入明貨之出入也。自先慎乎德以下至此【三】，又因財貨以明能絜矩與不能者之得失也。

《康誥》曰「惟命不於常」。道善則得之，不善則失之矣。

道，言也。因上文引《文王》詩之意而申言之，其丁寧反覆之意益深切矣。

《楚書》曰「楚國無以爲寶，惟善以爲寶」。

《楚書》，《楚語》。言不寶金玉而寶善人也。

舅犯曰「亡人無以爲寶，仁親以爲寶」。

舅犯，晉文公舅狐偃，字子犯。亡人，文公時爲公子，出亡在外也。仁，愛也。事見《檀弓》。此兩節又明不外本而内末之意。

【三】自先慎乎德以下至此　「至此」二字原脱，據《大學章句集注》補。

《秦誓》曰：「若有一个臣，斷斷兮無他技，其心休休焉，其如有容焉。人之有技，若己有之，人之彦聖，其心好之，不啻若自其口出，寔能容之，以能保我子孫黎民，尚亦有利哉。人之有技，媢疾以惡之，人之彦聖，而違之俾不通，寔不能容，以不能保我子孫黎民，亦曰殆哉。」个，古賀反。《書》作介。斷，丁亂反。媢音冒。

《秦誓》，《周書》。斷斷，誠一之貌。彦，美士也。聖，通明也。尚，庶幾也。媢，忌也。違，拂戾也。殆，危也。唯仁人放流之，迸諸四夷，不與同中國。

此謂唯仁人爲能愛人，能惡人。迸讀爲屏，古字通用。

迸，猶逐也。言有此媢疾之人妨賢而病國，則仁人必深惡而痛絶之，以其至公無私，故能得好惡之正如此也。

見賢而不能舉，舉而不能先，命也；見不善而不能退，退而不能遠，過也。遠去聲。

命，鄭氏云當作慢，程子云當作怠。未詳孰是。若此者知所愛、惡矣，而未能盡愛、惡之道，蓋君子而未仁者也。

好人之所惡，惡人之所好，是謂拂人之性，菑必逮夫身。菑古災字。夫音扶。

拂，逆也。好善而惡惡，人之性也。至於拂人之性，則不仁之甚者也。自《秦誓》至此，又皆以申言好惡公私之極，以明上文所引《南山有臺》、《節南山》之意。

是故君子有大道，必忠信以得之，驕泰以失之。

君子，以位言之。道謂居其位而修己治人之術。發己自盡爲忠，循物無違謂信。驕者，矜高。泰者，侈肆。此因上所引《文王》、《康誥》之意而言。章内三言得失而語益加切，蓋至此而天理存亡之幾決矣。

生財有大道，生之者衆，食之者寡，爲之者疾，用之者舒，則財恒足矣。恒，胡登反。

呂氏曰「國無遊民，則生者衆矣；朝無幸位，則食者寡矣；不奪農時，則爲之疾矣；量入爲出，則用之舒矣」。愚按此因有土有財而言，以明足國之道在乎務本而節用，非必外本内末而後財可聚也。自此以至終篇，皆一意也。

仁者以財發身，不仁者以身發財。

發，猶起也。仁者散財以得民，不仁者亡身以殖貨。

未有上好仁而下不好義者也，未有好義其事不終者也，未有府庫財非其財者也。

上好仁以愛其下，則下好義以忠其上，所以事必有終而府庫之財無悖出之患也。

孟獻子曰：「畜馬乘不察於雞豚，伐冰之家不畜牛羊，百乘之家不畜聚斂之臣，與其有聚斂之臣，寧有盜臣。」此謂國不以利爲利，以義爲利也。

孟獻子，魯之賢大夫仲孫蔑也。畜馬乘，士初試爲大夫者也。伐冰之家，卿大夫以上，喪祭用冰者也。百乘之家，有采地者也。君子寧亡己之財而不忍傷民之力，故寧有盜臣而不畜聚斂之臣。此謂以下釋獻子之言也。

長國家而務財用者，必自小人矣。彼爲善之，小人之使爲國家，菑害並至。雖有善者，亦無如之何矣！此謂國不以利爲利，以義爲利也。

「彼爲善之」，此句上下疑有闕文、誤字。自，由也。言由小人導之也。此一節深明以利爲利之害，而重言以結之，其丁寧之意切矣。

右傳之十章。釋治國平天下。此章之義，務在與民同好惡而不專其利，皆推廣絜矩之意也。能如是則親賢樂利，各得其所，而天下平矣。凡傳十章，前四章統論綱領指趣，後六章細論條目功夫。其第五章乃明善之要，第六章乃誠身之本，在初學，尤爲當務之急。讀者不可以其近而忽之也。

《或問》何以言絜之爲度也？曰：此莊子所謂絜之百圍，《語録》曰：《莊子》注云絜，圍束也。是將一物圍束以爲之則也。賈子所謂度長絜大者也。真氏曰：度謂以尺之長短，絜謂以帶之小大量物之小大，如今人之圍木也。前此諸儒蓋莫之省，而强訓以挈，殊無意謂。先友太史范公乃獨推此以言之，而後其理可得而通也。蓋絜，度也；矩，所以爲方也。以己之心度人之心，知人之所惡者不異乎己，則不敢以己之所惡者施之於人。使吾之身一處乎此，則上下四方物我之際，各得其分，不相侵越而各就其中。校其所占之地，則其廣狹長短又皆平均如一，截然正方而無有餘不足之處，是則所謂絜矩者也。愚按：此章惟絜矩之説與先儒不同，而其義方精，故備録如此。趙氏《纂疏》曰：真氏曰「矩，曲尺也」。又按「彼爲善之」疑有闕文。愚意：彼，指用小人者言之也。善之，謂利爲有益，善其説而行之也，文意似亦自全。

右皆晦菴《章句》也。晦菴嘗云《大學章句》次序皆明白易曉，不必《或問》，但致知格物與誠意較難理會，不得不明辨之耳。又云《或問》乃注脚，亦不必深理會。今愚所抄，故全以《章句》，至《或問》則斟酌其説而間附之，然詳説將以反約也。由《或問》而反之《章句》，由《章句》而反之正文。此晦菴本心也。晦菴嘗令學者且去熟讀《大學》正文，又言《大學》最是兩章相接處好看。凡今所抄《章句》，雖分一經十傳，而逐句逐節之下各有注釋，惟初讀時各於其下詳之，既已熟讀之後，合浄寫正文，惟於兩章相接處分之，以便玩味。凡皆全祖晦菴先生説也。致知一章，則參用董丞相之説，移置本經元文以足之，以試觀其合與否爾。

大學之道在明明德，在親民，親當作新。在止於至善。此三者《大學》之綱領。古之欲明明德於天下者，先治其國；欲治其國者，先齊其家；欲齊其家者，先修其身；欲修其身者，先正其心；欲正其心者，先誠其意；欲誠其意者，先致其知。致知在格物。此八者《大學》之條目。物格而后知至，知至而后意誠，意誠而後心正，心正而后身修，身修而后家齊，家齊而后國治，國治而后天下平。此覆説上文。自天子以至於庶人，壹是皆以修身爲本。其本亂而末治者否矣。其所厚者薄，而其所薄者厚，未之有也。此結上文兩節之意。

右經一章

《康誥》曰「克明德」。《大甲》曰「顧諟天之明命」。《帝典》曰「克明峻德」。皆自明也。

右傳之首章。釋在明明德。

湯之盤銘曰：「苟日新，日日新，又日新。」《康誥》曰「作新民」。《詩》曰「周雖舊邦，其命惟新」。是故君子無所不用其極。

右傳之二章。釋在新民。

《詩》云「邦畿千里，惟民所止」。《詩》云「緡蠻黃鳥，止於丘隅」。子曰「於止，知其所止，可以人而不如鳥乎」！《詩》云「穆穆文王，於緝熙敬止」！爲人君，止於仁；爲人臣，止於敬；爲人子，止於孝；爲人父，止於慈；與國人交，止於信。《詩》云「瞻彼淇澳，菉竹猗猗。有斐君子，如切如磋，如琢如磨。瑟兮僩兮，赫兮喧兮，有斐君子，終不可諠兮」。如切如磋者，道學也；如琢如磨者，自修也；瑟兮僩兮者，恂慄也；赫兮諠兮者，威儀也；有斐君子，終不可諠兮者，道盛德至善，民之不能忘也。《詩》云「於戲前王不忘」！君子賢其賢而親其親，小人樂其樂而利其利，此以没世不忘也。

右傳之三章。釋在止於至善。

知止而后有定，定而后能靜，靜而后能安，安而后能慮，慮而后能得。物有本末，事有終始，知所先後，則近道矣。此謂知本。子曰：「聽訟，吾猶人也，必也使無訟乎！」無情者不得盡其辭。大畏民志，此謂知本。此謂知之至也。

右傳之五章。釋致知格物。此用近世董丞相就經文易置。

所謂誠其意者：毋自欺也，如惡惡臭，如好好色，此之謂自謙，故君子必慎其獨也。小人閑居爲不善，無所不至，見君子而后厭然，揜其不善，而著其善。人之視己，如見其肺肝然。則何益矣。此謂誠於中，形於外，故君子必慎其獨也。曾子曰：「十目所視，十手所指，其嚴乎！」富潤屋，德潤身，心廣體胖，故君子必誠其意。

右傳之六章。釋誠意。

所謂修身在正其心者，身有所忿懥，則不得其正；有所恐懼，則不得其正；有所好樂，則不得其正；有所憂患，則不得其正。心不在焉，視而不見，聽而不聞，食而不知其味。此謂修身在正其心。

右傳之七章。釋正心修身。

所謂齊其家在修其身者：人之其所親愛而辟焉，之其所賤惡而辟焉，之其所畏敬而辟焉，之其所哀矜而辟焉，之其所敖惰而辟焉。故好而知其惡，惡而知其美者，天下鮮矣。故諺有之曰：「人莫知其子之惡，莫知其苗之碩。」此謂身不修不可以齊其家。

右傳之八章。釋修身齊家。

所謂治國必先齊其家者，其家不可教而能教人者，無之。故君子不出家而成教於國：孝者，所以事君也；弟者，所以事長也；慈者，所以使衆也。《康誥》曰「如保赤子」。心誠求之，雖不中不遠矣。未有學養子而後嫁者也！一家仁，一國興仁；一家讓，一國興讓；一人貪戾，一國作亂。其機如此。此謂一言僨事，一人定國。堯、舜帥天下以仁而民從之；桀、紂帥天下以暴，而民從之；其所令反其所好，而民不從。是故君子有諸己而后求諸人，無諸己而后非諸人。所藏乎身不恕，而能喻諸人者，未之有也。故治國在齊其家。《詩》云「桃之夭夭，其葉蓁蓁。之子於歸，宜其家人」。宜其家人，而后可以教國人。《詩》云「宜兄宜弟」。宜兄宜弟，而后可以教國人。《詩》云「其儀不忒，正是四國」。其爲父子、兄弟足法而后民法之也。此謂治國在齊其家。

右傳之九章。釋齊家治國。

所謂平天下在治其國者：上老老而民興孝，上長長而民興弟，上恤孤而民不倍，是以君子有絜矩之道也。所惡於上，毋以使下；所惡於下，毋以事上；所惡於前，毋以先後；所惡於後，毋以從前；所惡於右，毋以交於左；所惡於左，毋以交於右。此之謂絜矩之道。《詩》云「樂只君子，民之父母」。民之所好好之，民之所惡惡之，此之謂民之父母。《詩》云「節彼南山，維石巖巖。赫赫師尹，民具爾瞻」。有國者不可以不慎，辟則爲天下僇矣。《詩》云「殷之未喪師，克配上帝。儀監於殷，峻命不易」。道得衆則得國，失衆則失國。是故君子先慎乎德，有德此有人，有人此有土，有土此有財，有財此有用。德者本也，財者末也，外本内末，爭民施奪。是故財聚則民散，財散則民聚。是故言悖而出者，亦悖而入；貨悖而入者，亦悖而出。《康誥》曰「惟命不於常」！道善則得之，不善則失之矣。《楚書》曰「楚國無以爲寶，惟善以爲寶」。舅犯曰「亡人無以爲寶，仁親以爲寶」。《秦誓》曰：「若有一个臣，斷斷兮無他技，其心休休焉，其如有容焉。人之有技若己有之，人之彦聖，其心好之，不啻若自其口出，寔能容之，以能保我子孫黎民，尚亦有利哉。人之有技，娼嫉以惡之，人之彦聖，而違之俾不通，寔不能容，以不能保我子孫黎民，亦曰殆哉。」唯仁人放流之，迸諸四夷，不與同中國。此謂唯仁人爲能愛人，能惡人。見賢而不能舉，舉而不能先，命也；見不善而不能退，退而不能遠，過也。好人之所惡，惡人之所好，是謂拂人之性，菑必逮夫身。是故君子有大道，必忠信以得之，驕泰以失之。生財有大道，生之者衆，食之者寡，爲之者疾，用之者舒，則財恒足矣。仁者以財發身，不仁者以身發財。未有上好仁而下不好義者也，未有好義其事不終者也，未有府庫財非其財者也。孟獻子曰「畜馬乘不察於雞豚，伐冰之家不畜牛羊，百乘之家不畜聚斂之臣，與其有聚斂之臣，寧有盜臣」。此謂國不以利爲利，以義爲利也。長國家而務財用者，必自小人矣。彼爲善之，小人之使爲國家，菑害並至。雖有善者，亦無如之何矣！此謂國不以利爲利，以義爲利也。

右傳之十章。釋治國平天下。

卷二十九

讀禮記十六

冠義第四十三

凡人之所以爲人者，禮義也。禮義之始，在於正容體，齊顔色，順辭令。容體正，顔色齊，辭令順，而后禮義備。以正君臣，親父子，和長幼。君臣正，父子親，長幼和而后禮義立。故冠而后服備，服備而后容體正，顔色齊，辭令順，故曰「冠者，禮之始也」。是故古者聖王重冠。古者冠禮筮日筮賓，所以敬冠事，敬冠事所以重禮，重禮所以爲國本也。故冠於阼以著代也，醮於客位，三加彌尊，加有成也。已冠而字之，成人之道也。見於母，母拜之，見於兄弟，兄弟拜之，成人而與爲禮也。玄冠玄端，奠摯於君，遂以摯見於鄉大夫、鄉先生，以成人見也。長，丁丈反。冠，古亂反。見，賢遍反。摯音至。

國本，國以禮爲本也。酌而無酬酢曰醮。户西爲客位。三加者，始加緇布冠，次加皮弁，次加爵弁。玄冠玄端，上士則玄裳，中士則黄裳，下士則雜裳。以其初成人，故着玄端，異於朝服也。鄭氏、孔氏。

成人之者，將責成人禮焉也。責成人禮焉者，將責爲人子、爲人弟、爲人臣、爲人少者之禮行焉。將責四者之行於人，其禮可不重與？故孝弟忠順之行立，而后可以爲人，可以爲人，而后可以治人也。故聖王重禮。故曰「冠者，禮之始也，嘉事之重者也」。是故古者重冠。重冠，故行之於廟。行之於廟者，所以尊重事，尊重事而不敢擅重事；不敢擅重事，所以自卑而尊先祖也。與音餘。

嘉事，嘉禮也。冠屬嘉禮，不敢擅謂行於廟。鄭氏、孔氏。

昏義第四十四

昏禮者，將合二姓之好，上以事宗廟，而下以繼後世也。故君子重之。是以昏禮納采、問名、納吉、納徵、請期，皆主人筵几於廟，而拜迎於門外，入揖讓而升，聽命於廟，所以敬慎重正昏禮也。

此書婚禮之始，娶妻以昏爲期，故曰昏禮。納采者，始納采擇之禮。問名者，問其母姓名，《儀禮疏》以爲問其女始生時三月之名。晦菴以爲未詳孰是。納吉者，男家得吉卜，以告女氏也。納徵者，納聘財也。請期者，請成昏禮之期也。與親迎凡六禮。命謂壻家之命，主人聽之於廟。孔氏。

父親醮子而命之迎，男先於女也。子承命以迎，主人筵几於廟，而拜迎于門外。壻執雁入，揖讓升堂，再拜奠雁，蓋親受之於父母也【一】。降出，御婦車，而壻授綏，御輪三周，先俟于門外。婦至，壻揖婦以入，共牢而食，合巹而酳，所以合體同尊卑以親之也。迎，魚敬反。巹音謹。酳音胤。

此言親迎之禮，父以酒醮子而命之親迎，女之父筵几於廟以敵禮待之。奠雁禮畢，親受婦於其父母。婦升車之時，壻授婦以綏，御婦車之輪三匝，御者代之，壻自乘其車，先導之歸。共牢而食者，共一牲牢而食，不使尊卑有殊也。合巹而酳，以一瓠分爲兩瓢謂之巹，壻與婦各執其一以酳。酳者，食畢飲酒演安其氣也。孔氏。

敬慎重正，而后親之，禮之大體，而所以成男女之别，而立夫婦之義也。男女有别，而后夫婦有義；夫婦有義，而后父子有親；父子有親，而后君臣有正。故曰「昏禮者，禮之本也」。夫禮始於冠，本於昏，重於喪祭，尊於朝聘，和於射鄉。此禮之大體也。别，彼列反。

此言成昏之禮，因明昏禮爲諸禮之本。孔氏。

夙興，婦沐浴以俟見。質明，贊見婦於舅姑，婦執笲，棗栗段修以見。贊醴婦，婦祭脯醢，祭醴，成婦禮也。舅姑入室，婦以特豚饋，明婦順也。厥明，舅姑共饗，婦以一獻之禮奠酬，舅姑先降自西階，婦降自阼階，以著代也。笲音煩，又，皮彦反。段，丁亂反。

【一】蓋親受之於父母也　「父」原作「人」，據《禮記・昏義》改。

贄，相禮者也。笲，器名，以葦若竹爲之。奠酬者，舅姑與婦相爲酬酢也。

成婦禮，明婦順，又申之以著代，所以重責婦順焉也。婦順者，順於舅姑，和於室人，而后當於夫，以成絲麻布帛之事，以審守委積蓋藏。是故婦順備而后内和理，内和理而后家可長久也。故聖王重之。當，丁浪反。委，於僞反。積，子賜反。藏，才浪反。

當，猶稱也。鄭氏。

是以古者婦人先嫁三月，祖廟未毁，教於公宫，祖廟既毁，教于宗室，教以婦德、婦言、婦容、婦功。教成，祭之，牲用魚，芼之以蘋藻，所以成婦順也。

祖，女所出之祖。公，君。宗室，宗子之家。孔氏。

古者天子后立六宫、三夫人、九嬪、二十七世婦、八十一御妻，以聽天下之内治，以明章婦順，故天下内和而家理。天子立六官、三公、九卿、二十七大夫、八十一元士以聽天下之外治，以明章天下之男教，故外和而國治。故曰「天子聽男教，后聽女順；天子理陽道，后治陰德；天子聽外治，后聽内職。教順成俗，外内和順，國家理治，此之謂盛德」。是故男教不修，陽事不得，適見於天，日爲之食；婦順不修，陰事不得，適見於天，月爲之食。是故日食則天子素服而修六官之職，蕩天下之陽事；月食則后素服而修六宫之職，蕩天下之陰事。故天子之與后，猶日之與月，陰之與陽，相須而后成者也。天子修男教，父道也；后修女順，母道也。故曰「天子之與后，猶父之與母也」。故爲天王服斬衰，服父之義也；爲后服資衰，服母之義也。適，直革反。見，賢遍反。蕩，徒浪反。資音咨。與齊同。

適，責也。食者，見道有虧傷也。蕩，蕩滌去穢惡也。鄭氏。

鄉飲酒義第四十五

鄉飲酒之義，主人拜迎賓于庠門之外，入三揖而后至階，三讓而后升，所以致尊讓也。盥洗揚觶，所以致絜也。拜至、拜洗、拜受、拜送、拜既，所以致敬也。尊讓絜敬也者，君子之所以相接也。君子尊讓則不爭，絜敬則不慢。不慢不爭，則遠於鬬辨矣；不鬬辨，則無暴亂之禍矣。斯君子之所以免於人禍也。故聖人制之以道。盥音管。觶，之豉反。

庠，鄉學也。揚，舉也。觶，酒角也。盥洗揚觶者，盥手洗爵，揮揚其觶，以致絜而酬賓也。拜至者，升堂之後，主人拜賓之至也。拜洗者，賓拜主人之洗爵也。拜受者，賓於西階上拜受爵也。拜既者，飲酒既盡，賓主皆拜也。鄭氏、孔氏、吕氏。

鄉人、士、君子尊於房户之間，賓主共之也。尊有玄酒，貴其質也。羞出自東房，主人共之也。洗當東榮，主人之所以自絜而以事賓也。上共如字，下共音恭。

鄉人，鄉大夫也。士，州長黨正也。君子謂卿大夫也。卿大夫、士飲，國中賢者亦用此禮也。設酒尊於東房之西室，户之東，在賓主間。酒雖主人所設，賓亦以酢主人。故示賓主共有此尊也。玄酒，水也。水北方爲玄，以黑黍和於水而爲之，故曰玄酒。羞出自東房。主人致味以養賓也。榮，屋翼也，即今之摶風。洗者，承盥洗之器。洗當東榮，主人致絜以事賓也。鄭氏、吕氏。

賓主象天地也，介僎象陰陽也，三賓象三光也。讓之三也，象月之三日而成魄也，四面之坐；象四時也。天地嚴凝之氣始於西南，而盛於西北，此天地之尊嚴氣也，此天地之義氣也。天地温厚之氣始於東北，而盛於東南，此天地之盛德氣也，此天地之仁氣也。主人者尊賓，故坐賓於西北，而坐介於西南以輔賓。賓者，接人以義者也，故坐於西北。主人者，接人以仁、以德厚者也，故坐於東南。而坐僎音遵。於東北，以輔主人也。仁義接，賓主有事，俎豆有數曰聖。聖立而將之以敬曰禮。禮以體長幼曰德。德也者，得於身也。故曰「古之學術道者，將以得身也，是故聖人務焉」。

介，輔賓。僎，輔主。三賓，賓介與衆賓之長。四面之坐，即賓主介僎。聖，通也。術，藝也。得身，得之於身也。孔氏。

祭薦、祭酒，敬禮也。嚌肺，嘗禮也。啐酒，成禮也。於席末，言是席之正，非專爲飲食也，爲行禮也。此所以貴禮而賤財也。卒觶，致實於西階上，言是席之上，非專爲飲食也。此先禮而後財之義也。先禮而後財，則民作敬讓而不爭矣。啐，七内反。

祭者，必祭其先而後飲食之也。祭薦者，賓祭主人所薦脯醢也。祭酒者，既祭薦又祭酒也。嚌肺者，取俎上之肺嚌齒之，所以嘗主人之味也。啐酒者，飲主人酒而啐之入口，成主人之禮也。案《鄉飲酒禮》祭薦、祭酒、嚌肺皆在席之中，唯啐酒在席末。卒觶致實，謂致盡其觶中所實之酒，啐纔始入口，故猶在席末。卒觶則盡爵，故遠在西階上。啐酒，獻賓之觴也。卒觶，酬賓之時也。禮謂敬也。財謂食也。啐於席末不於席之正者，明是席之正在於行禮，不可以飲食瀆也，是貴敬而賤食。卒爵於西階上，不於席之上者，明是席之上可以成飲食之禮，不可以卒飲食之事，是先敬而後食。孔氏、吕氏、方氏。

鄉飲酒之禮，六十者坐，五十者立侍以聽政役，所以明尊長也。六十者三豆，七十者四豆，八十者五豆，九十者六豆，所以明養老也。民知尊長養老，而后乃能入孝弟。民入孝弟，出尊長養老，而后成教，成教而后國可安也。君子之所謂孝者，非家至而日見之也，合諸鄉射，教之鄉飲酒之禮，而孝弟之行立矣。

尊長，尊敬長上也。

孔子曰「吾觀於鄉，而知王道之易易也」。主人親速賓及介，而衆賓自從之，至于門外，主人拜賓及介，而衆賓自入，貴賤之義別矣。三揖至於階，三讓以賓升，拜至，獻酬辭讓之節繁，及介，省矣。至於衆賓，升受、坐祭、立飲，不酢而降，隆殺之義辯矣。別，彼列反。省，所幸反。殺，色戒反。

鄉，鄉飲酒也。易易，謂教化之本，尊賢尚齒而已，其事甚易也。速，召也。省者，速賓之禮繁，及速介則省也。殺者，衆賓之禮比之介又殺也。升而受爵，坐而祭，立而飲，不酢而即降，其殺如此，蓋賓衆恐禮而煩則亂也。用鄭氏補。

工入，升歌三終，主人獻之。笙入三終，主人獻之。間歌三終，合樂三終，工告「樂備」，遂出。一人揚觶，乃立司正焉，知其能和樂而不流也。

工，樂正也。升歌三終，謂升堂而歌《鹿鳴》、《四牡》、《皇皇者華》，每一篇而一終也。主人獻之，獻工也。笙入三終者，吹笙人入於堂下，奏《南陔》、《白華》、《華黍》，每一篇一終也。主人獻之，獻笙人也。間歌三終者，間，代也，謂笙歌已竟，而堂上與堂下更代而作也。堂上歌《魚麗》，則堂下笙《由庚》，此爲一終；堂上歌《南有嘉魚》，則堂下笙《崇丘》，此爲二終；堂上歌《南山有臺》，則堂下笙《由儀》，此爲三終。合樂三終者，謂堂上下歌瑟及笙並作也。若工歌《關雎》，則笙吹《鵲巢》合之；若工歌《葛覃》，則笙吹《采蘩》合之；若工歌《卷耳》，則笙吹《采蘋》合之。故《鄉飲酒》云：乃合樂《周南·關雎》、《葛覃》、《卷耳》、《召南·鵲巢》、《采蘩》、《采蘋》是也。工告樂備遂出者，樂正自此不復升堂也。一人揚觶者，一人謂主人之吏，舉觶示將行旅酬也。乃立司正者，將留賓旅酬，恐有懈怠，故相禮者一人爲司正以監之也。今按《鹿鳴》即今日燕飲之事，所以導達主人之誠意而美嘉賓之德也。《四牡》言其去家而仕於朝，辭親而從王事於此乎始也。《皇皇者華》言其將爲君使而賦政於外也。《學記》曰「宵雅肄三官其始也」。正謂此也。蓋此三詩先王所制，以爲燕飲之樂，用之鄉人，用之邦國，各取其象而歌之也。合樂者，歌樂俱作。三終者，二南各三終。《詩》曰「以雅以南」，即謂此也。孔氏、晦菴、程氏。

賓酬主人，主人酬介，介酬衆賓，少長以齒，終於沃洗者焉，知其能弟長而無遺矣。降説屨升坐，修爵無數。飲酒之節，朝不廢朝，莫不廢夕。賓出，主人拜送，節文終遂焉。知其能安燕而不亂也。貴賤明，隆殺辯，和樂而不流，弟長而無遺，安燕而不亂。此五行者足以正身安國矣。彼國安而天下安，故曰「吾觀於鄉，而知王道之易易也」。説猶脱。廢朝之朝，直遥反。莫音暮。

「旅酬」至於「以水沃盥」，洗爵之人是弟長無遺也。降説屨升坐者，此謂無筭爵之初，以前皆立而行禮，至此徹俎之後，乃脱屨升堂而坐也。修爵無數，謂無筭爵也。修，舉也。朝不廢朝，莫不廢夕，既朝乃飲，先夕而罷也。節文終遂者，自始至終皆有節文也。孔氏、方氏、馬氏。

鄉飲酒之義，立賓以象天，立主以象地，設介僎以象日月，立三賓以象三光。古之制禮也，經之以天地，紀之以日月，參之以三光，政教之本也。亨狗於東方，祖陽氣之發於東方也。洗之在阼，其水在洗東，祖天地之左海也。尊有玄酒，教民不忘本也。亨，普萌反。

此皆記者覆説上文亨狗於東方，覆説羞出自東房也。洗之在阼，水在洗西，覆説洗當東榮也。尊有玄酒，亦覆上文也。孔氏。

賓必南鄉。東方者春，春之爲言蠢也，産萬物者聖也。南方者夏，夏之爲言假也。養之，長之，假之，仁也。西方者秋，秋之爲言愁也。愁之以時察，守義者也。北方者冬，冬之爲言中也，中者，藏也。是以天子之立也，左聖，鄉仁；右義，偝藏也。介必東鄉，介賓主也。主人必居東方。東方者春，春之爲言蠢也，産萬物者也。主人者造之，産萬物者也。月者三日則成魄，三月則成時。是以禮有三讓，建國必立三卿。三賓者，政教之本，禮之大參也。愁讀爲揫。

聖之言生也。假，大也。愁，讀爲揫，揫斂也。介，間也。介賓主之間，所以間之也。此章總明坐位所在，並明三揖三讓，每事皆三之義。孔氏。

射義第四十六

古者諸侯之射也，必先行燕禮；卿、大夫、士之射也，必先行鄉飲酒之禮。故燕禮者，所以明君臣之義也。鄉飲酒之禮者，所以明長幼之序也。

諸侯之射必先行燕禮者，大射也。卿、大夫、士之射必先行鄉飲酒之禮者，鄉射也。射者，男子之事，必飾之以禮樂者，所以養人之德，使之周旋中禮也。故有大射、鄉射以明君臣長幼。吕氏。

故射者，進退周還必中禮，内志正，外體直，然後持弓矢審固。持弓矢審固，然後可以言中。此可以觀德行矣。

内正外直，習於禮樂，有德行者也。故賓射之的謂之正，欲明射者内志須正。大射之質謂之鵠，鵠者直也，欲使射者外體之直。鄭氏、方氏。

其節：天子以《騶虞》爲節，諸侯以《貍首》爲節，卿大夫以《采蘋》爲節，士以《采蘩》爲節。《騶虞》者，樂官備也。《貍首》者，樂會時也。《采蘋》者，樂循法也。《采蘩》者，樂不失職也。是故天子以備官爲節，諸侯以時會天子爲節，卿大夫以循法爲節，士以不失職爲節。故明乎其節之志，以不失其事，則功成而德行立。德行立則無暴亂之禍矣；功成則國安。故曰射者，所以觀盛德也。

節者，射以樂歌爲節，所謂節比於樂也。《騶虞》、《采蘋》、《采蘩》今詩篇名。《貍首》逸詩。下文云曾孫侯氏者也。清江劉氏謂原壤所歌《貍首》之斑然者，是其章首。或曰篆文貍似鵲，首似巢，即《鵲巢》也。未知然否。騶，厩官，養六畜。虞，山澤之官，阜蕃鳥獸草木，故云官備。孔氏、馬氏、吕氏。

是故古者天子以射選諸侯、卿、大夫、士。射者，男子之事也，因而飾之以禮樂也。故事之盡禮樂而可數爲，以立德行者莫若射，故聖王務焉。是故古者天子之制：諸侯歲獻貢士於天子，天子試之於射宫，其容體比於禮，其節比於樂，而中多者得與於祭。其容體不比於禮，其節不比於樂，而中少者不得與於祭。數與於祭而君有慶，數不與於祭而君有讓，數有慶而益地，數有讓而削地。故曰「射者，射爲諸侯也」。是以諸侯君臣盡志於射以習禮樂。夫君臣習禮樂而以流亡者，未之有也。數，色角反。比，毗志反。中，丁仲反。與音預。

孔氏曰：「既爲諸侯、卿大夫更以射辨其才藝高下，非謂直以射選補始用之也。」方氏曰：「射者，士也。貢士者，諸侯也。或中或否雖在士，而有慶有讓則在諸侯焉。故曰射者，射爲諸侯也。」呂氏曰：「古之選士必以射者，非專事於射也。」諸侯歲貢士於天子，固以德進，言揚選也。天子又試於射宫而進退之，將以考諸侯所選之中否而從之，有賞罰也。射者，男子之事也。男子之事，必有志於四方，禦侮扞難則其任也。故桑弧蓬矢設於始生，士不能射則辭以疾，蓋不能射則幾於非男子也。及其禮射，則容體欲比於禮，節欲比於樂，而中欲多，非其志專一則不能也，非動容閑習則不能也，非心夷氣平，强有力而不憚煩則不能也。由此觀之，射雖一藝，而可以觀人之德行，則先王選士之音微矣。集。

故《詩》曰「曾孫侯氏，四正具舉。大夫君子，凡以庶士，小大莫處，御於君所。以燕以射，則燕則譽」。言君臣相與盡志於射，以習禮樂，則安則譽也。是以天子制之，而諸侯務焉。此天子之所以養諸侯而兵不用，諸侯自爲正之具也。

詩，《貍首》之詩也。曾孫謂世爲諸侯。侯氏謂旁出於天子，故以氏言也。四正，蓋天子、諸侯、卿、大夫、士之正。正亦鳥名，齊、魯之間名題肩爲正，所謂正鵠之正也。用孔氏、方氏、陸氏集。鄭以四正爲正爵，四行獻賓、獻公、獻卿、獻大夫，將射先燕飲也。

孔子射於矍相之圃，蓋觀者如堵牆。射至於司馬，使子路執弓矢出延射，曰：「賁軍之將，亡國之大夫，與爲人後者不入，其餘皆入。」蓋去者半。入者半。又使公罔之裘、序點揚觶而語。公罔之裘揚觶而語曰：「幼壯孝弟，耆耋好禮，不從流俗，修身以俟死者不？在此位也。」蓋去者半，處者半。序點又揚觶而語曰：「好學不倦，好禮不變，旄期稱道不亂者不？在此位也。」蓋勤有存者。矍，俱縛反。相，息亮反。賁音奮。旄與耄同。勤與僅同。

矍相，地名。樹菜蔬曰圃。觀者如堵牆，言其衆。射至於司馬，謂射至於使司正爲司馬之時，蓋方燕之時名司正，及射之時名司馬也。賁，債也，猶敗覆也。公罔，姓也。裘，名也。之，發聲也。序，姓。點，名也。陸德明以「者不」爲句，嚴陵方氏用之，云「有如此者否」？蓋問詞也。鄭氏以者字屬上句，以「不在此位」爲句。藍田吕氏釋之曰：不在此位也者，疑詞也，蓋言在此位也。衆所會聚，簡別賢不肖，人所難言也，故以疑詞示之，蓋不在此位云者，問之之辭也。山陰陸氏曰：揚觶將以飲不勝者。《鄉射》云不勝者，進北面坐，取豐上之觶，立卒觶是也。唯賢者發而不失正鵠，故曰「不在此位」。位指不勝而飲觶之位也。聞公罔之裘之言而去者，蓋不能保其必勝而先去也，故曰發而不失正鵠者，唯賢者乎？若夫不肖之人，則彼將安能中？公罔之裘揚觶，蓋以待初射之用。序點又揚觶，蓋以待再射之用。《鄉射》曰：「設豐實觶如施之。」此當序點所揚之觶也。夫禮必再射以備幸中，故序點所言又進於公罔之裘一等。愚按此章惟不在此位一句難曉，蓋射以序賢，今反謂賢者不在此位，故謹備録三説如右。然惟山陰陸氏之説於本文爲順。

觀者如堵牆，以孔子之射，故來者如是之多。方其來而未入，故先使子路延以弓矢而誓之。賁軍之將，非勇。亡國之大夫，非忠。捨其親而爲人後者，非孝。聞其誓而不敢入者，去已半。賓既入，又使公罔之裘預揚未用之罰爵，反其詞以善諷之曰：「幼壯、孝弟、耆耋、好禮不從流俗，修身以俟死，其立德有如此者，不在此飲罰爵之位也。」於是自揣無其德而不能保其必勝者，去者又半。然公罔裘之言猶略，而處於圃者猶多也。序點繼又揚觶而諷之曰：「好學不倦，好禮不變，旄期稱道不亂其成德有如此者，不在此飲罰爵之位也。」於是自揣德不稱而不能保其必勝者盡去，其存而預於射者僅有耳。方其始來觀者如堵牆，慕德者衆，無遠不至也。其後預射者乃僅存，畏威之深，有言必信也。未入延以弓矢，本示以將射之禮，反直其辭以拒不賢者，使不得入，既入，語以揚觶，本示以射不勝之罰，反善其辭以諷賢而未至者，使不敢留。先後緩急之宜，呼吸變化之妙，雖一射之頃而所以綏來動和者可占矣。補。

射之爲言者，繹也。或曰：舍也。繹者，各繹己之志也。故心平體正，持弓矢審固，持弓矢審固則射中矣。故曰「爲人父者以爲父鵠，爲人子者以爲子鵠，爲人君者以爲君鵠，爲人臣者以爲臣鵠」。故射者，各射己之鵠。故天子之大射謂之射侯，射侯者，射爲諸侯也。射中則得爲諸侯，射不中則不得爲諸侯。射，食亦反。

孔氏曰：「以爲父鵠者，謂射時身爲人父者，則念之云『所射之鵠是爲人父之鵠』，中則任爲人父，故爲人之父者以爲父鵠，爲人子及君臣皆然。」晦菴曰：射中則爲諸侯，不中則不得爲諸侯，此皆難信。《書》謂庶頑讒説，侯以明之。然若有羿之能，又何以别？恐略以射審定，非專以此去取也。集。

天子將祭，必先習射於澤。澤者，所以擇士也。已射於澤，而后射於射宫，射中者得與於祭，不中者不得與於祭。不得與於祭者有讓，削以地；得與於祭者有慶，益以地。進爵絀地是也。

澤在野，取其寬閑，謂澤爲擇，記者之言耳。他多類此。補。

故男子生，桑弧蓬矢六，以射天地四方。天地四方者，男子之所有事也。故必先有志於其所有事，然後敢用穀也，飯食之謂也。

男子生，設弧門左，三日負之，人爲之射，射罷而後用穀以食其子。鄭氏、孔氏。

射者，仁之道也。射求正諸己，己正而後發，發而不中則不怨勝己者，求反諸己而已矣。孔子曰：「君子無所爭，必也射乎！揖讓而升，下而飲，其爭也君子。」

吕氏曰：「仁者之道，不怨天，不尤人，行有不至，反求諸己而已。」射者有似於此，故曰仁之道。晦菴曰：「君子恭讓不與人爭，唯於射而後有爭。然其爭也雍容揖遜乃如此，則其爭也君子，而非若小人之爭矣。」集。

孔子曰：「射者何以射？何以聽？循聲而發，發而不失正鵠者，其唯賢者乎！若夫不肖之人，則彼將安能以中？」《詩》云「發彼有的，以祈爾爵」。祈，求也，求中以辭爵也。酒者，所以養老也，所以養病也，求中以辭爵者，辭養也。

聲，謂樂節也。何以射，謂何以能使射中與樂節相應也。何以聽，謂何以能聽此樂與射中相合也。射中、樂節兩相應會，至難矣。循聲而發，不失正鵠，射中與樂節相會，惟賢者乃能。是難也。孔氏。

燕義第四十七

古者周天子之官有庶子官。庶子官職諸侯、卿、大夫、士之庶子之卒，掌其戒令與其教治，别其等，正其位。國有大事，則率國子而致於大子，唯所用之。若有甲兵之事，則授之以車甲，合其卒伍，置其有司，以軍法治之，司馬弗正。凡國之政事，國子存游卒，使之修德學道，春合諸學，秋合諸射，以考其藝而進退之。卒，七對反，惟卒伍之卒如字。正音征。

卒讀爲倅，副也，謂諸子副代其父者也。司馬弗正，謂屬庶子官，司馬弗征賦之也。游卒，游逸而爲副貳，庶子之未仕者也。孔氏。

諸侯燕禮之義：君立阼階之東南，南鄉爾。卿大夫皆少進，定位也。君席阼階之上，居主位也。君獨升立席上，西面特立，莫敢適之義也。設賓主，飲酒之禮也。使宰夫爲獻主，臣莫敢與君亢禮也。不以公卿爲賓，而以大夫爲賓，爲疑也，明嫌之義也。賓入中庭，君降一等而揖之，禮之也。鄉，許亮反。適音敵。

定位，定群臣之位也。莫敢適，莫敢與君爲敵也。宰夫，主饍食之官，天子使宰夫爲主，以代獻賓也。不以公卿爲賓，而以大夫爲賓，謂公卿尊矣，復以爲賓，則尊與君太迫近。故以大夫爲賓大夫，位卑無嫌也。鄭氏、孔氏。

君舉旅於賓，及君所賜爵，皆降，再拜稽首，升成拜，明臣禮也。君答拜之，禮無不答，明君上之禮也。臣下竭力盡能以立功於國，君必報之以爵禄，故臣下皆務竭力盡能以立功，是以國安而君寧。禮無不答，言上之不虚取於下也。上必明正道以道民，民道之而有功，然後取其什一，故上用足而下不匱也。是以上下和親而不相怨也。和寧，禮之用也。此君臣上下之大義也。故曰「燕禮者，所以明君臣之義也」。道音導。

此明君臣上下相報之義。孔説。

席，小卿次上卿，大夫次小卿，士庶子以次就位於下。獻君，君舉旅行酬，而后獻卿；卿舉旅行酬，而后獻大夫；大夫舉旅行酬，而后獻士；士舉旅行酬，而后獻庶子。俎豆、牲體、薦羞皆有等差，所以明貴賤也。差，初佳反。

小卿，下卿也。獻君，君舉旅行酬者，案《燕禮》宰夫爲主人酌以獻賓，賓飲畢，酌以酢主人，主人飲畢，酌以獻君，君飲畢，酌以酢主人。更爵以受酢於阼階下，飲卒爵，主人又洗觚酬，主人先飲卒爵，酌以酬賓。賓受觚，坐奠于薦東訖。小臣請媵爵者二人，媵爵阼階下，皆北面媵爵於公。媵爵者先自飲畢，媵爵者洗象觶，酌奠於公席之前。公坐取所媵之觶以酬賓，賓於時下再拜稽首，公命小臣辭賓，升成拜，公立卒觶，賓乃受。公虛爵酌之，酬大夫於西階上，衆大夫相酬畢，奠虛觶於篚。自此凡旅酬，皆以徧而止。孔氏。

聘義第四十八

聘禮：上公七介，侯伯五介，子男三介，所以明貴賤也。介紹而傳命，君子於其所尊弗敢質，敬之至也。三讓而后傳命，三讓而后入廟門，三揖而后至階，三讓而后升，所以致尊讓也。君使士迎于竟，大夫郊勞，君親拜迎于大門之内而廟受，北面拜貺，拜君命之辱，所以致敬也。敬讓也者，君子之所以相接也。故諸侯相接以敬讓，則不相侵陵。竟音境。勞去聲。

介，所以傳達賓主之命。爵有貴賤，則介有多寡，故曰「以明貴賤」。介有三等，末介傳中介，中介傳上介，以相繼而傳之，故曰介紹而傳命。質者，對也。與之正相當也。使臣不敢與主君亢禮，故曰弗敢質。一説父子之間以質爲敬，君臣之間以文爲敬，故曰於其所尊，弗敢質，敬之至也。廟受者，受使者所銜之命也。傳命入門，皆三讓三揖，至階三讓而升，賓所以敬主也。士迎于竟，大夫勞于郊，君親拜迎而廟受，主人所以敬賓也。賓主之交相敬讓如此。此鄰國所以不相侵陵而兵不興也。孔氏、吕氏、方氏、陸氏。

卿爲上擯,大夫爲承擯,士爲紹擯。君親禮賓,賓私面私覿致饔餼,還圭璋,賄贈、饗食、燕,所以明賓客君臣之義也。

擯者,主國之君所使接賓者也。主之有擯,猶賓之有介也。卿爲上擯,迎接賓客。大夫爲承擯,承副上擯。士爲紹擯,繼續承擯。君親禮賓,親執醴以禮之也。賓私面私覿者,私以己禮面見主國之卿、大夫爲私面,私以己禮覿主國之君爲私覿也。牲殺曰饔。生曰餼。半圭曰璋。賄以貨言,贈以送言。饗以酒爲主食,以食爲主。燕則兼酒食而燕樂之也。君親禮賓,賓私面私覿以至饗食,燕,所以明賓客之義。還圭璋,致饔餼,賄贈,則使人致之,所以明君臣之義。孔氏、吕氏、方氏。

故天子制諸侯,比年小聘,三年大聘,相厲以禮。使者聘而誤,主君弗親饗食也。所以愧厲之也。諸侯相厲以禮,則外不相侵,内不相陵。此天子之所以養諸侯,兵不用而諸侯自爲正之具也。比,必履反。

聘而誤,謂使者行聘之時,禮有錯誤。孔氏。

以圭璋聘,重禮也。已聘而還圭璋,此輕財而重禮之義也。諸侯相厲以輕財重禮,則民作讓矣。

君子以玉比德,故聘禮執圭璋致命,以達其君之信。聘君以圭,聘夫人以璋,半圭曰璋,取法於陰陽之義也。其圭璋,則典瑞所謂瑑、圭、璋、璧、琮,以頫聘者也。行聘禮之後，饗君用璧，饗夫人用琮，皆加於束帛。既饗之後以圭璋禮之重也，故以本物還之。以璧琮饗，幣財之輕也。故受之而更以他物贈，之所謂輕財而重禮。呂氏、孔氏。

主國待客，出入三積，餼客於舍，五牢之具陳於內，米三十車，禾三十車，芻薪倍禾，皆陳於外，乘禽日五雙，群介皆有餼牢，壹食，再饗，燕與時賜無數，所以厚重禮也。古之用財者不能均如此，然而用財如此其厚者，言盡之於禮也。盡之於禮，則內君臣不相陵，而外不相侵，故天子制之，而諸侯務焉爾。乘，繩證反。

積，猶委積之積，三積皆有牢禮，米、禾、芻薪。五牢謂飪一牢、腥二牢、餼二牢，每牢具牛、羊、豕也。乘禽謂乘行群匹之禽，雁、鶩之屬，聘卿則日致五雙也。群介皆有餼牢，則無飪腥矣，殺於使臣故也。燕盛於饗，饗盛於食，於食惟一，於饗至再，於燕與時賜無數，厚重禮也。不能均者，均猶皆也，言常時用財豐殺隨時，不能皆如此其厚，獨於聘禮則厚也。用孔氏、呂氏、方氏修。

聘、射之禮，至大禮也。質明而始行事，日幾中而后禮成。非强有力者弗能行也。故强有力者將以行禮也，酒清，人渴而不敢飲也。肉乾，人飢而不敢食也。日莫人倦，齊莊正齊而不敢解惰，以成禮節，以正君臣，以親父子，以和長幼。此衆人之所難，而君子行之，故謂之有行。有行之謂有義，有義之謂勇敢，故所貴於勇敢者，貴其能以立義也。所貴於立義者，貴其有行也。所貴於有行者，貴其行禮也。故所貴於勇敢者，貴其敢行禮義也。故勇敢强有力者，天下無事則用之於禮義，天下有事則用之於戰勝。用之於戰勝則無敵，用之於禮義則順治。外無敵，内順治，此之謂盛德。故聖王之貴勇敢强有力如此也。勇敢强有力而不用之於禮義戰勝，而用之於爭鬬，則謂之亂人。刑罰行於國，所誅者亂人也。如此則民順治而國安也。乾音干。

此因《聘義》而兼《射義》以推演其説。補。

子貢問於孔子曰：「敢問君子貴玉而賤碈者何也？爲玉之寡而碈之多與？」孔子曰：「非爲碈之多故賤之也，玉之寡故貴之也。夫昔者君子比德於玉焉：温潤而澤，仁也。縝密以栗，知也。廉而不劌，義也。垂之如墜，禮也。叩之其聲清越以長，其終詘然，樂也。瑕不揜瑜，瑜不揜瑕，忠也。孚尹旁達，信也。氣如白虹，天也。精神見於山川，地也。圭璋特達，德也。天下莫不貴者，道也。《詩》云『言念君子，温其如玉』。故君子貴之也。」碈，武巾反。知音智。劌，九衛反。詘，其勿反。

碈石似玉，或作玟。縝，緻也。栗，堅貌。廉，棱也。劌，利傷也。越，猶揚也。詘，絶止貌。凡金聲始洪終殺，玉聲始終若一。其終詘然，謂其無衰殺之漸，所謂玉振終條理也。瑕，玉病。瑜，玉中美也。孚尹旁達，未詳。鄭氏以孚讀爲浮，尹讀爲筠，云浮筠者，玉之采色。義既無據，恐未必然。山陰陸氏云：孚，信也。尹，正也。孚尹猶言信正。言玉堅貞之德，外信達也。此於字義近之。特達者，謂璧、琮必有幣以將之。圭璋特達而已，不用籍幣，如君子之德無待乎外也。《詩·秦風·小戎》之篇。鄭氏、孔氏、呂氏、陸氏。

喪服四制第四十九

凡禮之大體，體天地，法四時，則陰陽，順人情，故謂之禮。訾之者，是不知禮之所由生也。夫禮，吉凶異道，不得相干，取之陰陽也。喪有四制，變而從宜，取之四時也。有恩有理，有節有權，取之人情也。恩者仁也，理者義也，節者禮也，權者知也。仁義禮知，人道具矣。訾音紫，毁也。

其恩厚者其服重，故爲父斬衰三年，以恩制者也。門内之治恩揜義，門外之治義斷恩。資於事父以事君而敬同，貴貴尊尊，義之大者也。故爲君亦斬衰三年，以義制者也。

四制謂喪服之中有以恩制、義制、節制、權制四者之别。賈氏。斷，丁亂反。

三日而食，三月而沐，期而練，毁不滅性，不以死傷生也。喪不過三年，苴衰不補，墳墓不培。祥之日鼓素琴，告民有終也，以節制者也。苴，七餘反。

此明恩制、義制。

資於事父以事母而愛同。天無二日，土無二王，國無二君，家無二尊，以一治之也。

此明節制。

故父在爲母齊衰期者，見無二尊也。杖者何也？爵也。三日授子杖，五日授大夫杖，七日授士杖。或曰擔主，或曰輔病。婦人童子不杖，不能病也。百官備，百物具，不言而事行者，扶而起。言而后事行者，杖而起。身自執事而后行者，面垢而已。秃者不髽，傴者不袒，跛者不踊，老病不止酒肉。凡此八者，以權制者也。擔，徒艷反，今又如字。袒，徒旱反。

此明權制。父在爲母，一也。有杖乃扶而起，二也。杖而起，三也。面垢，四也。秃者，五也。傴者，六也。跛者，七也。老病，八也。杖本扶病，而曰爵者，以爵者有德，其恩必深爲之服者病必重，故曰爵也。言爲爵者設也。三日授子杖者，子恩深病速，故授杖早，其餘以次而遲也。擔，鄭云假也。尊其爲主，假之以杖者也。吕氏云恐止音擔，謂負荷所主之喪，故授之以杖也。杖以輔病，未成人之婦人，幼少之男子，雖居喪未能至於病，故不杖也。三日、五日、七日授杖不同者，爲君喪而服之者衆也。不言而事行者，謂天子諸侯。扶而起者，以病而貴重，故杖而又扶之以人也。言而后事行，謂大夫、士杖而起者病也。身自執事而后行，謂庶民。面垢而已者，居喪而又勞苦不敢至病，恐以毁滅性也。秃者，無髮，故不髽。傴者，露膊可憎，故不袒。跛者，脚蹇難躍，故不踊。老病者須有養，故不止酒肉。子於父母貴賤情同，情難直遂，其爲禮之不同如此，故曰權制。或以父在爲母屬上文，而以授杖不同爲權制之一。用鄭氏、孔氏補。

始死，三日不怠，三月不解，期悲哀，三年憂，恩之殺也。聖人因殺以制節，此喪之所以三年，賢者不得過，不肖者不得不及。此喪之中庸也，王者之所常行也。《書》曰「高宗諒闇，三年不言」。善之也。王者莫不行此禮，何以獨善之也？曰：高宗者武丁，武丁者，殷之賢王也，繼世即位，而慈良於喪。當此之時，殷衰而復興，禮廢而復起，故善之。善之，故載之《書》中而高之，故謂之高宗。三年之喪，君不言。《書》云「高宗諒闇，三年不言」。此之謂也。然而曰「言不文」者，謂臣下也。禮：斬衰之喪，唯而不對；齊衰之喪，對而不言；大功之喪，言而不議；緦、小功之喪，議而不及樂。父母之喪，衰冠、繩纓、菅屨，三日而食粥，三月而沐，期十三月而練冠，三年而祥。比終茲三節者，仁者可以觀其愛焉，知者可以觀其理焉，强者可以觀其志焉。禮以治之，義以正之，孝子、弟弟、貞婦皆可得而察焉。

諒闇，謂信默也。此覆明前四制之中節制之義也。三節者，初喪至三月一也，練二也，祥三也。其失也短；《公羊》辨而裁，其失也俗。凡皆確論云。

卷三十

讀周禮

孟子生於周末，周室班爵禄之制已不可得而聞。劉歆生於漢末，乃反得今所謂《周禮》六官之書。故後世疑信相半，如張横渠則最尊敬之，如胡五峰則最擯抑之，至晦菴朱先生折衷其説，則意周公曾立下規模而未及用。近世趙汝騰按「惟王建國」、「以爲民極」數語，意周公作洛後所爲。然亦不可考矣。惟程氏謂有《關雎》、《麟趾》之意，然後可以行《周官》之法度。此爲于其本而言之。學者明乎此，則不必泥其紛紛者。然竊意周官法度在《尚書·周官》一篇，而未必在此書六典爾。今以先儒考訂，聊筆其一二云。

設官之多。

陳及之云：或謂鄉遂設官最冗，六鄉之民不過七萬五千家，今設官至萬八千九百三十人，爲大夫者百八十人。六遂之民亦不過七萬五千家，而設官乃三千九百九十八人，爲大夫者四十人。鄉遂共十五萬家，官吏乃至二萬三千人。十五萬家之所入能幾何？而足以養二萬三千官吏。愚按吕氏總計《地官》公、卿、大夫、士通用三十萬，夫府、史、胥、徒又不預焉，則又不止。陳氏所計二萬三千之數而已。使此書果出於周，尚不過《尚書·周官》一篇之疏，況又説之不通如此。

官之交互

陳君舉曰：如大史、内史掌六典、八灋、八則、八柄之貳，宜屬《天官》，乃屬《春官》。大小行人、司儀、掌客，宜屬《春官》，乃屬《秋官》。宰夫掌臣民之復逆矣，則大僕、小臣、御僕之掌復逆，宜屬《天官》，乃屬《夏官》。宰夫掌治朝之位矣，則司士正朝儀之位，宜屬《天官》，乃屬《夏官》。《地官》掌邦畿之事，凡造都邑、建社稷、設封疆既悉掌之矣，而掌固、司險、掌疆、候人又見於《夏官》。《天官》掌財賦之事，自大府至掌皮既悉領之矣，而泉府、廩人、倉人又見於《地官》。自膳夫至臘人，不過充君之庖者，悉領於《天官》。至外朝百官之廩禄，府史、胥徒之稍食，番上、宿衛之廩給，乃見於《地官》。自内司服至屨人，凡王宮服飾之用悉領於《天官》，而司服、司常、典瑞、巾車之屬乃見《春官》。此其分職皆有不可曉者。愚按《書》作於周而定於孔子，大如三宅三俊，《書》所載也，《周官》無之；小如三亳、阪尹，《書》所載也，《周官》無之。而此乃至於交互重複，何哉？

天官冢宰

惟王建國，辨方正位，體國經野，設官分職，以爲民極。

此祖「商邑翼翼，四方之極」之義，而説者以爲主周公作洛邑而發。《周禮》一書關涉義理者在「民極」一句，故每官必以此爲篇首。

乃立天官冢宰使帥其屬而掌邦治，以佐王均邦國。

此本書冢宰掌邦治，統百官，均四海之説。

治官之屬。

此句總下六十官，今併太宰、小宰凡六十三官。

太宰掌六典：一治典；二教典；三禮典；四政典；五刑典；六事典。

愚按：《書》六卿分職，此以太宰掌六典，六典即六卿之職。雖曰冢宰無所不統，此下自分六官，然與《書》不同。

小宰掌宫中之刑，凡大宰之職皆掌其事。

宰夫掌治朝之法。

宫正掌王宫之戒令糾禁。

宫伯掌王宫之士、庶子，凡在版者。

士謂適子，庶子謂支庶。在版，謂子弟名籍。

膳夫掌王之食飲膳羞。庖人掌共六畜獸禽。内饔掌割烹。外饔掌祭祀之割烹。亨人掌共鼎鑊。

愚按：膳夫以下五官，凡五百三十一人，均爲飲食設，亦豈無可併省者耶？

甸師掌耕藉田。

愚按：藉者，借民之力也。今官與其徒凡三百三十有五人，豈千畝之田，王自置人耕之耶？似當考也。

獸人掌罟田獸。

愚按：此以共膳也。然古者自有田狩共君之庖。

𩾲人掌取魚。

愚按：此官除士、府史、胥之外，其徒三百人，今世取魚於市，不養一人亦足供膳。

鱉人

雖不設官亦可。

腊人

庖人一小事耳。

醫師、食醫、疾醫、瘍醫、獸醫。

此通古今決不可廢者，古人世其官則精矣。

酒正、酒人、漿人。

此亦古今不可闕者，今世有酒而已。漿以水爲主，以米汁將之，所以止渴。稍厚則爲醴，甜酒也。又醲則爲酒，辛辣矣。

凌人掌冰。

籩人。

醢人、醯人、鹽人。

奄與奚掌之。

皆奄與女奚。

幂人掌巾幂。

宫人掌寢。

皆女也。

掌舍掌出入。幂人掌幕帟。掌次掌主次。

皆侍御之細事。

太府。玉府。内府。外府。

皆掌守藏財賦。太府總收，玉府掌玉，内府掌良貨，外府掌泉布。

司會。司書。職内。職歲。

皆掌會財賦。職歲者，歲杪計其數也。世稱六典之書，大半理財。然《尚書·周官》一書不及此也。

職幣掌用幣。司裘掌共裘。掌皮掌斂皮革。内宰掌陰禮，而首均其稍食，分其人民以居之。

内小臣掌王后服位。

閽人。寺人。内豎。

皆奄官，豎則未冠者之名。

九嬪。世婦。女御。女祝。女史。

皆婦人爲之。

典婦功。典絲。典枲。

外官爲之。

内司服。縫人。

皆婦人爲之。五峰疑官吏與妃嬪雜處。

染人。追師。屨人。夏采。

皆男子爲之。夏采者，夏翟羽色，與染人固異官，然皆瑣瑣甚矣。

陳君舉曰：冢宰一職，惟宰制天子左右之人，一則環衛之人；二則供奉飲膳酒漿之人；三則出納財賄之人；四則宫中使令之人。又曰自玉府、内府而下，今皆入内藏庫；自宫人、掌舍而下，今皆入修内司；自醫師、食醫而下，今皆入御藥院；自膳人、庖人而下，今皆屬御前供奉官。愚按：本朝之制爲簡，但權不屬宰相，宫府不一體耳。

地官司徒

此本《尚書·周官》司徒掌邦教，敷五典，擾兆民爲義。自大司徒而下，凡七十八官。

天地之所合也，四時之所交也，風雨之所會也，陰陽之所和也。然則百物阜安，乃建王國焉。

按此《周禮》中精語，形容卜洛之美也。然此書首言惟王建國，以爲民極，乃立地官，是卜洛而後設司徒之官，豈先有司徒而後卜洛耶？若以此爲司徒之職掌，則卜宅洛中，無再卜再宅之事。繼此云諸公地方五百里，則漢人之言，異乎《孟子》儉於百里之説矣。説者以爲《周官》兼山川附庸而言，則依附《魯頌》形容之説而曲爲之回護也。百里指土地而言，豈包山川之虚數？附庸各自爲國，何關諸公之封域耶？

小司徒掌建邦之教灋。

鄉師掌其所治鄉之教而聽其政。鄉老、鄉大夫各掌其鄉之政教禁令。州長掌其州之教治政令之灋。黨正各掌其黨之政令教治。族師掌其族之戒令政事。閭胥各掌其閭。比長掌其比之治。

鄉一萬二千五百家，州二千五百家，黨五百家，族百家，閭二十五家，比五家【一】，自

【一】比五家　「比」原作「之」，據文津閣、文淵閣本改。

鄉至比，次第聯絡，但鄉師、鄉大夫、州長、黨正皆於五歲教民以法，斯民若奔走四處，恐力不及，各教於州黨，則受教於鄉者誰歟？同教於鄉，則受教於州黨者誰歟？歲時人民杯酒奉親，一時和悦，人情然也。而奔走於有司不暇，亦未知如何耳？

封人掌設社壝。士、府史、胥二十四人，徒六十人。

按設社壝有時，常養此衆何爲？

鼓人掌教金鼓。舞師掌教舞。

牧人掌牧祭祀之牲。牛人掌養公牛。充人掌繫祭祀之牲。

竊意充人之職，牧人可兼，充可免四十八人之廪禄。

載師掌任士。閭師掌任民。縣師掌地域田萊。

三職相類凡二百二人。愚按：禹嘗任土作貢，不過區畫而止，不聞常設官。

遺人掌委積。均人掌力政。

師氏掌以媺詔王與教國子。保氏掌諫王而教國子。

似今師儒之官，而史胥之外其徒共百八十人，豈無煩冗之職歟？

司諫正民之行。司救防民之非。

不知如何巡察？孔子曰「其身正，不令而行」。

調人掌平民之爭。

然則不剖其是非歟?

媒氏掌萬民之判。

司市凡百七十四人,雖曰必立之平,多亦恐擾夫人。

世子過市有罰,亦可疑。夫人、世子無游觀市井之理,若出而經從,何罪罰之?

質人掌市貨。廛人掌市布。胥師。賈師。司虣。司稽。肆長。泉府。司門。司關。

通司市凡十一司,無不爲市而設,得無煩苛否?《易》惟曰「日中爲市」,「交易而退」。

掌節守邦節而辨其用。

遂人掌邦之野。遂師掌遂之政令。遂大夫各掌其遂之政令。縣正、鄙師、酇長、里宰又各掌其政令。又有鄰長。

何掌政令者之多,不其煩歟?

旅師掌野之粟。

恐粟各有主,野安得粟而旅師掌之。

稍人掌令丘乘之政令。

委人掌斂薪芻。

土均掌平土地。

草人掌土化之法。

蓋除草者，恐民各自除之，不待官。

稻人掌稼下地。

蓋種稻者，恐民各自爲之，亦不待官。

土訓掌詔地事。誦訓掌道方志。

山虞掌山林。林衡掌林麓。川衡掌川澤。澤虞掌澤藪。

山者豈不可以兼林？澤者豈不可以兼藪歟？

迹人掌邦田之地政。丱人掌金玉錫石之地。

角人掌徵齒角。羽人掌徵羽翮。掌葛徵絺綌之材。掌染草徵染草之物。掌炭徵炭灰之物。掌茶以時聚茶。掌蜃斂互物蜃物。

凡皆瑣屑甚矣，似不必一一立之官。

囿人掌囿。場人掌築場。

囿人掌囿可言也。場人掌築場，恐亦農人自爲之，不待官。

廩人凡三百八十四人。舍人掌用穀。倉人掌藏粟。司禄。司稼掌巡邦野之稼。

舍人、倉人似可併於廩人。若司稼之巡稼雖不必可也。

舂人、饎人、槁人皆主食。

槁者冗食之名。

陳君舉曰：《地官》掌教難曉，以屬官考之，自鄉老至比長，自遂人至鄰長，皆鄉遂之官。自封人至充人，皆疆場畜牧之官。自載師至均人，皆掌財賦征役之官。自司市至泉府，皆掌市井。自司門至掌節，皆掌門關。自旅師、草人、稻人、虞衡以至掌染草、炭、荼、蜃，極於場人、囿人，無非山林、川澤、田疇之官，幾近六十官。所謂教官者，師氏、保氏、司諫、調人、司救、鼓人不過六七而已。其他則整頓田疇，分擘郊里，征斂財賦，掌管山澤，紀綱市井，管鑰門關而已。當時謂之教典何也？王次點曰：司徒所掌，大抵田賦等事，似與《天官》大宰九貢九賦，大府以下等官相類。黄氏曰：《地官》卿一人、中大夫五人、下大夫十五人、上士四十八人、中士一百三十人、下士二百八十八人。王之門關十二，下士各二人，則又四十八人。府一百三十人，史二百十九人，賈八人，胥二百二人，徒二千四百五十六人。又舞徒四十人，奄十二人，女舂抌二人，女饎八人，女槀十六人，奚八十五人，是皆著於數者也。山虞、林衡、澤虞、場人皆中下士，又其府、史、胥、徒，又司市立胥、徒、賈、師、司虣、司稽、肆長，皆不能計其數者也。鄉老皆公，即三公。鄉大夫皆卿，即六卿。六鄉三十州，州長皆中大夫。州五黨，黨正皆下大夫。黨五族，爲七百五十族，族師皆上士。族四閭，爲三千閭，閭胥皆中士。閭五比，爲萬五千比，比長皆下士。六遂大夫皆中大夫，六遂之縣視州，鄙視黨，酇視族，里視閭，其餘各下於六鄉之一等，六鄉之餘民居四郊，其官爲四郊之吏，稍不爲邑縣，都不爲都，有吏主之，皆不可以數計也。吕氏曰：總計《地官》公、卿、大夫、士通用三十萬夫有奇，府、史、胥、徒不在數，虞、衡、迹人等亦不在數。據畿内之地似難容許多官，畿内户口亦難供許多官。愚謂盡畿内之人不爲民而盡爲官，亦無此數。

春官宗伯

乃立春官宗伯，使帥其屬而掌邦禮，以佐王和邦國。

此本《尚書·周官》「宗伯掌邦禮，治神人，和上下」之説。自宗伯至家宗人，及凡以神仕者凡七十官。

大宗伯掌天神、人鬼、地示之禮。小宗伯掌神位名物。肆師掌祀禮。

肆，言陳也。

鬱人掌祼器。鬯人掌釀秬。

然此豈不可併之酒人耶？

雞人掌共雞牲。

亦豈不可併之牧人之末耶？

司尊彝自下士至其徒凡三十人。司几筵凡十三人。天府掌祖廟之守藏。典瑞掌玉瑞、玉器之藏。典命掌諸侯之五儀與諸臣五等之命。司服掌王吉凶之服。

然既曰祀昊天上帝，又曰祀五帝亦如之。五帝，漢人之言，恐周無之也。夫帝，一而已。

典祀掌外祀之兆守，凡五十四人。

竊意偶有葺理，募用民力可也。常廩其徒，恐虚費。

守祧掌廟祧。

世婦每宫卿二人、下大夫四人、中士八人。

既曰世婦，而以卿、大夫、士爲之，何也？《周禮》六官每官不過一卿，而世婦每宫乃卿二人，何也？《天官》既有世婦矣，此《春官》又有世婦，何也？説者以《春官》者爲外命婦，然外命婦各于其夫之家而云每宫，何也？若内命婦，二十七世婦，每宫二卿，是爲五十四卿，何卿之多也？既命卿、大夫、士矣。又有女府、史、奚凡二十人，又若何而共事也？皆未可曉。

内宗凡内女之有爵者。外宗凡外女之有爵者。

是特泛言内外命婦，何以宗言而指爲官守？亦合考。

冢人掌墓地，凡死於兵者不入兆域。

注云戰敗無勇而罰之，然豈有無勇而戰死者耶？是死守封疆者，皆罪人也，豈義各有在歟？

墓大夫掌邦墓之地域，凡二百三十六人。

冢人共百四十四人，已繁矣。似合併省，以合聖人節用愛人之義。官事不攝，非儉之訓也。

職喪掌諸侯之喪。

然治喪已見天官宰夫之職，恐此亦可省。

大司樂、樂師、大胥、小胥、大師、小師、瞽矇、眡瞭、典同、磬師、鍾師、笙師、鎛師、韎師、旄人、籥師、籥章、鞮鞻氏、典庸器、司干。

凡二十官皆掌樂，雖曰各類其能，豈不可總爲一官而各列其屬，以稍減其人耶？

太卜、卜師、卜人、龜人、華氏、占人、筮人。

凡七官皆掌卜筮。實則卜筮列兩官亦可矣。

占夢。

似不必置官。

眡祲。

似宜屬保章氏。

大祝、小祝、喪祝、甸祝、詛祝、司巫、男巫、女巫。

八官皆掌祝，似可併省，若詛祝，則春秋以後之事，恐非盛世所宜有。

大史掌邦之六典。小史掌邦國之志。

然大宰亦掌建邦之六典矣，外史亦掌四方之志矣，且二史列於巫祝、馮相氏之間，亦不知何義。

馮相氏掌歲月辰日。

馮音憑，乘也。憑高而相視之。

保章氏掌天星，以志星辰日月之變。

保，安也。章，明也。云保安時變，章明天意。

内史、外史、御史。

内史掌八枋詔王。然此太宰之職也，特彼作柄，此作枋耳。外史掌四方之志，然此小史之職也，特彼言諸侯，此言四方耳。御史則進書於王者，其史百有二十人，似多耳。

巾車掌公車之政令。典路掌王及后之五路。車僕掌車之萃。副也，與倅同。

凡三官皆主車者。

司常掌九旗之名物。

主車之旗。

都宗人掌都祭祀之禮。家宗人掌家祭祀之禮。凡以神仕者無數。

陳及之曰：六官中惟《春官》典禮職事無可疑者，然司服掌外朝之服，當與內司服並在天官，典瑞掌玉器之藏，當與掌節並在地官。司常、巾車、典路亦當在《夏官》，今列《春官》者，以禮儀所係。黃氏曰：春官之屬七十，自大宗伯至職喪爲一節，自大司樂至司干爲一節。自太卜至御史爲一節，自巾車至凡以神仕者爲一節。卿、大夫、士總五百九十有四人，府、史、胥、徒、工又總二千五百十四人，女、奚百有二十人。男巫無數，女巫無數。凡以神仕者無數。

夏官司馬

乃立夏官司馬，使帥其屬而掌邦政，以佐王平邦國。

本《尚書·周官》司馬掌邦政，統六師，平邦國之説。自大司馬而下，凡六十九官。

軍將皆命卿。

此語見文武不分最切。薛平仲乃謂六官中特司馬掌兵，餘卿無與。竊恐不然，六鄉之民皆以什伍爲軍，則六鄉之卿皆爲軍將，若獨司馬一卿爲軍將，豈他鄉之民不爲兵耶？豈司馬兼將他鄉之兵耶？必不然也。

大司馬掌建邦國之九法以平邦國，以九伐之法正邦國。

小司馬掌小祭祀、會同、饗射、師田、喪紀之事。

軍司馬、輿司馬、行司馬皆缺。

司勳掌六鄉賞地之法。

陳君舉謂：獨屬之司馬者，以軍賞不踰時，免司存散隔，回復壅底之患。

馬質。

質，平也。主買馬平其賈直。

量人掌建國之法。

小子掌羞羊。羊人掌羊牲。

職似可併。

司爟掌火政。

掌固主修城郭。司險掌九州圖。掌疆主疆界。候人迎賓客。環人掌政師。

挈壺氏。

不詳刻漏之制。而挈壺以令軍井，挈轡以令舍，挈畚以令糧。

射人掌射位。

服不氏掌養猛獸。射鳥氏掌射鳥。羅氏掌羅烏鳥。掌畜掌養鳥。

凡四官，似皆不見爲民設官之意。

司士掌群臣之版。諸子掌國子之倅。司右掌群右之政令。

謂凡車右之長也。

虎賁氏掌先後王而趨。旅賁氏掌執戈盾、夾王車而趨。

節服氏掌祭祀、朝覲袞冕。

似於司馬無關。

方相氏掌儺。

以相視而攻疫者非一方，故名方相。

大僕掌正王之服位，出入王之大命。小臣掌王之小命，相王之小灋儀。祭僕掌受命于王以眡祭祀。御僕掌群吏之逆及庶民之復。隸僕掌五寢之埽除糞洒之事。

似皆於夏官司馬無關，於天官冢宰之屬則近之。

弁師掌王之五冕。

似宜屬春官。

司甲、司兵、司戈盾、司弓矢、繕人、稾人、戎右。

皆司馬之屬，宜也。

齊右爲祭祀陪乘。道右掌前道車。大馭掌馭玉路。戎僕掌馭戎車。齊僕掌馭金路。道僕掌馭象路。田僕掌馭田路。馭夫掌馭貳車。校人掌王馬之政。趣馬贊正良馬。巫馬掌養疾馬。牧師掌牧馬。廋人掌十有二閑之政。圉師掌教圉人養馬。圉人掌養馬芻牧之事。

右十五官似不必盡屬夏官，恐亦有可併省者。

職方氏掌天下之地。土方氏掌土圭之法。懷方氏掌遠方之民。合方氏掌達天下之道路。訓方氏掌通四方之政事。形方氏掌制邦國之地域。山師掌山林之名。川師掌川澤之名。邍師掌四方之地名。

凡九官於夏官司馬亦迂，雖以之屬地官可也，且亦多可併省以寬民力。

匡人掌灋匡邦國。撢人掌王志，以語之天下邦國。

撢與探同，言探王之志。此二官似不宜屬司馬。

都司馬掌都之車馬、兵甲、戒令以聽於國司馬。家司馬各使其臣以正於公司馬。

公司馬即國司馬。

陳及之曰：司馬一官與軍政者半，不與者半。自大司馬至行司馬，自諸子至旅賁氏，自司甲至槀人，自校人至圉師，其他則環人、戎右、戎僕、都家司馬，皆與戎事者也。自掌固至掌疆，則司疆界者也。自服不氏至掌畜，則掌鳥獸者也。自太僕至隸僕，則左右侍御僕從者也。自職方氏至撢人，則掌輿地及四方諸侯外夷者也。小子掌祭祀則係焉，司爟掌行火則係焉，候人掌賓客則係焉，挈壺氏掌司夜則係焉，司士掌朝儀則係焉，弁師掌冠弁則係焉，與夫齊右之屬、射人之屬，則又係焉。夫既曰典軍政，而官府錯居，互相關係。

右夏官卿、大夫、士六百九十有一人，府、史、胥、徒、工、賈、醫四千一百五十有二人，不命之官凡四，方相氏、狂夫四人，圉師乘一人，圉人、良馬匹一人，駑馬麗一人，家司馬各使其臣以正於公司馬。

秋官司寇

乃立秋官司寇，使帥其屬而掌邦禁，以佐王刑邦國。

此本《尚書·周官》司寇掌邦禁，詰姦慝，刑暴亂之説。凡六十七官。然《書》曰「刑暴亂」可也，此曰「刑邦國」，則非辭矣。

大司寇掌建邦之三典，以佐王刑邦國，詰四方。小司寇掌外朝之政，以致萬民而詢焉。一曰詢國危，二曰詢國遷，三曰詢立君。

按此官亦可疑，萬民豈可致之外朝耶？如盤庚登進民于庭，止於國中之民猶可也。國危、國遷與立君皆外諸侯之事，其民豈得而致之耶？國之危與遷及立君，詢之卿大夫可也，而詢之民何耶？

士師掌五禁之法，宫禁、官禁、國禁、野禁、軍禁也。鄉士掌國中，各掌其鄉之民數而糾戒之。遂士掌四郊，各掌其遂之民數而糾其戒令。縣士掌野各掌其縣之民數。方士掌都家之獄訟。訝士掌四方之獄訟。

凡六官次第甚明,但胥徒太多耳。

朝士掌建邦外朝之灋。

其曰凡報仇讎者,書於士,殺之無罪。既書於士矣,士何不正其罪殺之,而縱其人自相仇殺耶?

司民掌登萬民之數。司刑掌五刑之灋以麗萬民之罪。司刺掌三刺、三宥、三赦之灋。司約掌邦國及萬民之約劑。司盟掌盟載之法。

凡五官亦有次第,但盟恐非盛世事耳。

職金掌凡金、玉、錫石、丹青之戒令。

其徒八十人似多,亦不宜屬刑官。

司厲掌盜賊之任器貨賄。

此屬刑官可也。

犬人掌犬牲。

宜屬獸人、雞人之列,然犬亦豈所以名官耶?

司圜、掌囚。

司圜掌收教、罷民,然徒百有六十人,何多耶?掌囚掌守盜賊。凡囚者,徒百有二十人,亦多。今世守囚未有滿數人者,其害已甚。若周盛時,囹圄空虛而繁雜如此歟?

掌戮掌斬殺。

司隸掌五隸之法。

其徒至三百人。五隸者罪、閩、蠻、夷、貉也。罪隸、蠻隸、閩隸、夷隸、貉隸，又各百有二十人，盛時蠻夷，於中國之王都何關？而收隸如此之多，不可曉也。

布憲掌刑禁。禁殺戮掌司斬、殺戮。禁暴氏掌禁亂。

野廬氏掌達國道路至於西畿。蜡氏掌除骴，蜡音猎。雍氏掌溝瀆。萍氏掌水禁。司寤氏掌夜時。司烜氏掌取火於日，取水於月。烜音毁。條狼氏掌執鞭。修閭氏掌互欜。互者，今行馬。欜即擊柝。冥氏掌設弧張。庶氏掌除毒蠱。冗氏掌攻蟄獸。翨音翅。氏掌攻猛鳥。柞氏掌攻草木。薙他計反。氏掌殺草。硩他折反。蔟倉獨反。氏掌覆天鳥之巢。翦氏掌除蠹物。赤犮音跋。氏掌除牆屋。蟈氏掌去鼃、黽。鼃，即蟈。黽者，耿黽也。黽，莫幸反。壺涿氏掌除水蟲。庭氏掌射天鳥。

按自野廬氏至冥氏凡九官，宜分屬天官、地官。自庶氏至庭氏凡十一官，皆主殺害禽蟲，恐無此理。

㘅枚氏掌司囂。伊耆氏掌杖咸。

大行人掌賓客。小行人掌賓客之禮籍。司儀掌擯相之禮。行夫掌傳遽之小事。環人掌送逆。象胥掌夷國。掌客掌禮牢。掌訝掌等籍。掌交掌節幣。掌察。掌貨賄。

凡十一官皆爲賓禮設，豈無可併省者？且於義合屬春官、夏官。

朝大夫掌都家之國治。都則、都士、家士。

凡四官一律。

易氏曰：秋官，刑官也。司寇掌刑，而士師則掌禁。自鄉士以至司隸，用刑者也。自布憲至嗡枚氏，用禁者也。若大行人、掌客之類，疑於春官之掌禮者。朝士、掌交之類，疑於夏官之掌政者。右卿、大夫、士百三十有五人，府、史、胥、徒、賈、庶子二千七百三十有六人。

冬官考工記

此本《尚書·周官》司空掌邦土、居四民、時地利之説。而名冬官，鄭注云：司空篇亡，漢興購求千金，弗得。先儒據所聞記之。王次點曰：以周官司空之掌放之，司空未可以爲亡也。夫《周官》言司空掌邦土、居四民、時地利，凡經言田萊、溝洫、都邑、涂巷者，非邦土而何？農、工、商、賈，市井、里、室廬者，非居民而何？桑、麻、穀、粟之所出，山澤林麓之所生，非地利而何？及考小宰言，六官設屬各有六十，今治官之屬六十有三，教官之屬七十有八，禮官之屬七十，政官之屬六十有九，刑官之屬六十有七，意者簡編錯雜，先儒莫之能辨，遂以《考工記》補之。其實司空一官未嘗亡也。愚按《周禮》出於漢末，鄭氏謂漢興購求司空篇不得，恐未可信。今以五官所餘之數，合《考工》三十之數，自可足本篇六十，而謂先儒莫之能辨，此豈難見之事，而先儒莫之能哉？或疑此書正因晚出，故爲錯脱以示其爲古。未知然否？然五官之屬皆差互不倫，非特司空一官而已也。

輪人爲輪。輪人爲蓋。輿人爲車。輈人爲輈。築氏爲削。冶氏爲殺。桃氏爲劍。鳧氏爲鍾。㮚氏爲量。段氏。闕。函人爲甲。鮑人之事，治革之工也。字本作鞄。韗人爲皋陶。字本作鞠。韋氏。闕。裘氏。闕。畫繢之事。鍾氏染羽。鍾，聚也，取其色之聚也。筐人。闕。㡛氏湅絲。㡛，言治之使熟也。玉人、櫛人闕。雕人闕。磬人、矢人、陶人。旊人爲簋。梓人三爲筍虡、爲飲器、爲侯。廬人爲廬器。

廬者，總合衆體而成。積竹爲之，取其堅固。

匠人三建國，營國，爲溝洫。車人爲耒，爲車。弓人。

弓有六材，獨言角、幹、筋者，膠漆絲爲之輔而已也。

孔子删《詩》、定《書》、繫《周易》、作《春秋》，此四書正經也。《禮記》雖漢儒所集，而孔門之《中庸》、《大學》在焉。《樂記》等篇亦多格言。若《周禮》未知其何如。夾漈鄭氏嘗謂《周禮》一書詳周之制度，而不及道化；嚴於職守，而闊略人主之身。後來求其説而不得。或謂文王治岐之制，或謂成周理財之書，或謂戰國陰謀之書，何休云。或謂漢儒傅會之説，乃劉歆作。或謂末世瀆亂不驗之書、林孝存作《十論》、《七難》以排之。至孫處又獨爲之説曰：《周禮》之作，周公居攝之後，書成歸豐，而實未嘗行，惟其未行，故建都之制不與《召誥》、《洛誥》合，封國之制不與《武成》、《孟子》合，設官之制不與《周官》合，九畿之制不與《禹貢》合。凡此皆預爲之而未嘗行也。愚恐亦意之之言。按《周禮》實漢成帝時劉歆始列之《七略》，王莽時劉歆始奏置博士爾。《周禮》始用於王莽，大敗；再用於王安石，又大敗。夾漈以爲用《周禮》者之過，非《周禮》之過，是固然矣。然未有用而效者，恐亦未可再以天下輕試。

卷三十一

讀春秋左氏傳

君子曰

周、鄭交質，周、鄭交惡。君子曰：信不由中，質無益也。君子結二國之信，行之以禮，又焉用質。隱三年。

周，天子；鄭，諸侯也。何物君子以二國結信爲言。及其伐宋，以郜、防歸我。君子謂鄭莊公於是乎正。又其伐許而處許西偏，君子謂鄭莊公於是乎有禮。豈盜亦有道者耶？王取鄔、劉、蔿、邘之田于鄭，而與鄭人蘇忿生之田，君子謂是以知桓王之失鄭，至是則寧罪王而不罪鄭矣。鄭莊公伐周，射王中肩，春秋初第一罪人，而左氏反第一以爲賢，可怪也！

衛大旱【一】，甯莊子曰：「天其或者欲使衛討邢乎？」從之，師興而雨。雨乃偶然，天豈助虐。甚矣，甯莊子之逢君，而左氏之好誣也。

晉狼瞫能斬秦囚，遂以爲右。箕之役，先軫黜之。狼瞫怒，其友曰「盍死之」？瞫曰

校勘記

【一】衛大旱　「大」原作「人」。據《左傳》、耕餘本改。

「吾未獲死所」。及彭衙,馳秦師死焉。君子謂狼瞫於是乎君子。

狼而輕生,果君子乎?

秦伯伐晉,濟河焚舟,晉人不出,封殽尸而還,遂霸西戎,用孟明也。君子是以知秦穆之爲君也,舉人之周也,與人之壹也。孟明之臣也,其不解也,能懼思也。

孟明違父誤君,無故行盗賊之行,掩鄭取敗,自是秦、晉交兵四十餘年,使生靈肝腦塗地,孟明之罪大矣。秦穆公口一時悔過,而心終身遂非,偏聽專任之禍亦烈矣。焚舟之役,晉特不出,秦未嘗勝晉也。封尸而還,何救肝腦塗地之靈。秦素强,西戎素服於秦,秦豈因是而霸?是時秦未嘗擾中國。舍孟明召禍一事之外,餘亦未嘗與中國一矢相加。使當是時,信用蹇叔而不誤用孟明,常與晉婚姻而不自殘其百姓,則其霸於西戎,又豈止如今日所見而已哉!

趙穿攻靈公於桃園。宣子未出山而復。太史書曰「趙盾弑其君」,以示於朝。宣子曰「不然」。對曰「子爲正卿,亡不越竟,反不討賊,非子而誰」!宣子曰「嗚呼,我之懷矣!自詒伊戚,其我之謂矣」。孔子曰「董狐,古之良史也,書法不隱。趙宣子,古之良大夫也,爲法受惡。惜也!越竟乃免」。

弑君之罪無所逃於天地之間,而曰越竟乃免。左氏每借君子,妄爲之辭。今又誣吾孔子,不其甚乎!

襄二十有七年十一月乙亥朔，日有食之，辰在申。司歷過也，再失閏矣。閏不可失也，閏再失，則差兩月，寒暑易矣，繼此當益差可也。然而四時未嘗易其序，則於何年增爲十有四月而追正之耶？

子產謂子太叔曰：「惟有德者能以寬服民，其次莫如猛。」太叔不忍猛而寬，鄭國多盜。太叔悔之，攻萑苻澤之盜【二】，盡殺之，盜少止。仲尼曰「善哉！政寬則民慢，慢則糾之以猛」。

孔子曰：「子爲政，焉用殺？」又曰：「居上不寬，吾何以觀之哉？」又曰：「君子威而不猛。」今左氏謂太叔盡殺而孔子歎以善哉！又謂政寬則民慢，慢則糾之以猛。是寬不可臨民，而猛焉是主而殺之爲快也。異乎吾所聞。

賢君

衛文公大布之衣，大帛之冠，務材訓農，通商惠工，敬教勸學，任方授能，元年革車三十乘，季年乃三百乘。閔二年。

晉悼公。晉人弒厲公迎悼公于京師而立之，生十四年矣。曰：「孤始願不及此。抑人之求君，使出命也。立而不從，將安用君？二三子用我今日，否亦今日。」盟而入，逐不臣者七人，始命百官，施舍己責，逮鰥寡，振廢滯，匡乏困，救災患，禁淫慝，薄賦斂，宥罪戾，節器用，時用民。凡六官之長，皆民譽。舉不失職，官不易方，爵不踰德，師不陵正，旅

【二】攻萑苻澤之盜　「萑苻澤」原作「崔符之」，據文淵閣本改。

不偪師，民無謗言，國以復霸。晉侯之弟揚干亂行於曲梁。魏絳戮其僕，晉侯怒曰：「必殺魏絳！」羊舌赤曰：「絳無貳志，其將來辭。」言終，魏絳至，請歸死。公跣而出曰：「寡人之言，親愛也，吾子之討，軍禮也。寡人有弟不能教訓，使干大命，寡人之過也。子無重寡人之過。」與之禮食，使佐新軍，使盟諸戎，修民事，田以時。楚子囊伐鄭，鄭將從楚，子展曰：「晉君方明，四軍無缺，八卿和睦，必不棄鄭。」秦景公乞師於楚，將伐晉，子囊曰：「晉君類能而使之，其卿讓於善，其大夫不失守，其士競於教，其庶人力於農穡，商工皂隸不知遷業，晉不可敵，事之而後可。」晉侯歸，謀所以息民，三駕而楚不能爭。成十八年以後。

賢臣

令尹子文。鬭穀於菟爲令尹，自毁其家以紓楚國之難。

齊大史。崔杼弑齊君，太史書曰「崔杼弑其君。」崔子殺之。其弟嗣書，而死者二人，其弟又書，乃舍之。南史氏聞太史盡死，執簡以往，聞既書矣，乃還。襄十五年。

子産。子産從政一年，輿人誦之曰：「取我衣冠而褚之，取我田疇而伍之。孰殺子産，吾其與之。」及三年，又誦之曰：「我有子弟，子産誨之，我有田疇，子産殖之。子産而死，誰而嗣之？」

信行

臧僖伯諫觀魚，不聽。公往觀魚，僖伯稱疾不從。隱五年。晉使解揚如宋，使無降楚。鄭人囚而獻諸楚，楚子厚賂之，使反其言。不許，三而許之。登諸樓車，使呼宋人而告之，遂致其君命。楚子將殺之，對曰：「受命以出，有死無霣。」楚子舍之，以行。

晉祁奚請老，晉侯問嗣焉。稱解狐，其讎也，將立之而卒。又問焉，對曰「午也可」。於是羊舌職死矣，晉侯曰孰可以代之【三】？對曰「赤也可」。於是使祁午爲中軍尉，羊舌赤佐之。君子謂祁奚於是能舉善矣，稱其讎，不爲諂；立其子，不爲比；舉其偏，不爲黨。襄三年。

韓宣子殺羊舌虎，囚叔向。樂王鮒見叔向曰「吾爲子請」。叔向弗應。人皆咎叔向，叔向曰：「必祁大夫，樂王鮒從君者也，何能行？祁大夫外舉不棄讎，内舉不失親，其獨遺我乎？」於是祁奚老矣，乘馹而見宣子，曰：「謀而鮮過，惠訓不倦者，叔向有焉，社稷之固也，若之何其以虎也棄社稷。」宣子説，與之乘，以言諸公而免之。不見叔向而歸，叔向亦不告免焉而朝。襄二十一年。

公冶。公在楚，季武子取卞，使公冶問璽書，追而與之，曰：「聞守卞者將叛，臣帥徒以討之，既得之矣，敢告。」公冶致使而退，及舍而後聞取卞。公曰：「欲之而言叛，祇見疏也。」公至自楚。公冶致其邑於季氏而終不入焉，曰：「欺其君，何必使余！」

【三】孰可以代之　「代」原作「伐」，據文津閣、文淵閣本改。

杜洩。季氏舍中軍，四分公室擇其二，以書使杜洩告叔孫於殯，曰：「子固欲毁中軍，既毁之矣，敢告。」杜洩曰：「夫子惟不欲毁也，故盟諸僖閎，詛諸五父之衢。」受其書而投之，既葬而行。

子家子。昭公伐季氏，季氏請以五乘亡，弗許。子家子曰「君其許之」。弗聽。公孫于齊曰「不如早之晉」。弗從。公薨于乾侯。季孫曰「吾欲與之從政」。子家子不見季孫。

申包胥。初伍員與申包胥友，其亡也，謂申包胥曰「我必復楚國」。申包胥曰「子能復之，我必能興之」。及昭王在隨，申包胥如秦乞師，立依於庭牆而哭，日夜不絶聲，勺飲不入口七日。秦哀公爲之賦《無衣》，九頓首而坐，秦師乃出。申包胥以秦師敗吴師於軍祥，又戰於公壻之谿。吴師大敗，吴子乃歸。楚子入於郢，王賞申包胥，申包胥曰：「吾爲君也，非爲身也。君既定矣，又何求？」遂逃賞。

季路。小邾射以句繹來奔，曰：「使季路要我，吾無盟矣。」使子路。子路辭，季康子使冉有，謂之曰：「千乘之國，不信其盟而信子之言，子何辱焉？」對曰：「魯有事於小邾，不敢問故，死其城下可也，彼不臣而濟其言，是義之也。」由弗能。哀十四年，在獲麟絶筆之後。

名言

兵猶火也，弗戢將自焚。隱四年衆仲云。

爲國家者，見惡如農夫之務去草焉。隱六年載周任之言。

夫民，神之主也。是以聖王先成民而後致力於神。桓六年。

匹夫無罪，懷璧其罪。桓十年。

師克在和不在衆。桓十一年。卜以決疑，不疑何卜。同上。並后匹嫡，兩政耦國，亂之本也。桓十八年。

天下之惡一也。莊十二年。

妖由人興。莊十四年。

儉德之共也，侈惡之大也。莊二十四年。

國將興，聽於民；將亡，聽於神。

宴安酖毒。閔元年。無德而禄，殃也。閔二年。

以人從欲，鮮濟。僖二十年。

敬，德之聚也。僖三十三年舊季云。出門如賓，承事如祭，仁之則也。同上。

人誰無過，過而能改，善莫大焉。宣二年。

國饒則民驕佚。近寶，公室乃貧。成六年。

劉子曰：「吾聞之，民受天地之中以生，所謂命也。是以有動作禮義威儀之則，以定命也。能者養之以福，不能者敗以取禍。」成十二年。

宋人或得玉，獻諸子罕。子罕弗受，曰：「我以不貪爲寶，子以玉爲寶。若以與我，皆喪寶也，不若人有其寶。」襄十五年。

上所不爲而民或爲之，是以加刑罰焉，而莫敢不懲。若上之所爲而民亦爲之，乃其所也，又可禁乎！襄二十一年。

生於亂世，貴而能貧，民無求焉，可以後亡。

辭命

隨季梁對隨侯桓六年。

夫民，神之主也。是以聖王先成民而後致力於神。故奉牲以告曰「博碩肥腯」，謂民力之普存也，謂其畜之碩大蕃滋也，謂其不疾瘯蠡也，謂其備腯咸有也。奉盛以告曰「潔粢豐盛」，謂其三時不害而民和年豐也。奉酒醴以告曰「嘉栗旨酒」，謂其上下皆有嘉德，而無違心也。所謂馨香無讒慝也。於是乎民和而神降之福。

曹劌敗齊于長勺莊十年。

齊師伐我，公將戰。曹劌請見，其鄉人曰：「肉食者謀之，又何間焉。」劌曰：「肉食者鄙，未能遠謀。」乃入見，問何以戰。公曰：「衣食所安，弗敢專也，必以分人。」對曰：「小惠未徧，民弗從也。」公曰：「犧牲玉帛，弗敢加也，必以信。」對曰：「小信未孚，神弗福也。」公曰：「小大之獄，雖不能察，必以情。」對曰：「忠之屬也，可以一戰。戰則請從。」公與之乘，戰于長勺。公將鼓之，劌曰「未可」。齊人三鼓，劌曰「可矣」。齊師敗績。公將馳之，劌曰「未可」。下視其轍，登軾而望之，曰「可矣」。遂馳齊師。既克，公問其故，對曰「夫戰，勇氣也。一鼓作氣，再而衰，三而竭，彼竭我盈，故克之。夫大國，難測也，懼有伏焉，吾視其轍亂，望其旗靡，故逐之」。

秦獲晉侯僖十五年。

秦獲晉侯以歸，晉大夫三拜稽首，曰：「君履后土而戴皇天，皇天后土實聞君之言，群臣敢在下風！」穆姬聞晉侯將至，逆且告曰：「上天降災，使我兩君匪以玉帛相見，而以興戎。若晉君朝以入，則婢子夕以死，夕以入，則朝以死。」乃舍諸靈臺。晉陰飴甥會秦伯，盟于王城。秦伯曰「晉國和乎？」對曰：「不和，小人恥失其君而悼喪其親，曰必報讎。君子愛其君而知其罪，曰必報德。以此不和。」秦伯曰：「國謂君何？」對曰：「小人慼，謂之不免；君子恕，以爲必歸。小人曰『我毒秦，秦豈歸君』？君子曰『我知罪矣，秦必歸君』。」秦伯曰：「是吾心也。」改館晉侯，晉侯歸。

公子重耳及楚僖二十二年。

及楚，楚子饗之，曰：「公子若反晉國，則何以報不穀？」對曰：「子女玉帛，則君有之，羽毛齒革，則君地生焉。其波及晉國者，君之餘也。其何以報君？」曰：「雖然，何以報我？」對曰：「若以君之靈，得反晉國，晉、楚治兵，遇於中原，其辟君三舍。若不獲命，其左執鞭弭，右屬櫜鞬，以與君周旋。」

展喜犒師僖二十六年。

齊孝公伐我北鄙，公使展喜犒師，使受命於展禽。齊侯未入竟，展喜從之，曰：「寡君聞君親舉玉趾，將辱於敝邑，使下臣犒執事。」齊侯曰：「魯人恐乎？」對曰：「小人恐矣，君子則否。」齊侯曰：「室如懸罄，野無青草，何恃而不恐。」對曰：「恃先王之命。昔周公、太公，股肱周室，夾輔成王。成王勞之而賜之盟曰：世世子孫，無相害也。桓公是以糾合諸侯而謀其不協，彌縫其闕而匡救其災，昭舊職也。及君即位，諸侯之望曰『其率桓之功，我敝邑用不敢保聚』。曰『豈其嗣世九年而棄命廢職，其若先君何？君必不然』。恃此以不恐。」齊侯乃還。

鄭伯服楚宣十二年。

楚子圍鄭，克之，入自皇門。鄭伯肉袒牽羊以逆，曰：「孤不天，不能事君，使君懷怒以及敝邑，孤之罪也，敢不唯命是聽！其俘諸江南以實海濱，亦唯命；其翦以賜諸侯【四】，使臣妾之，亦惟命。若惠顧前好，徼福於厲、宣、桓、武，不泯其社稷，使改事君，夷於九縣，君之惠也，孤之願也。敢布腹心，君實圖之。」左右曰：「不可許也，得國無赦。」王曰：「其君能下人，必能信用其民矣，庸可幾乎！」退三十里乃許之平。

楚訓國人宣十二年。

欒武子曰：「楚自克庸以來，其君無日不討國人，而訓之于民生之不易，禍至之無日，戒懼之不可以怠。在軍無日不討軍實，而申儆之于勝之不可保，紂之百克而卒無後。訓之以若敖、蚡冒，篳路藍縷以啓山林，箴之曰『民生在勤，勤則不匱。』」

鞌之戰成二年。

晉師歸，郤伯見。公曰：「子之力也夫。」對曰：「君之訓也，二三子之力也，臣何力之有焉？」范叔見，勞之如郤伯。對曰：「庚所命也，克之制也。燮何力之有焉？」欒伯見，公亦如之。對曰：「燮之詔也，士用命也，書何力之有焉？」

呂相絶秦成十三年。

晉侯使呂相絶秦，曰：「昔逮我獻公及穆公相好，戮力同心，申之以盟誓，重之以昏姻。天禍晉國，文公如齊，惠公如秦，無禄，獻公即世，穆公不忘舊德，俾我惠公，用能奉祀于晉，又不能成大勳，而爲韓之師，亦悔于厥心。用集我文也，是穆之成也。文公躬擐甲冑，跋履山川，踰越險阻，征東之諸侯。虞、夏、商、周之胤而朝諸秦，則亦既報舊德矣。鄭

【四】其翦以賜諸侯　「侯」原作「侏」，據《左傳・宣公十二年》改。

人怒君之疆場，我文公帥諸侯及秦圍鄭。秦大夫不詢于我寡君，擅及鄭盟，諸侯疾之，將致命於秦。文公恐懼，綏静諸侯，秦師克還無害，則是我有大造于西也。無禄，文公即世，穆爲不吊，蔑死我君，寡我襄公，迭我殽地，奸絶我好，伐我保城，殄滅我費滑，散離我兄弟，撓亂我同盟，傾覆我國家。我襄公未忘君之舊勳而懼社稷之隕，是以有殽之師，猶願赦罪於穆公，穆公弗聽，而即楚謀我。天誘其衷，成王隕命，穆公是以不克逞志于我。穆、襄即世，康、靈即位。康公我之自出，又欲闕翦我公室，傾覆我社稷，帥我蝥賊以來蕩摇我邊疆，我是以有令狐之役。康猶不悛，入我河曲，伐我涑川，俘我王官，翦我羈馬，我是以有河曲之戰。東道之不通，則是康公絶我好也。及君之嗣也，我君景公引領西望曰『庶撫我乎』？君亦不惠稱盟，利吾有狄難，入我河縣，焚我箕、郜，芟夷我農功，虔劉我邊垂。我是以有輔氏之聚。君亦悔禍之延，而欲徼福于先君獻、穆，使伯車來命我景公曰『吾與女同好棄惡，復修舊德，以追念前勳』。言誓未就，景公即世，我寡君是以有令狐之會。君又不祥，背棄盟誓。白狄及君同州，君之仇讎而我昏姻也。君來賜命曰『吾與女伐狄』。寡君不敢顧昏姻，畏君之威而受命于吏。君有二心於狄，曰『晉將伐女【五】』。狄應且憎【六】，是用告我。楚人惡君之二三其德也，亦來告我曰『秦背令狐之盟而來求盟于我，昭告昊天上帝、秦三公、楚三王曰『余雖與晉出入，余唯利是視』。不穀惡其無成德，是用宣之，以懲不壹』。諸侯備聞此言，斯是用痛心疾首，暱就寡人。寡人帥以聽命，唯

【五】晉將伐女　「晉」原作「吾」，據《左傳・成公十三年》改。

【六】狄應且憎　「且」原作「是」，據《左傳・成公十三年》改。

好是求。君若惠顧諸侯，矜哀寡人，而賜之盟，則寡人之願也；其承寧諸侯以退，豈敢徼亂？君若不施大惠，寡人不佞，其不能以諸侯退矣。敢盡布之執事，俾執事實圖利之。」

晉伯州犂在楚望晉軍成十六年。

楚子登巢車以望晉軍，子重使太宰伯州犂侍于王後。王曰「騁而左右，何也」？曰「召軍吏也」。「皆聚於中軍矣」？曰「合謀也」。「張幕矣」？曰「虔卜於先君也」。「徹幕矣」？曰「將發命也」。「甚囂且塵上矣」？曰「將塞井夷竈，而爲行也」。「皆乘矣，左右執兵而下矣」？曰「聽誓也」。「戰乎」？曰「未可知也」。「乘而左右皆下矣」？曰「戰禱也」。

齊師夜遁襄十八年。

齊師夜遁。師曠告晉侯曰「烏烏之聲樂，齊師其遁」。邢伯告中行伯曰「有班馬之聲，齊師其遁」。叔向告晉侯曰「城上有烏，齊師其遁」。

晉大夫與楚孰賢襄二十六年。

楚伍舉與聲子相善也，伍舉奔鄭，將遂奔晉。聲子將如晉，遇之於鄭郊，班荆相與食而言曰「吾必復子」。聲子還，如楚。令尹子木問晉大夫與楚孰賢？對曰：「晉卿不如楚，其大夫則賢，皆卿材也，如杞、梓、皮革自楚往也，雖楚有材，晉實用之。子儀之亂，析公奔晉，晉人寘諸戎車之殿，以爲謀主。繞角之役，楚失華夏，則析公之爲也。雍子之父

【七】楚失東夷　「失」原作「朱」，據《左傳·襄公二十六年》及明本改。

兄謟雍子，雍子奔晉，晉人與之鄐，以爲謀主。彭城之役，楚失東夷【七】，則雍子之爲也。子反與子靈爭夏姬，子靈奔晉。晉人與之邢，以爲謀主，通吴於晉，教吴叛楚。楚罷於奔命，至今爲患，則子靈之爲也。若敖之亂，賁皇奔晉，晉人與之苗，以爲謀主，鄢陵之役，楚師大敗，楚失諸侯，則苗賁皇之爲也。」子木曰「是皆然矣」。聲子曰：「今又有甚於此，椒舉娶於申公子牟，子牟得戾而亡。君大夫謂椒舉女實遣之，懼而奔鄭，引領南望曰『庶幾赦余』！亦弗圖也，今在晉矣。晉人將與之縣以比叔向。彼若謀害楚國，豈不爲患？」子木懼，言諸王，益其爵禄而復之。聲子使椒鳴逆之。

正考父鼎銘昭七年。

一命而僂，再命而傴，三命而俯，循牆而走，亦莫余敢侮，饘於是，鬻於是，以餬余口。

晉齊投壺昭十二年。

晉侯以齊侯宴，中行穆子相。投壺，晉侯先。穆子曰：「有酒如淮，有肉如坻。寡君中此，爲諸侯師。」中之。齊侯舉矢，曰：「有酒如澠，有肉如陵。寡君中此，與君代興。」亦中之。

南蒯同前。

南蒯將叛季氏，其鄉人或知之，過之而嘆，且言曰：「恤恤乎，湫乎攸乎！」將適費，飲鄉人酒。鄉人或歌之曰：「我有圃，生之杞乎！從我者子乎！去我者鄙乎！倍其鄰者耻乎！已乎已乎！非吾黨之士乎！」

梁丘據昭二十年。

齊景公曰：「唯據與我和夫？」晏子對曰：「據亦同也，焉得爲和？君所謂可而有否焉，臣獻其否以成其可；君所謂否而有可焉，臣獻其可以去其否。今據不然，君所謂可，據亦曰可；君所謂否，據亦曰否。」

梗陽之獄昭二十八年。

梗陽人有獄，魏戊不能斷，以獄上。其大宗賂以女樂，魏子將受之。魏戊謂閻没、女寬曰：「主以不賄聞於諸侯，若受梗陽人賄，莫甚焉。吾子必諫。」皆許諾，退朝待於庭，饋入召之，比置三嘆，既食使坐。魏子曰：「吾聞惟食忘憂，吾子置食之間三嘆，何也？」同辭而對曰：「或賜二小人酒，不夕食，饋之始至，恐其不足，是以嘆，中置自咎曰『豈將軍食之而有不足』？是以再嘆。及饋之畢，願以小人之腹爲君子之心，屬厭而已。」獻子辭梗陽人。

伍員肆楚昭三十年。

若爲三師以肄焉，一師至彼必皆出，彼出則歸，彼歸則出，楚必道敝。亟肄以罷之，多方以誤之，既罷而後以三軍繼之，必大克之。闔廬從之，楚於是乎始病。

夾谷之會定公十年。

公會齊伯于夾谷，孔子相。犂彌言於齊侯曰：「孔子知禮而無勇，若使萊人以兵劫魯侯，必得志焉。」齊侯從之。孔子以公退，曰：「士兵之，兩君合好，而裔夷之俘以兵亂之，非齊君所以命諸侯也。裔不謀夏，夷不亂華。俘不干盟，兵不偪好，於神爲不祥，於德爲愆義，於人爲失禮，君必不然。」齊侯聞之，遽辟之。

季孫問田賦哀十一年。

季孫欲以田賦，使冉有訪諸仲尼。仲尼曰：「某不識也。」三發，卒曰：「子爲國老，待子而行，若之何子之不言也？」仲尼不對，而私於冉有曰：「君子之行也，度於禮，施取其厚，事舉其中，斂從其薄，如是則以丘亦足矣。若不度於禮，而貪冒無厭，則以田賦將又不足。且子季孫若欲行而法，則周公之典在；若欲苟而行，又何訪焉？」《傳》文元有「弗聽」二字。然以爲冉有弗聽則非義，以爲季孫弗聽，合言冉有復命而後可。

葉公定白公勝之亂哀十六年。

楚太子建在鄭，暴虐於其私邑，又適晉與晉謀襲鄭，鄭人殺之。其子勝在吴，子西欲召之。葉公曰：「吾聞勝也詐而亂，無乃害乎！」子西曰：「吾聞勝也信而勇。」葉公曰：「吾聞勝也好復言而求死士，殆有私乎？復言非信也。期死，非勇也。」弗從，召之使處吴竟爲白公。請伐鄭，未起師，晉人伐鄭，楚救之，勝怒，遂作亂，殺子西、子期於朝。葉公在蔡，至及北門，或遇之曰：「君胡不胄，國人望君如望慈父母焉。賊之矢若傷君，是絶民望也。」乃胄而進。又遇一人，曰：「君胡胄？國人望君如望歲焉，日日以幾，若見君面是得艾也；而又掩面以絶民望，不亦甚乎！」乃免胄而進，遇箴尹固帥其屬，使與國人攻白公。白公奔山而縊，國寧。乃使寧爲令尹，使寬爲司馬，而老於葉。寧子西，寬子期子也。

文句

公入而賦，大隧之中，其樂也融融；姜出而賦，大隧之外其樂也洩洩。隱元年。

山有木，工則度之；賓有禮，主則擇之。隱十年。

楚之羸，其誘我也。桓六年。民餒而君逞欲。同上。

一鼓作氣，再而衰，三而竭。莊十一年。

禹、湯罪己，其興也勃焉；桀、紂罪人，其亡也忽焉。並同上。

物莫能兩大。莊二十二年。非此其身，在其子孫。同上。

本必先顛而後枝葉從之。閔元年。

心苟無瑕，何恤乎無家。同上。

是天奪之鑒而益其疾也。僖二年。

君處北海，寡人處南海，唯是風馬牛不相及也。不虞君之涉吾地也【八】。僖四年。君

【八】不虞君之涉吾地也　「虞」原作「虛」，據《左傳》改。

其問之水濱。同上。

一薰一蕕，十年尚猶有臭。僖四年。

一之謂甚，其可再乎。僖五年。神其吐之乎。同上。

既不能强又不能弱。僖七年。知臣莫若君。同上。

天威不違顔咫尺。僖九年。

欲加之罪，其無辭乎？僖十年。

神不歆非類，民不祀非族。同上。幣重而言甘，誘我也。同上。

天災流行，國家代有，救災卹鄰，道也。僖十三年。

皮之不存，毛將安傅。僖十四年。君其悔是哉。同上。

歲云秋矣，我落其實而取其材。僖十五年。

蠭蠆有毒，而況國乎！僖二十二年。臧文仲謂邾。

所不與舅氏同心者，有如白水。僖廿四年。

況貪天之功以爲己力乎！同上。

宋先代之後也，於周爲客。天子有事膰焉，有喪拜焉。同上。

師直爲壯。僖二十七年。一日縱敵，數世之患。僖三十二年。

武夫力而拘諸原，婦人暫而免諸國。僖三十三年。

皋陶、庭堅不祀，忽諸？文五年。

敵惠敵怨，不在後嗣。此止可言敵怨。

葛藟猶能芘其本根。文七年。芘焉而縱，尋斧焉者。同上。

言猶在耳，而棄之若何。文七年。

同官爲寮，吾嘗同寮，敢不盡心乎？同上。

趙衰冬日之日也，趙盾夏日之日也。同上。

不有君子，其能國乎？文十四年。

履士會之足于朝。文十三年。子無謂秦無人。同上。

已則無禮而討於有禮者，曰「女何故行禮」？文十五年。

我能往，寇亦能往。文十六年。

畏首畏尾，身其餘幾？文十七年。鋌而走險，急何能擇？同上。

見無禮於君者，誅之如鷹鸇之逐鳥雀也。文十八年。

口衆我寡。宣二年。卜世三十，卜年七百。宣三年。若敖氏之鬼不其餒而。宣四年。

牽牛以蹊人之田而奪之牛，牽牛以蹊者，信有罪矣，而奪之牛，罰已重矣。吾儕小人，所謂取諸其懷而與之也。宣十一年。

見可而進，知難而退。宣十二年。參之肉其足食乎？同上。

舟中之指可掬也。宵濟亦終夜有聲。文，止戈爲武。三軍之士皆如挾纊。河魚腹疾。並宣十二年。

復室其子。以女妻之，宣十四年。雖鞭之長，不及馬腹。宣十二年。

敝邑易子而食，析骸以爨。雖然城下之盟，有以國斃，不能從也。宣十五年。

我無爾詐，爾無我虞。同上。

所不此報，無能涉河。宣十七年。

當其時不能治也，後之人何罪。宣十八年。

唯器與名不可以假人。成二年。

克於先大夫，無能爲役。同上。

欲勇者賈余餘勇。成二年齊高固。滅此而朝食。同上齊侯。

請收合餘燼，背城借一。成二年。

非我族類，其心必異。成四年。

人各有能有不能。又定五年、成六年。

聲伯之母不聘穆姜，曰「吾不以妾爲姒」。成十一年。

爭尋常以盡其民。成十二年。

善人天地之紀。成十五年。盜憎主人。同上。

不可以當吾世而失諸侯。成十六年欒武子云。

惟聖人能内外無患，自非聖人，外寧必有内憂。成十六年。

用我今日，否亦今日。成十八年晉悼公云。不能辨菽麥。同上。

所獲不如所亡。襄三年楚子重。惟善故能舉其類。哀三年。公登亦登。襄七年。吾子其少安。同上。

俟河之清，人壽幾何？襄八年。

誰敢哉【九】？譬於草木？寡君在君，君之臭味也。襄八年。

衆怒難犯，專欲難成。襄十年。

篳門圭竇之人而皆陵其上，其難爲上矣。同上。

政以賄成。同上。

譬如捕鹿，晉人角之，諸戎犄之。襄十四年。

惟余馬首是瞻。同上。無神，何告？若有，不可誣也。同上。

或推之，或輓之。同上。蓋之如天，容之如地。同上。

天之愛民甚矣，豈其使一人肆於民上？同上。

子有令聞，而美其室，非所望也。襄十五年。

朝不及夕，引領西望，曰「庶幾乎？比執事之閑，恐無及也」。襄十六年。

【九】誰敢哉　「哉」原作「幾」，據《左傳・襄公八年》改。

澤門之皙，實興我役；　邑中之黔，實慰我心。襄十七年。

吾儕小人，皆有闔廬以辟燥溼寒暑。同上。

吾淺之爲丈夫也。襄十九年。　小國之仰大國也，如百穀之仰甘雨焉。同上。

深山大澤，實生龍蛇。襄二十一年。　先二子鳴。同上。

二子者譬於禽獸，臣食其肉而寢其皮矣。晉州綽言齊殖綽、許郭最，並襄廿一年。

雨過御叔。襄廿二年。　譬諸草木，吾臭味也，而何敢差池！同上。

所謂生死而肉骨也。同上。

美疢不如藥石，夫石猶生我，疢之美其毒滋多。襄廿三年。

夫鼠晝伏夜動。同上。

死而不朽。襄廿四年。

何没没也，將焉用賄？象有齒，以焚其身，賄也。襄廿四年。

部婁無松柏。同上。

今大國多數圻矣，若無侵小，何以至焉？襄廿五年。

言之無文，行而不遠。同上。　政如農功。同上。

他日吾見蔑之面而已，今吾見其心矣。同上。

頷之而已。襄廿六年。

上其手曰：「夫子爲王子圍，寡君之貴介弟也。」下其手曰：「此子爲穿封，戌方城外之縣尹也。誰獲子？」襄廿六年。

天生五材，民並用之，廢一不可，誰能去兵？襄廿七年。

崔之薄，慶之厚也。同上。

口其過此也。襄廿八年。數日國遷朝焉。同上。齊慶封遷於滿盧嫳氏。車甚澤，人必瘁。同上。非惡富也，恐失富也。同上。

松柏之下，其草不殖。襄廿九年。何必瘠魯以肥杞。同上。

猶未能操刀而使割也，其傷實多。子有美錦，不使人學製焉。人心不同，如其面焉。有威而可畏謂之威。有儀而可象謂之儀。並襄三十年。

譬諸農夫，是穮是蓘，雖有饑饉，必有豐年。昭元年。

人之有牆，以蔽惡也。牆之隙壞，誰之咎也。

微禹吾其魚乎！賈而欲贏，而惡囂乎！並昭元年。

國於天地，有與立焉。翫歲而愒日。翫，愒皆貪也。並昭元年。

周禮盡在魯矣。昭二年。

以家量貸而以公量收之。昭三年。於臣侈矣。同上。

仁人之言，其利博哉！非宅是卜，唯鄰是卜。在楚猶在晉也。並同上。

余髪如此種種。彼其髪短而心甚長，其或寝處我矣。同上。

又弱一个焉。同上。

無瑕者可以戮人。昭四年。作法於涼，其敝猶貪。昭四年。

是儀也，不可謂禮。昭五年。

其父析薪，其子弗克負荷。昭七年。可吊也而又賀之。昭八年。

我在，伯父猶衣服之有冠冕，木水之有本原，民人之有謀主也。伯父若裂冠毀冕，拔本塞原，專棄謀主，雖夷狄其何有余一人。昭九年。

五大不在邊，五細不在庭。末大必折，尾大不掉。昭十一年。

左史倚相能讀《三墳》、《五典》、《八索》、《九丘》。昭十二年。《祈招》之詩。同上。

斬之蓬蒿藜藋而共處之。昭十六年。

天道遠，人道邇。昭十八年。夫學，殖也。不學，將落。同上。室於怒，市於色。昭十九年。

祝有益也，詛亦有損，雖其善祝，豈能勝億兆人之詛。昭二十年。

先人有奪人之心。文七年。

叔孫所館者，雖一日必葺其牆屋，去之如始至。

嫠不恤其緯，而憂周室之隕，爲將及焉。昭廿四年。

幾如是而不及郢。同上。

防山以水之。昭卅年。

閔閔焉如農夫之望歲。昭卅二年。

三后之姓於今爲庶。同上。將室之。定九年。

三折肱，知其爲良醫。定十二年。

富而不驕者鮮，吾惟子之見。同上。

越十年生聚而十年教訓，二十年之外，吴其爲沼乎。哀元年。

民保於城，城保於德。哀七年。

鳥則擇木，木豈能擇鳥？哀十二年。

天或者以陳氏爲斧斤，既斲喪公室，而他人有之，不可知也。哀十五年子路。

菟裘：邑名。隱公曰「吾將老焉」。蝥弧：蝥名。隱十一年。越席：注結草。桓元年。魚麗之陣：注《司馬法·車戰》二十五乘爲偏，以車居前，以伍次之，承偏之隙，而彌縫闕漏。此蓋魚麗陣。桓五年。日官日御：天子有日官，諸侯有日御，皆典歷數者。桓十七年。噬臍：莊六年。後君噬臍，若齧腹臍，喻不及也。瓜時：瓜時而往，及瓜而代。莊八年。肉食者鄙：莊十年。皐比：莊十年。蒙皐比而先犯之。注虎皮，音毗。絰皇：家前闕。莊十九年。卜夜：臣卜其晝，未卜其夜。莊二十二年。于飛：「鳳凰於飛，和鳴鏘鏘。」注雌雄俱飛。同上。未亡人：寡婦自稱。莊廿八年。兩社：周社、亳社，兩社之間。朝廷執政所在。閔二年。魚軒：夫人車，以魚皮爲飾。閔二年。扉屨：扉草屨。僖四年。書雲物：僖五年。脣亡齒寒：僖五年。均服：僖五年。「均服振振」。註戎事上下同服。内子：以叔隗爲内子。注卿之嫡妻。僖二十四年。效尤：尤而效之，罪又甚焉。同上。效尤，禍也。文元年。隧：闕地通路曰隧。王之葬禮也。諸侯皆懸柩而下。僖廿四年。詰朝：平旦。僖廿七年。三舍：同上。館穀：晉師三日館穀。同上。昌歜：昌，蒲葅。歜，在感反。僖三十年。形鹽：形象虎。同上。墨衰絰：僖三十二年。取節：采葑采菲，無以下體，君取節焉可也。僖三十二年。焚舟：文三年。瑞節：節，信也。文十一年。八元八愷：文十八年。于思：于思于思，多鬚之皃。宣三年。食指：食指，第二指。宣三年。染指：同上。狼子野心：同上。丁寧：「著於丁寧」注鉦也。同上。於菟：楚人謂乳穀，謂虎於菟。同上。治命：宣十五年。魏顆。折俎：宣十六年。繁纓：馬飾。成二年。摩笄：山名。成二年。承乏：攝官承乏。成二年。五伯：成二年。浹辰：十二日也。成九年。肓之上膏之下：肓，鬲也。心下爲膏。成十年。外弟：成十一年。外妹：同上。三肅：三肅使者而退。成十六年。拜嘉：哀三年。始鼂：哀四年。狐駘之戰。群不逞：哀十年。若而人：哀十二年。勇爵：襄二十一年。齊莊公。班荆：布荆坐地。襄廿六年。桃茢：茢，黍。禳巫以拔殯。襄廿九年。委禽：別委禽焉。昭元年。亢宗：昭元年，大叔曰「吉不能究身，焉能亢宗。」亢蔽也。三老：杜云：

八十以上，上中下壽也。服云：工老、商老、農老也。昭三年。不相能：昭元年。參商：閼伯主辰，爲商星，實以主參。六氣：陰、陽、風、雨、晦、明。同上。爽塏：昭二年。敖：王欲敖，叔向以其所不知而不能。昭五年。六物：歲、時、日、月、星、辰。昭九年。弁髦：「豈如弁髦而因以敝之。」注：童子垂髦三加冠而棄其賄冠。昭八年。疾日：疾惡也。紂以甲子喪，桀以乙卯亡，故國君以爲忌日。供養：供養三德爲善。昭十三年。受羹反錦：昭十二年。叔向。末減：同上。利市：爾有利市寶賄，我勿與知。昭十六年。尤物：尤物是以移人。尤，暴也。昭二十八年。不颺：公子少不颺。同上。豢龍：昭廿九年。執紼：三十年。飲酒私出：避酒。定二年。旋：「夷射姑旋焉。」注：小便也。定三年。共二：共二職。定四年。繁弱：大弓名。同上。燧象：定四年。九頓：九頓首而坐。定四年。客氣：定八年。陽厝云。執牛耳：同上。竹刑：鄭駟歂殺鄧析而用其《竹刑》。爵攸：火氣。哀三年。石田：得志於晉，猶獲石田也。哀十一年。庚癸之呼：吴申叔儀乞糧於公孫有山氏，對曰「若登首山以呼曰『庚癸乎』，則諾」。注軍中不得出糧，故爲私隱。庚，西方主穀。癸，北方主水。桐汭：哀十五年。注在宣城廣德縣西南。虎幄：衛侯爲虎幄於藉圃。哀十七年。始食：幄城而饗之也。同上。紫衣：注：紫衣，君服。同上。魯皐：歌曰「魯人之皐數年」注：皐，緩也。哀廿一年。甬東：注句章縣，東海中洲也。哀廿二年。彌甥：彌，遠也。康子父之舅氏，故稱彌甥。哀十三年。

乞靈：哀廿四年。解韈：褚師聲子韈而登席，公怒。注：古者見君解襪。廿五年。戟手：公戟其手。注：徒手屈用如戟形。同上。從孫甥：姊妹之孫爲從孫甥。同上。衣製：製，雨衣也。哀廿七年。

左氏雖依經作傳，實則自爲一書，甚至全年不及經文一字者有之，焉在其爲釋經哉？經與傳等夷相錯，經所不書者，傳亦竊效書法以附見其間，其僭而不知自量亦甚矣！若夫浮誇而雜，品藻不公，又在所不論也。然因其舍經而別載行事，可以驗其曾見當時國史。故讀《春秋》者不可以廢《左氏》。左氏，杜預以爲左丘明，啖助始考其不然。或曰左丘複姓，非此左氏。又或以爲楚左史之後云。

讀春秋公羊傳

何

春者何？歲之始也。王者孰謂？謂文王也。

謂春爲歲始，是也。謂王爲文王，非也。文王未嘗稱王也，未嘗班正朔於天下也。王，時王也。

隱之立，爲桓立也，桓何以貴？母貴也。

隱與桓皆庶也，隱長當立而欲遜桓者，過乎厚也！隱實魯君，非爲桓攝也。桓之母繼室，非貴也。

鄭伯克段于鄢。克之者何？殺之也。

克，力勝之也，非殺也。後此十餘年，段尚餬其口於四方。

公子益師卒，何以不日？遠也。所見異辭，所聞異辭，所傳聞異辭。

何休注：所見者昭、定、哀，己與父時事也。所聞者文、宣、成、襄，王父時事。所傳聞者隱、桓、莊、閔、僖，高祖、曾祖時事也。愚按此説是也。遠則或不盡知也，以不日起凡例者，鑿也。

君子大居正。

大居正三語，《春秋》要旨也。

有年何以書？以喜書也。

以有年爲喜者是也，謂不當有而書異者，非人情也。

祭仲者何？鄭相也。何以不名賢也？何賢乎祭仲？以爲知權也。以上桓公。

祭仲擅鄭，賣其君以利其身，公羊氏反賢其知權，故誤謂權者反於經。

夫人孫於齊，其言孫於齊何？念母也。

夫人新預弑其君而不敢歸，未見莊姜念母之事。

紀侯大去其國，滅也。不言齊滅之，爲襄公諱也。《春秋》爲賢者諱，何賢乎襄公，復讎也。

人殺其父，子不與共戴天，此復讎之説也。設如公羊言襄公九世祖見烹乎周，是天王殺之也，非紀之鼻祖殺之也。謂譖言無形也，非殺者比也。九世矣，無滅國以報言語之怨者也。古者報怨不在其後，後之人何罪？公羊又曰「雖百世可也」。此謬論也。齊無此心，不過吞滅小國耳。

桓公之信著乎天下，自柯之盟始。以上莊公。

公羊謂不背曹沫之盟者也，然此戰國之説也。齊桓方以禮合諸侯，寧有是事。《春秋》之所不書，不可信也。

城楚丘，桓公城之。曷爲不言桓公城之？不與諸侯專封也。

始封衛者，周也。周衰，狄侵衛。齊合諸侯爲城楚丘以遷之，使避狄耳。非封也。

葵丘之會，桓公震而矜之，叛者九國。

震而矜之有矣，叛者九國，未見其事。據《左氏》則逃者鄭伯爾。

荀息可謂不食其言矣。

荀息從君於昏，而陷其二子於死地。所謂好信而不好學者也，何賢之有！

襄公不鼓不成列，雖文王之戰亦不過此也。以上莊公。

宋襄狂愚，殺鄫國之君代牲，而反欲以不鼓不成列爲仁。文王曾有是否乎？而誣之也。

吴、楚之君不書葬，辟其號也。宣十八年。

釋經如此，義曉然矣，非凡例比。

舍中軍者何？復古也。昭五年。

魯作三軍，三家三分公室也。作中軍，季氏以公室爲名，於三軍之外立中軍也。今其舍中軍，是四分公室，季氏兼有其二。舍中軍之軍亦爲季氏之有也。作中軍正爲今舍中軍設，借公室之名以立中軍，既而舍之，則并爲己有也。公羊以爲復古，何也？

辭命

楚宋之平

楚莊王圍宋，軍有七日之糧，盡此不勝，將去而歸。於是使司馬子反乘堙而窺宋城。宋華元亦乘堙而出見之。司馬子反曰「子之國何如」？華元曰「憊矣」。曰「何如」？曰「易子而食之，析骸而爨之」。司馬子反曰「甚矣憊！雖然吾聞之也：圍者柑馬而秣之，使肥者應客，是何子之情也」。華元曰「吾聞之：君子見人之厄則矜之；小人見人之厄則幸之。吾見子之君子也，是以告情于子也。」司馬子反曰「諾，勉之矣。吾軍亦有七日之糧爾，盡此不勝，將去而歸爾」。揖而去之，反于莊王。莊王曰「何如」？司馬子反曰「憊矣」！曰「何如」？曰「易子而食之，析骸而炊之」。莊王曰「嘻，甚矣憊！雖然，吾今取此然後歸爾」。司馬子反曰「不可，臣已告之矣，軍有七日之粮爾」。莊王怒曰「吾使子往視之，子曷爲告之」？司馬子反曰「以區區之宋，猶有不欺人之臣，可以楚而無之乎？是以告之也」。莊王曰「諾，舍而止，雖然，吾猶取此然後歸爾」。司馬子反曰「然則君請處于此，臣請歸爾」。莊王曰「子去我而歸，吾孰與處于此，吾亦從子而歸爾」，引師而去。故君子大其平乎已也。宣十五年。

季札讓國襄廿九年。

謁也、餘祭也、夷昧也，與季子同母者四。季子弱而才，兄弟皆愛之，同欲立之以爲君。謁曰「今者是迮而與季子國，季子猶不受也。請無與子而與弟，弟兄迭爲君而致國乎季子」。皆曰「諾」。故諸爲君者皆輕死爲勇，飲食必祝。故謁也死，餘祭也立，餘祭也死，夷昧也立，夷昧也死，則國宜之季子者也。季子使而亡焉。僚者長庶也，即之。季子使而反，至而君之。闔廬曰「先君之所以不與子國而與弟者，兄爲季子故也。僚惡得爲君」？於是使專諸刺僚而致國乎季子。季子不受，曰「爾弒吾君，吾受爾國，是吾與爾爲篡也。爾殺吾兄，吾又殺爾，是父子兄弟相殺終身無已也」。去之延陵，終身不入吳國。

愚按：公羊形容札之讓，甚理而文。然爾殺吾兄之語，非也。夷昧者兄，則僚乃札兄之子。光殺僚，非殺札之兄也。光之弒立，札爲之使東諸侯，又後此四十餘年，當哀公十一年，札尚能爲吴帥師救陳，則札終身不入吴國之語，亦非也。公羊此論爲哀一十九年季札來聘而發也。然去之十八年，當昭公十五年，夷昧方卒。又去十二年，當昭公二十七年，吴光方弑其君僚。則此言僚立而闔廬刺之以致國乎季子者，皆非也。公羊徒聞季札讓國之賢，而粉藻之。然言而不實，自有不掩焉者，可戒也！今姑以其文録。

文句

王人者何？微者也。曷爲序乎諸侯之上？先王命也。

山川有能潤千百里者，天子秩而祭之。觸石而出，膚寸而合，不崇朝而徧雨乎天下者，唯泰山耳。河海潤於千里。僖三十一年。

匹馬隻輪無返者。同上。

緣民臣之心。不可一日無君；緣始終之義，一年不二君。成九年。

周公拜乎前，魯公拜於後。文十三年。

君子之善善也長，惡惡也短。惡惡止其身，善善及其子孫。昭二十年。

獻公曰「吾欲攻郭則虞救之，攻虞則郭救之」。荀息曰「用臣之謀，今日取郭，明日取虞爾。請以屈産之乘，垂棘之白璧往必可得也【一〇】。寶出之内藏，藏之外府，馬出之内廄，繫之外廄爾。」僖二年。

壹戰不勝，請再，再戰不勝，請三。成二年。

【一〇】垂棘之白璧　「璧」原作「棘」，據《公羊傳》改。

宰木：僖三十三年。若爾之爰，成三年爲諼。年者，宰上之木拱矣。言也。注：諼，詐也。河曲：文二十年。河千里而一曲。筍：文十五、筍將而竹篋注：名編輿。齊、魯以此名之曰筍。喪娶：宣元年。今將：昭元年。陳侯之弟招殺陳世子偃師。大夫相殺稱人，此其稱名氏，殺如何言？將自是弒君也。今將爾，曷爲與親弒者同。君親無將，將而必誅焉。

此傳公羊高作也。高，齊人，世稱其授經於子夏，分春秋爲三世，以所見所聞、傳聞爲別，宜不苟者。而所載事跡、人名、地里，間與《左氏》不同。《左氏》及見國史，故依之以釋經。《公羊》不知何所主，而然意亦別有紀載之書而集之歟？世遠不知孰是。若以次而言，且當據《左氏》爾。然諸儒之主公、穀者，不于其事而于其義也。公羊大居正之語，固可謂能執其義之要者。至謂權爲反經，謂百世可以復讎，則非義已甚而亂之萌也！迹其所釋皆經，未嘗舍經而爲之文。此視《左氏》之僭爲賢，文雖不及《左氏》之核，而明白則過之。注者何休，詳於制度。

讀春秋穀梁傳

何

鄭伯克段於鄢。克者何？能也。何能也？能殺也。

穀粱謂克爲能，是《春秋》書鄭伯能段於鄢也。文乎否耶？既又繼之曰「能殺也」。是克爲歇後，是殺爲言外意也。然乎否耶？

文句附。

禮，送女，父不下堂，母不出祭門，諸母兄弟不出闕門。父戒之曰「謹慎從爾舅之言」。母戒之曰「謹慎從爾姑之言」。諸母般申之曰「謹慎爾從父母之言」。桓三年。

孔子曰「聽遠者，聞其疾而不聞其舒；望遠者，察其貌而不察其形。立乎定、哀以括隱、桓，隱、桓之日遠矣。夏五傳疑也」。桓十四年。

泓之戰，復雩之恥也。雩之恥，宋襄公有以自取之。伐齊之喪，執滕子，圍曹，爲雩之會，不顧其力之不足而致楚成王，成王怒而執之。故曰禮人而不答，則反其敬；愛人而不親，則反其仁；治人而不治，則反其知。過而不改又之，是之謂過。襄公之謂也。古者被甲嬰胄非以興國也，則以征無道也。宋公與楚戰於泓水之上，衆敗身傷，七月而死。僖二十二年。

季孫行夫秃，晉郤克眇，衛孫良夫跛，曹公子手僂，同時而聘於齊。齊使秃者御秃者，使眇者御眇者，使跛者御跛者，使僂者御僂者。蕭同姪子處臺上而笑之，聞於客。客不悦而去，相與立胥閭而語，移日不解。齊人有知之者，曰「齊之患必自此始矣」！成元年。

大有山，天崩之；天有河，天壅之。雖召伯尊，如之何？成五年。

誥誓不及五帝，盟詛不及三王，交質子不及二伯。隱八年。

德厚者流光。僖十五年。

二伯：桓、文。佚宕：長狄佚宕中國。注，猶更也。文十一年。身横九畝：叔孫得臣敗狄於鹹，射其目，身横九畝。斷其首而載之，眉見于軾。文十一年。緌帶：一人有子，三人緌帶。文十八年。粲笑：軍人笑。粲然皆笑，昭四年。天疾：有天疾者兩足不能相過。齊謂之綦，楚謂之踙，衛謂之輒。昭二十年。祝髮：祝髮文身。哀十三年。

此傳穀梁赤作也。赤，魯人，云亦授經於子夏，故其言經略與《公羊》同。其云立乎定、哀以指隱、桓，隱、桓之日遠矣者，亦公羊分世言經之意也。《公羊》以妾母夫人爲禮，而《穀梁》黜之。《公羊》以宋襄之師，文王不是過，而《穀梁》非之。所見似又過於《公羊》。然舉大體言，則視《公羊》又寂寥矣。注者范甯亦頗簡明。

杜預註《左氏》，獨主《左氏》。何休注《公羊》獨主《公羊》。惟范甯不私於《穀梁》而公言三家焉。如曰《左氏》以鬻拳兵諫爲愛君，文公納幣爲用禮，是人主可得而脅，居喪可得而婚也。《穀梁》以衛輒拒父爲尊祖，不納子糾爲内惡，是爲子可得而叛，仇讐可得而容也。《公羊》以祭仲廢君爲行權，妾母稱夫人爲合正，是神器可得而闚，嫡庶可得而齊也。又曰《左氏》豔而富，其失也誣；《穀梁》清而婉，其失也短。《公羊》辨而裁，其失也俗。凡皆確論云。

卷三十二

讀孔氏書

孔子之言散見於經，不獨《論語》也。他如《莊》、《荀》諸書，以及諸子百家亦多傳述，第記載不同，辭氣頓異，往往各肖所記者口吻，幾有毫釐千里之謬。至《家語》，莫考纂述何人，相傳爲孔子遺書，觀《相魯》、《儒行》及論禮樂等篇，揆諸聖經，若出一轍。乃各篇中似尚有可疑處，蓋傳聞異辭，述所傳聞又異辭，其間記載之不同，亦無足怪。或有竟疑是書爲漢人僞託，此又不然。然盡信爲聖人之言，則亦泥古太甚。夫去聖已遠，何從質證？千載而下，倘有任道者出，體任微言，闡揚奥旨，與《莊》、《荀》及諸子百家所傳述，節而彙録之，另有一書，其有功於聖門匪淺鮮矣。

《祖庭廣記》曰：先聖生有異質凡四十九表，反首、洼面、月角、日準、河目、海口、龍顙、斗唇、昌顔、均頤、輔喉、駢齒、龍形、龜脊、虎掌、駢脅、參膺、圩頂、山臍、林背、翼臂、注頭、阜陜、堤眉、地足、谷竅、雷聲、澤腹、面如蒙倛、手垂過膝、耳垂珠庭、眉一十二彩、目六十四理、立如鳳峙、坐如龍蹲、手握天文、足履度字、望之如仆、就之如升、修上、趨下、末僂、後耳、視若營四海、躬履謙讓，胸有文曰「製作定世符」、身長九尺六寸、腰大十圍。末僂，微曲也。後耳，耳近後也。視若營四海，憂世之容也。

孔子自衛反魯，息駕於河梁而觀焉。

河水無梁。莊周云：孔子於閭梁，言事者通謂水於河也。

山者不使居川，渚者不使居原。用水、火、金、木，飲食必時。

用水，漁人以時入澤梁，乃灌溉；用火，季春出火，季秋納火也；用金，以時采銅鐵；用木，斧斤以時入山林。飲食各隨四時之宜。

孔子謂宰予曰：「違山十里，蟪蛄之聲猶在耳，故政事莫如應之。」

違，去也。蟪蛄，蛁蟟也。蛁蟟之聲去山十里猶在耳，以其鳴而不已。言政事須慎聽之，然後行之者也。《莊子》「蟪蛄不知春秋」注：「春生者夏死，夏生者秋死，故曰不知春秋。」《楚辭》「歲暮兮不自聊，蟪蛄鳴兮啾啾」。蓋即寒螿也。

郊之祭也，迎長日之至也。大報天而主日，配以月。故周之始郊，其月以日至，其日用上辛，至於啓蟄之月，則又祈穀於上帝。

祈，求也，爲農祈穀於上帝。《月令》孟春之月乃以元日祈穀於上帝，無仲冬大郊之事。日至而郊，乃始於周。至於祈農，如《春秋傳》曰：「郊祀后稷，以祈農事也。是故啓蟄而郊，郊而後耕。」學者不察，惟經禮之指歸皮膚妄說，至乃顛倒神祇，變易時日，而莫識其非也。

還息以陬，作《槃操》以哀之。

《槃操》，琴曲名，《史記》作「陬操」。其詞曰：「周道衰微，禮樂陵遲。文、武既没，我將焉師？周遊天下，靡邦可依。鳳鳥不識，珍寶梟鴟。眷言顧之，慘焉心悲。升車命駕，將適晉都。黄河洋洋，悠悠之魚。臨津不濟，還轅息陬。傷予道窮，哀彼無辜。翔翔於衛，復我舊廬。從我所好，其樂只且。」

《七十二弟子解》

《史記》孔子云：「受業身通者七十有七人，皆異能之士也。蘇氏《古史》：「秦冉、顔何不載於《家語》，琴牢、陳亢不録於《史記》，凡七十有九人。」《文翁圖》有林放、蘧伯玉、申棖、申棠，俱後人以所見增益，今殆不可考。

按《史記》與《家語》有姓名互異者，如薛邦，《史記》作鄭國；黎耕，《史記》作司馬耕，顔刻，《史記》刻作高；邦選，《史記》選作巽；顔由，《史記》作顔無繇；榮祈，《史記》祈作旂；燕級，《史記》級作伋；石處，《史記》石作后；樂欣，《史記》欣作欬；漆雕侈，《史記》侈作哆；南宫韜，《史記》韜作适；公祖兹，《史記》作公祖句兹；公孫寵，《史記》寵作龍；孔弗，《史記》弗作忠；奚蒧，《史記》作奚容蒧；左郢，《史記》作左人郢；公堅，《史記》作公堅定；公夏守，《史記》守作首；宰父黑，《史記》宰作罕；公西與，《史記》作公西輿如。

顔回孔子稱其仁，年二十九而髮白。**閔損**孔子稱其孝。**冉雍**以德行著。**宰予**以口才著聞。**端木賜**天資聰敏，以才稱【一】。取金。孔子憂魯人不復贖人於諸侯。譏邾子執玉高，定公受玉卑，子曰「賜不幸言而中」。救魯而亂齊，强晉弊吴霸越，廬墓六年。

冉求謙退、才藝。子貢稱其恭。老卹幼，不忘賓旅。率左師禦齊。

仲由勇力、才藝、果烈。死衛輒之難。嘗宰蒲，爲稱永備【二】，私食其民而夫子止之。負米、戎服，見孔子，舞劍，乃請攝齊，受教因竹箭之喻。

言偃習於禮，宰武城。子貢稱其先成其慮，及事而用之，故動則不妄。

卜商習《詩》，好論精微，時人無以尚之。見讀二豕渡河，曰「非也，己亥耳」。教於西河之上，魏文侯師之，咨國政。孔不假蓋。送迎必恭，喪不敢不及。好與賢己者處日益。**顓孫師**子張。有容貌，寬冲。孔門友之而弗敬。子貢稱其美，功不伐，貴位不差。**曾參**親老不應齊聘，孝後母。以藜蒸不熟，出妻，終身不再娶。子貢稱其滿而不盈，不避狄。辭齊景公下卿之聘，辭魯君之邑。

澹臺滅明子羽，有君子之姿，其才不充，以諾爲名。子貢稱其貴之不喜，賤之不怒。

高柴篤孝。武城宰。貌惡。爲衛士師，嘗刖人足。蒯聵之亂，刖者守門反感而匿之。不履影，啓蟄不殺。

宓不齊子賤，爲單父宰，事其賢於己者五，所得者三。掣肘。寧被寇，不使不耕者獲。夜漁者不忍欺衛之難，曰「柴也來」。

樊須弱，禦齊用戈。**有若**强識好古。

【一】「慈溪黄氏日抄分類卷三十二」至「以才稱」據耕餘刊本補。其與「取金」。連接處當有佚失。

【二】勇力才藝果烈……稱永備　「力」、「藝」、「稱」三字原脱，據文津閣本補。

公西赤閑。賓主之儀之。子貢稱其齊莊好禮。

原憲清靜守節，居蓬藋中。告子貢以此貧也，非病也。爲孔子宰。

公冶長忍恥。南宮韜以智自將。三復白玷。子貢稱其獨居思仁。

公析哀不仕大夫家，孔子歎賞之。

曾點疾時禮教不行。顔由回之父。商瞿傳《易》。

漆雕開習《書》，不樂仕。

公良孺賢而勇。孔子周行，常以家車五乘從。挺劒將戰，出夫子於蒲。

秦商父堇父，與孔子父俱以力聞。顔刻爲孔子僕，適衛。

司馬犂耕性躁好言。憂兄桓魋。司馬施問夫子何以知將雨？

梁鱣無子，欲出妻，以商瞿之言而止。琴牢欲吊宗魯，孔子弗許。

冉儒、伯虔、公孫寵、曹邮、陳亢。

叔仲會少孔子五十歲，與孔琁爲二孺子。

秦祖、奚蒧、公祖兹、廉潔、公西與。

宰父黑、公西減、穰駟赤、冉季、薛邦、石處、懸亶、左郢、狄黑、高澤、任不齊、榮祈、顔噲、原桃、公肩、秦非、漆雕從、燕級、公夏守、句井疆、步叔乘、石作蜀、邽選、施之常、申績、樂欣、顔之僕。孔弗子篾。孔子兄之子，仕而所忘者三，孔子不悦。

漆雕侈、懸成、顔相。右弟子。

宰我問：聞諸榮伊，黄帝三百年。黄帝人也，抑非人也，何以能至三百年乎？孔子答：以民賴其和，百年而死；民畏其神，百年而亡；民用其教，百年而移。故曰黄帝三百年。

審如是，則世傳彭祖壽八百者，妄耳。黄帝上古神聖，且無三百之壽，而彭祖，商、周之諸侯，壽乃八百乎？黄帝之年誤傳三百，孔門以爲怪。彭祖去孔子時，耳目相接，壽八百反不以爲怪，而遠問黄帝乎？然則妄傳彭祖之壽又出於後世好事者耳。或曰彭祖之先得國，自商至周國亡，歷祀凡八百年。

諺雷鼓曰諺。　入廟孔子曰「入廟如右，登自作階」。

君子君子者，成人之名，百姓與名謂之君子，則成其親爲君，而爲其子也。見人婚解。

褐毛布衣。　發幣《聘禮》贈及大夫之名。《國語》亦有。　砮箭鏃。見石砮注。　喪家之狗有喪之家，不見飯食，故狗儽然。見《困誓》篇。　衮職成王冠，頌曰「去王幼志，心衮職。」　喪欲速貧。喪，失位也。合去聲。

孔叢子

《孔叢子》者，孔子八世孫鮒字子魚之所集，殆《家語》之後繼。其文雖類諸子，而守論堅確，更戰國、秦、漢，流俗無所浸淫，真足言孔氏之書矣。其一記孔子之言，於《詩》、

《書》爲詳，無一語及於高遠。其二記子思之言，謂夫子嘗告以心之精神，是謂聖。按近世學者或執此一語以爲識心，即爲聖人。然子思之問，本以審事物真僞。夫子之答，又繼以推數究理，而聖人亦難之，則所以發揮此心之用甚明，正與異端識心之説相反。其三記子上之言，謂子思告以先訓「學必由聖」，而雜説不與焉。其四記子高之言，以理勝於辭，終屈公孫龍「白馬非馬」與「臧三耳」無稽之辨。其五記子順之言，對魏王華山道士長生不死之問，曰：謂若聞之傳聞者，妄也。若聞之不死者，今安在？折李由稱孔子少孤，不知其父之説，謂由虚造謗言以誣聖人，是求自潔而益其垢。子順相魏九月，説趙之間，合韓之隙，歸齊之尸，陳大計不用，知天下必并於秦，致其事寢於家，進退無愧矣。其六則子魚詰墨之言。子魚避秦禍而藏書。陳耳薦之陳涉，迎爲太師。諫涉用周章西入關，知其必敗。仕六旬先卒。陳誼亦無辱焉。凡皆所謂歷戰國、秦、漢，流俗而無所浸淫者也。

然其所能守正，非自任之重，弘毅强立，亦何能不浸淫也哉？而原其所以自任之勇，大抵皆原於子思，謂其父析薪，其子不克負荷，謂之不肖者，則子思所自任以繼夫子者也。謂錦繢紛華，所服不過温体；三牲太牢，所食不過充腹。而以無欲惟能成其志，則子思所以訓子上，使之自任者也。謂堯、舜、文、武之道，可以力致，而夜思晝行，滋滋汲汲，則子思所以傳孟子，使之自任者也。觀其却老萊舌柔不弊之説，却其友樽酒束修之餽，其所以堅强自立爲何如。故其能弘道如此。其後子高却鄒文季節之泣别，子順却枚産匱財求富之說，淵源固有自來矣。《孔叢子》之後有《連叢》焉，又子順第三子之後孔臧之書。臧爲武帝大常，與安國同集古義。臧子琳，琳次子茂，茂傳子卬，子卬生仲驩，驩生子立，子立生子元，子元生子建，皆世其業。而建不仕莽，歸闕里，生子仁，子仁生子豐，子豐能屈鮑彥《淮南子》之學。子豐生和，章帝幸其屋，爲臨晉令而終。其子季彥，遂家華陰云。

夔一而足第一卷。胡盧大笑第四卷。祖龍始屠商也，身修八尺，鬚髯如戟而人不敬。第四。又手第五卷。外舅姑第六。褻器名虎子《連叢》注。

闕里譜系

孔子。周靈王二十年己酉當魯襄公二十一年十月庚子生。年三十三適周，明年魯亂適齊。年四十三自齊返魯。年五十二當定公十九年，爲中都宰，遷司空，遷大司寇，明年會夾谷，二年隳三都，二十四年攝行相事，誅少正卯。齊人歸女樂，季桓子受之，三日不朝，孔子行，遂適衛，年五十七。明年過宋適鄭，遂至陳，居三歲，去陳適衛。衛不用，將西見趙簡子，臨河不濟，自衛復如陳。時魯哀公二十七年也。哀公四年，孔子自陳遷蔡，明年如葉，又還蔡。六年有陳、蔡之阨，楚昭王迎之得免。昭王卒，孔子自楚反衛，年六十四。哀公十一年，魯以幣召，孔子歸而删《詩》定《書》繫《易》。年六十九，哀公十四年魯西狩獲麟，乃因史記修《春秋》，至獲麟而止。哀公十六年，孔子卒，年七十四。其先宋人也，周成王封微子啓於宋以奉湯祀，啓弟微仲衍生宋公稽，稽生丁公申，申生愍公共，共生弗父何，自何而下世爲宋大夫。何生宋父周，周生世父勝，勝生正考父，正考父生孔父嘉，其後奔魯，遂爲魯人。嘉生木金父，木金父生睪夷父，睪夷父生孔防叔，防叔生伯夏，伯夏生紇，字叔梁，爲陬邑大夫，娶顔氏女徵在，禱於尼丘，生孔子，因名丘，字仲尼。

二代鯉，字伯魚。學通儒術。魯哀公以幣召之，稱疾不行，年五十，先孔子卒。忠，孔子兄之子，在七十子之列。

三代伋，字子思。對孔子以其父析薪，其子弗克負荷，是謂不肖。孔子忻然曰「其克昌乎」！對魯穆公以除非法之事，行周公、伯禽之政化，不能用，乃適衛。嘗言當吾先君，周制雖衰，君臣國位，上下相持，若一體然。夫欲行其道，不執禮以求之則不能入也。今諸侯力爭，競招英雄以自輔翼。伋於此時不自高，人將下吾，不自貴，人將賤吾。時移世異，各有宜也。於是在衛，緼袍無表，二旬九食，著書四十七篇曰《中庸》，教授弟子孟軻之徒數百人。年六十二。

四代白，字子上。嘗請所習於子思。子思曰：「先人有訓焉：學必由聖，故夫子之教，必始於《詩》、《書》而終於《禮》、《樂》，雜説不與焉。」白通習群書，又善兵法，齊威王召白爲國相。年四十七。

五代求，字子家。通習儒道，有遁世之志，楚召不仕，年四十五。

六代箕，字子京。爲魏相。年四十六。

七代穿，字子高。博學沈靜，有遁世志，楚、魏、趙皆召之，不仕。嘗折公孫龍「白馬非馬」之辨。著儒家之語十二篇；名《讕言》。讕音粲。年五十一。

八代順，字子慎。魏安釐迎以爲相，改嬖寵之官以事賢才，奪無任之禄以賜有功。諸失職者謗之，九月致事，曰：「不出十年，天下其盡爲秦乎！」秦莊王召之，不行。魏以孔子後嗣，封魯文信君。年五十七。三子鮒、騰、樹。

九代鮒，字子魚。該覽六藝，秦併天下，召爲魯國文通君，拜少傅。秦焚書，乃歸藏書屋壁，自隱嵩山。陳涉起，聘爲博士。遷太傅，仕六旬，言不用，退卒於陳。年五十七，著《孔叢子》。騰字子襄。長九尺六寸，漢高帝祠孔子，封爲奉嗣君。亦嘗爲惠帝博士，遷長沙太傅，年五十七。樹字子文，鮒幼弟。

十代忠，字子貞。該習有高志，爲博士，年五十七，生武及安國。《家語》以爲子襄生季中，季中生武及安國。隨字元路，鮒之子。聚字子産，樹之子。以將軍破楚陔下，封蓼侯。年五十三，謚夷。

十一代武，字子威，爲武帝博士，至臨淮太守，早卒。安國字子國。孝武博士，至太守，訓註經籍。臧，聚之子，嗣蓼侯，歷位九卿，遷御史大夫。辭，乞爲太常，典臣家業。

十二代延年，博覽群書，武帝時爲博士，轉太傅，遷大將軍。年七十一。卬，安國之子，傳家學，特善《詩》、《禮》。琳，臧之子，嗣蓼侯，亦傳家學。

十三代霸，字次孺。幼有奇才，昭帝時爲博士，宣帝時爲大中大夫，選任皇太子經，遷詹事，爲密相。元帝即位，拜太師，拜爵關内侯，號褒成侯，奉夫子祀。年七十二。驩，卬之子。爲博上，善《春秋》三傳。黄，琳之子，坐事失侯。茂，黄之弟。大司徒光以其祖有功德而邑土廢絶，封關内侯。

十四代福，襲封關内侯，奉孔子祀。年六十二。捷，福之弟，列校尉諸曹。喜，捷之弟，列校尉諸曹。光，喜之弟，字子夏，經學尤明。歷輔成、哀、平三世。王莽盛，憂懼辭位，年七十。宣，聚之玄孫，長安公士，詔復家。立，驩之子，善《詩》、《書》。教授數百人。吉，鮒五代孫，以殷後，封殷紹嘉公。

十五代房，襲封關内侯。永，光兄之子，封寧鄉侯。放，光之子，歷侍郎，嗣博山。元，立之子，爲校書郎，與揚雄友善。何齊，吉之子，封宋公。

十六代均，字長平。好學有大才，襲封關内侯，平帝更封魯國褒成侯，追謚夫子爲褒成宣尼公。王莽簒位，拜太尉，辭疾還鄉。年八十一。奮，捷之孫，通《左氏春秋》。後漢行武都太守。奇，奮之弟，著《左氏義詁》。子建，元之子，不仕王莽。闕里荆棘自除。尚，霸之曾孫，鉅鹿太守。

十七代志，光武拜大司馬，上幸魯祠孔子，封褒成侯。嘉，奮之子，城門校尉，作《左氏說》仁，子建之子。潛，後漢太子少傅，避地會稽，遂爲郡人。猛，從王肅學。

二十三代嶷，襲封奉聖亭侯。啓，衍之子，廬陵太守。竺，潛之子，吴南昌太守。

二十四代撫，晉舉孝廉，辟太尉掾，襲封奉聖亭侯，爲豫章太守。恬，竺長子，吴侍中，選部尚書，晉湘東太守。冲，竺次子，丹揚太守。奕，竺少子，全椒令，有惠化。

二十五代懿，東晉襲封奉聖亭侯。愉，恬長子，晉左僕射，餘不亭侯。侃，冲子，大司農。倫，奕長子，黄門郎，注《儀禮》一卷。群，奕少子，少知名，晉御史中丞。

二十六代鮮，恢廓有大度，好學善誘誨。宋文帝以爲奉聖亭侯，後改封崇聖侯。闇，愉之子，建安太守。汪，愉之子，廣州刺史。安國，愉之子，晉左僕射，舊譜避漢武博士諱安國，但云名國。祇，愉之子，晉郡功曹史。坦，侃之子，晉散騎常侍，有集五卷。嚴，倫之子，領尚書，有集五卷。

二十七代乘，博學有才俊，魏舉孝廉，封崇聖大夫。晉，闇之長子，尚書令。静，闇次子，宋侍中。俟，汪之子，江夏太守。混，坦之子嗣。當考。道民，嚴之子，宣城内史。静民，嚴之子，散騎侍郎。福民，嚴之子，太子洗馬。道隆，山陰人，位至侍中。沉，群之孫，丞相掾。

二十八代靈珍，後魏封崇聖侯。祐，晉之子，有至行。靈符，静之子，會稽太守。靈運，静之子，著作郎。幼，俟之子。靈産，道隆子，光禄大夫。廞，沉之子，廷尉、光禄大夫。

景偉，安國孫，齊散騎常侍。

二十九代文泰，襲封崇聖侯，年五十八。道徽，祐之子，守志業不仕。珪，靈産子，爲齊高帝掌詞筆，終散騎常侍。湛之，靈符子。深之，靈符子，宋比部郎。琇之，靈運子，宋江夏内史，有吏能。琳之，歛之子，以草書擅名，宋侍中、御史中丞，有集十卷。璩之，歛之子，揚州從事。滔，景僖子，梁海鹽令。遥之，冲五世孫，宋尚書左丞。靈龜，揚七世孫，後魏國子博士。

三十代渠，襲封崇聖侯，北齊文宣帝改封恭聖侯，後周宣帝進封孔子爲鄒國公，立後，因改封鄒國公。臻，琇之子，尚書三公郎。珮，遥之子，齊通直郎。暐，遥之子，中書侍郎。士邈，琳之子，揚州中從從事。總，道徽兄之子，有操行，除竟陵王侍郎，不至。岱，滔之子，歷清要。碩，靈龜之子，後魏南臺丞。

三十一代長孫，襲封鄒國公，年六十四。休源，珮之子，梁都官尚書，有集十五。幼孫，臻之子，梁無錫令。虔孫，覬，宋御史中丞，尋陽王右軍長史，行會稽郡事。道存，士邈之子，南海太守。長名，嘗監修祖廟。範，岱之子，博涉書史。得仁，範從祖弟。安齊，碩之子，青州法曹。

三十二代嗣哲，隋文帝時應制登科，襲封鄒國公。煬帝改封紹聖侯。雲童，休源長子，東揚州别駕。宗範，休源少子，陳中書、黄門侍郎。奂，幼孫之子，陳中書令，有集十五卷。長公，覬之子。微，長公從父弟。頴達，八歲日記千餘言，大業中舉明經高第，仕至司業、祭酒、常侍，撰《五經》、《孝經》正義，有集五卷。年七十五。

三十三代德倫，唐太宗封褒聖侯。伯魚，宗範子，陳散騎常侍。紹安，奂第五子，唐中書舍人。有集五十卷。紹新，奂之子，以文學知名。紹忠，奂之子，鄱陽東曹掾。志玄，頴達長子，唐國子司業。志約，頴達少子，禮部郎中。思政，德仁孫，端州刺史。

三十四代崇基，武后時襲封褒聖侯。德紹，伯魚子，隋秘書省正字。稱，紹安長子。禎，紹安次子，絳州刺史，高宗，御名。紹安少子，贈蒲州刺史。惠元，志玄子，自頴達後三世爲司業。琮，志約子，洪州都督。圭，志亮子。

三十五代璲之，明皇時襲封褒聖侯。開元二十七年八月追謚孔子爲文宣王，亦改璲之爲文宣公。昌寓，德紹子，貞觀中對策高第，爲膳部郎中。季詡，禎之子，登制科，終左補闕。若思，稱長子，禮部侍郎。仲思，若思弟，給事中。立言，惠元子，祠部郎中。昚言，惠元子，黄州刺史。務本，頴達族孫，滄州東光令。

三十六代萱，襲封文宣公。舜，昌寓子，監察御史。至，若思子，著作郎，明氏族學。如珪，務本子，海州司户。

三十七代齊卿，德宗中襲封文宣公。齊參，舜之子，竇鼎令。岑父，如珪子，著作佐郎。巢父，岑父弟，仕至御史大夫，陝華招討使。

三十八代惟晊，元和十三年兵解，襲封文宣公。惟昉，兖州參軍。充符，齊參長子，事親至孝，隱嵩山。克讓，齊參子。述睿，齊參子，德宗召拜諫議大夫。載，岑父長子，貞元二十七年及第。戣，岑父子，舉進士，仕至禮部尚書，年七十四。韓愈銘其墓。威，岑父子。及第，掌澤潞書記，知盧從史必敗，謝病歸。戢，岑父子，舉明經，仕至京兆尹、御史大夫。戳，岑父幼子。

三十九代策，明經及第，襲封文宣公。敏行，述睿子，仕至集賢學士。温資，太子少保。温質，戣長子，四門博士。温孺，戣之子，明經。温憲，戣之子，明經。温裕，戣第四子，舉進士，天平軍節度使。温業，戢長子，第二人及第，爲吏部侍郎。温諒，戢之子。

四十代振，懿宗咸通四年狀元及第，仕至刑部員外郎，襲封文宣公。年七十四。拯，振之弟，中和二年狀元及第，歷侍郎。郁，拯之弟。絢，温質子，及第。綸，温質子，及第，歷殿院。纁，温質子，狀元及第，緯，温孺子，狀元及第，相僖宗、昭宗。緘，明經及第。照，及第。織，戣之孫。緫，戣之孫。緒，温裕子，曲阜令。績，温諒子。

四十一代昭儉，襲封文宣公。述，郁之子。昌明，照之子，第七人及第。昌庶，照之子，及第爲虞部郎中。昌廣，織之子。昌弼，緯之子，及第，仕至散騎常侍。昌序，緯之子，及第，仕至散騎常侍。昌鵬，織之子。邈，第五人及第，仕至諫議大夫。邁，織之子，乾符令。

四十二代光嗣，泗水縣令，陵廟主。莊，昌庶子，晉太常少卿。

四十三代仁玉，長七尺，善六藝，襲封文宣公。後周高祖謁祠廟，令兼監察御史。承恭，莊之子，將作監。

四十四代宜，幼聰悟。本朝乾德四年拜章闕下，叙家門故事，授曲阜縣主簿。太宗命爲皇子宰，襲封文宣公。憲，仁玉次子，及第，工部侍郎致仕。勗，仁玉少子，勗長子道輔知鄉郡，在具慶下侍立，年八十九。

四十五代延世，魁梧大度。真宗朝襲封文宣公。延澤，宜次子，及第，贈諫議大夫。延渥，宜幼子，知集州清化縣。延之。道輔，勗長子，及第。仁宗朝以剛毅直亮聞天下，知諫院，爲御史中丞，請明肅皇太后歸政天子。郭后廢，伏閤爭得罪，後復召爲御史中丞，出知鄆州，道病卒。良輔，勗次子，慷慨長於吏才，官至大理寺丞。彦輔，勗少子，幼聰悟，性至孝，官至國子博士。

四十六代聖祐，襲封文宣公，無嗣，以堂弟宗愿承襲，與聖祐共爲一代。宗愿者，延澤之子，博涉魁岸，孝睦。嘉祐中，祖擇之言前代封孔子後者，在漢、魏曰「褒成」，曰「宗聖」，在晉、宋曰「奉聖」，後魏曰「崇聖」，北齊曰「恭聖」，後周及隋封「鄒國」，唐初曰「褒聖」，開元中謚孔子爲「文宣王」，遂封其後爲文宣公，是以祖謚而加後嗣也。乃改封宗愿爲衍聖公【三】。舜亮，道輔長子，左中散大夫致仕，著《粹籍》。宗翰，道輔次子，刑部侍

【三】乃改封宗愿爲衍聖公「改」原作「政」，據文津閣、文淵閣本改。

郎，與兄皆鎖廳及第。宗壽，良輔長子，承議郎。宗質，良輔次子，仙源丞。漢英，彥輔長子，幼慧博覽。宗穀，彥輔次子。

四十七代若蒙，襲封衍聖公，元祐元年改封奉聖公。若蒙坐事廢，以弟若虛襲封。若愚，宗愿子。若拙，宗愿子，及第。若升，舜亮長子，贈朝奉大夫。若谷，舜亮次子，朝散郎致仕。傅，舜亮少子，舊名若古。博極群書，操行介潔，建炎中興，拜疏闕下敘家門舊典，始寓居三衢，於是孔氏有因仕而家於霅川、新安、臨川、鄂渚者，皆自衢而分。傅知邠、峽、撫三州，有政績，自號杉溪。進《續白氏六帖》、《文樞要紀》，書有《東家雜記》、《杉溪集》。官至中散大夫。年七十五。恢，朝散大夫。惇，朝散大夫。忱，文林郎。恂，奉議郎，右宗翰四子。若涉、若陟、若訥、若水、若晦、若時，右宗壽六子。若采，迪功郎。先是，崇寧三年詔，孔子後與親屬一名判司簿尉，孔宗哲承之。宗哲死，若采繼之。若惠，右宗一二子。若璞、若盤，漢英二子。若鑑、若初及第，若師、若沖、若符、若鼎、若（缺）凡宗穀七子。

四十八代端友襲封衍聖公。端操、端廉皆端友弟。端本、端裕、端民皆若虛子。端弼、端雅、端稟、端立皆若愚子。端中、端申皆若拙子。端節，朝散大夫。端夫、端義、端臣、端智、端直、端懿皆若升子。端朝，若升子爲若谷後。宣和四年始以幸學賜第，仕至知臨江軍。端問，仕至奉新丞，著《沂川集》。端守、端己侍杉溪渡江。歷官五十年，介潔不阿。年八十一。端位，常德府録參。端植，武康丞。端隱，江陵察推。皆傳之子。松，恢之子，宣義郎。淵，將仕郎，與潛皆惇之子。壎，忱之子，承議。端言、端行、端（缺字）。皆若訥子。

四十九代玠，紹興二年襲封衍聖公。玞、瑋、玫皆端操子。行可、璨皆端己子，俱以學行稱，皆奉祠，壽俱八十。璋，端位子，奉祠，壽九十。瑑、玲、瑞、瑢、璿，端植之五子。

五十代搢，襲封衍聖公。珪、瓌、瑀、瓚知和州。珹、瑨、琇、璩蘭溪簿。璪，左藏庫。瓅迪功。璩，迪功、石埭簿尉。琯，從事郎。璹，漳州録參。珉，迪功。珦、華夫，迪功，浙東帥參。扙、持天富塲。擬，登仕。揆，將仕。拂、擽、擥、掖、摭、擇、掞、摶、抑、攄迪功。撝、撙、摭、掾、括，元龍好學，從真西山游，進書，充柯山精舍山長。從隆、聖時、揔、揀、援、扔、拱篤學有文集。搏、復之、揵、揮。

五十一代文遠，襲封衍聖公，歷吉州隆興府通判。文述、文邁防護鄉井補官、文逸、文達博學。文迥、文邁、文適、文忞、文郁、文恭、文愻、文志、文撜、應選、應發同請鄉舉出官。文兹、文通、文達、應得元龍之子，淳祐元年臨雍賜第，今爲台州，有德政。應符、應禧、應祥、文模、登寶祐元年第，知湘潭縣。文進、文遹、文振、文敏鄉舉。文質、文彬。

五十二代萬春襲封衍聖公。萬齡，肇慶府推官。萬鈞、萬鎰、萬鍾皆文遂子。萬程、萬里、萬頃皆文邁子。萬榮、萬崇文逸子。萬善、萬古、萬嘉文迥子。德祖、嗣祖文邁子。

和孫、監請文志子。萬佑、萬全、隆孫、萬石、萬裕、萬中、庭詠、謨言、詔、諤、熠、萬憲、萬東、萬同、萬有。孔子嫡派許赴國子監試，始於淳祐十二年七月，蔡察院奏請。

五十三代洙，襲封衍聖公，嘗添差通判平江府。泗，萬齡子。沂，萬程子。演、瀾、淵、津，言之四子。

右《闕里譜系》。元豐八年四十六代孫宗翰始以舊譜鋟板。紹興二年四十八代孫端朝逃虜難南奔，生生所資皆失之，獨此譜山中人得之，轉以見歸，因爲序録。紹興五年洪興祖守廣德軍，刊於郡齋。景定三年五十一代孫應得今台州太守，時差添廣德軍通判，又附入紹興五年以後至景定三年云。

先聖謚號

魯哀公十六年夏四月誄曰「尼父」。漢元始元年六月追謚爲「褒成宣尼公」。後魏太和十六年二月丁未改謚爲「文宣尼父」。後周大象二年三月丁亥追封爲鄒國公。唐貞觀十一年詔尊爲宣尼父。高宗乾封元年追贈爲太師。天授元年追封爲隆道公。開元二十七年八月追謚爲文宣王。國朝真宗皇帝大中祥符元年十一月四日辛酉詔加謚爲玄聖文宣王。五年十二月壬申以玄字犯聖祖名，改謚爲至聖文宣王。

四位配享封爵

顔子。唐總章元年二月一日詔贈太子少師。太極元年二月贈太子太師，配享孔子廟。開元二十七年八月贈兖公。國朝太中祥符二年五月乙卯朔封兖國公。

曾子。唐總章元年二月一日詔贈太子少保。太極元年二月贈太子太保，配享孔子廟。開元二十七年八月贈郕伯。國朝大中祥符二年五月乙卯朔封瑕丘侯。政和元年以丘字犯先聖名改封武成侯。《淳熙編類》增封成侯，朱文公申明云，不審是何年月增封，乞檢會。咸淳三年二月升封郕國公，配食大成殿。

子思。國朝崇寧元年封沂水侯。咸淳三年二月升封沂國公，配食大成殿。

孟子。國朝元豐七年五月追封鄒國公，配享先聖位，次兖國公下。

往歲顏、孟配享並列先聖左，近升曾子、子思，又並列先聖左，而虛其右不以相向。震嘗聞大學博士陸鵬升云：「初制顏、孟配享，左顏而右孟，熙、豐新經盛行，以王安石爲聖人，没而躋之，配享位顏子下，故左則顏子及安石，右則孟子。未幾，安石女壻蔡卞當國，謂安石不當在孟子下，遷安石於右，與顏子對，而移孟子位第三，次顏子之下，遂左列顏、孟而右列安石。又未幾蔡卞再欲升安石，壓顏子，漸次而升，爲代先聖張本。優人有以藝諫於殿下者，設一大言之士，戲薄先聖，顏子出爭之不勝，子貢出爭之不勝，子路出而盛氣爭之，又不勝。然後設爲公冶長有擊其首而叱之，曰『汝何不出一爭，汝且看他人家女壻』。蓋蔡卞，安石壻。而公冶長，先聖壻也。蔡卞聞之，遂不敢進安石於顏子上。顏、孟左而安石右，遂爲定制。南渡後，安石罷配享，宜還孟子以對顏子如舊制。議者失於討論，故安石既去，其右遂虛，而顏、孟並列於左。岳珂嘗記其事。近歲增曾子、子思，又並列於左，亦未有討論者，虛右至今。震謹書。

十哲從祀封爵

學議論之偏，有不容不審者，故僭爲之書。

諸弟子從祀封爵

唐開元二十七年八月詔：贈曾參郕伯今升配享。顓孫師陳伯今升十哲；澹臺滅明江伯乙；宓子賤單伯二；原憲原伯三；公冶長莒伯四；南宮子容郯伯五；公晢哀郳伯六；曾點宿伯七；顏路杞伯八；商瞿蒙伯九；高柴共伯十；漆雕開滕伯十一；公伯寮任伯十二；司馬牛向伯十三；樊遲樊伯十四；有若卞伯十五；公西赤郜伯十六；巫馬期鄫伯十七；梁鱣梁伯十八；顏柳蕭伯十九；冉孺紀伯二十；曹卹曹伯二十一；伯虔鄒伯二十二；公孫龍黃伯二十三；冉季產東平伯二十四；秦子南少梁伯二十五；漆雕斂武城伯二十六；顏子驕瑯琊伯二十七；漆雕徒父須句伯二十八；壤駟赤北徵伯二十九；商澤睢陽伯三十；石作蜀郈邑伯三十一；任不齊任城伯三十二；公夏首亢父伯三十三；公良孺東牟伯三十四；后處營丘伯三十五；秦開彭衙伯三十六；奚容蒧下邳伯三十七；公肩定新田伯三十八；顏襄臨沂伯三十九；鄡單銅鞮伯四十；句井疆淇陽伯四十一；罕父黑乘丘伯四十二；　秦商上洛伯四十三；　申黨召陵伯四十四；　公祖子之期思伯四十五；　榮子期雩婁伯四十六；　縣成鉅野伯四十七；　左人郢臨淄伯四十八；　燕伋漁陽伯四十九；　鄭子徒滎陽伯五十；　顔之僕東武伯五十一；　原亢籍萊蕪伯五十二；　樂欬昌平伯五十三；　廉絜莒父伯五十四；　顔何開陽伯五十五；　叔仲會瑕丘伯五十六；　秋黑臨濟伯五十七；　邽巽平陸伯五十八；　孔忠汶陽伯五十九；　公西輿如重丘伯六十；　公西蒧祝阿伯六十一；　蘧瑗衛伯六十二；　施常乘氏伯六十三；　林放清河伯六十四；　秦非汧陽伯六十五；　陳亢潁伯六十六；　申棖魯伯六十七；　琴張南陵伯六十八；　顔噲朱虚伯六十九；　步叔乘淳于伯七十。

《唐會要》止於公西蒧，其蘧瑗、林放、陳亢、申棖、琴張五人以杜佑《通典》附入。

國朝大中祥符二年五月乙卯朔，詔封郕伯曾參瑕丘侯一，陳伯顓孫師宛丘侯二，江伯澹臺滅明金鄉侯三，單伯宓不齊單父侯四，原伯原憲任城侯五，莒伯公冶長高密侯六，郯伯南宫縚龔丘侯七，郳伯公晳哀北海侯八，宿伯曾點萊蕪侯九，杞伯顔無繇曲阜侯十，蒙伯商瞿須昌侯十一，共伯高柴共城侯十二，滕伯漆雕開平輿侯十三，任伯公伯寮壽張侯十四，向伯司馬耕楚丘侯十五，樊伯樊須益都侯十六，卞伯有若平陰侯十七，郜伯公西赤鉅野侯十八，鄫伯巫馬施東阿侯十九，梁伯梁鱣千乘侯二十，蕭伯顔辛陽穀侯二十一，紀伯冉孺臨沂侯二十二，曹伯曹卹上蔡侯二十三，鄟伯伯虔沭陽侯二十四，黄伯公孫龍枝江侯二十五，武城伯漆雕哆濮陽侯二十六，琅琊伯顔子驕雷澤侯二十七，須句伯漆雕徒父高宛侯二十八，北徵伯壤駟赤上邽侯二十九，睢陽伯商澤鄒平侯三十，郈邑伯石作蜀成紀侯三十一，任城伯任不齊當陽侯三十二，東平伯冉季諸城侯三十四，東牟伯公良孺牟平侯三十五，彭衙伯秦冉新息侯三十六，下邳伯奚容蔵濟陽侯三十七，淇陽伯句井疆滏陽侯四十一，少梁伯秦商鄄城侯四十三，召陵伯申黨淄川侯四十四，期思伯公祖句兹即墨侯四十五，雩婁伯榮旂厭次侯四十六，鉅野伯縣成武成侯四十七，臨淄伯左人郢南華侯四十八，漁陽伯燕伋汧源侯四十九，滎陽伯鄭伯朐山侯五十，東武伯顔之僕宛句侯五十乙，開陽伯顔何堂邑侯五十五，瑕丘伯叔仲會博平侯五十六，臨濟伯狄黑林慮侯五十七，平陸伯邽巽高堂侯五十八，汶陽伯孔忠鄆城侯五十九，重丘伯公西輿如臨朐侯六十，祝阿伯公西蔵徐城侯六十一，衛伯蘧瑗内黄侯六十二，乘氏伯施常臨濮侯六十三，清河伯林放長山侯六十四，汧陽伯秦非華亭侯六十五，潁伯陳亢南頓侯六十六，魯侯申棖文登侯六十七，南陵伯琴牢頓丘侯六十八，朱虚伯顔噲濟陰侯六十九，淳于伯步叔乘博昌侯七十。

崇寧元年封孔鯉爲泗水侯七十一。

大觀四年九月十二日詔封公夏首鉅平侯三十三，後處膠東侯三十八，公肩定梁父侯三十九，顔祖富陽侯四十，鄡單聊城侯四十二，罕父黑祈鄉侯，秦相馮翊侯，原亢樂平侯，樂欬建城侯，廉潔胙城侯。

政和元年改封邑犯先聖名者，瑕丘侯曾參改武城侯，宛丘侯顓孫師改潁川侯，龔丘侯南宫縚改汶陽侯，楚丘侯司馬耕改睢陽侯，頓丘侯琴張改平陽侯。

諸儒從祀封爵

大中祥符二年七月戊寅詔封魯史左丘明瑕丘伯七十二，政和改中都伯。齊人公羊高臨淄伯，七十四。魯人穀梁赤龔丘伯，七十三。政和改睢陽伯，秦博士伏勝乘氏伯，七十六。漢博士高堂生萊蕪伯，七十七。九江太守戴聖楚丘伯，七十八，改考城伯。河問博士毛萇樂壽伯，七十九。淮南太守孔安國曲阜伯，八十。中壘校尉劉向彭城伯，八十一。後漢大司農鄭衆中牟伯，八十三。河南杜子春緱氏伯，八十五。南郡太守馬融扶風伯，八十六。北中郎將盧植良鄉伯，八十七。大司農鄭康成高密伯，八十八。九江太守服虔滎陽伯，八十九。侍中賈逵歧陽伯，八十四。諫議大夫何休任城伯，九十。魏衛將軍太常蘭陵亭侯王肅贈司空，九十一。尚書郎王弼偃師伯，九十二。晉鎮南大將軍開府儀同三司當陽侯杜預贈司徒，九十三。豫章太守范寧新野伯【四】，九十四。

元豐七年五月詔，荀況封蘭陵伯，七十三。揚雄封成都伯，八十三。韓愈封昌黎伯，九十五。

寶慶三年正月追贈太師朱熹爲信國公，紹定二年九月改封徽國公，百單一。淳祐元年封周敦頤汝南伯，九十六。張載郿伯【五】，一百。程顥河南伯，九十七。程頤伊陽伯，九十八。並列從祀。

景定二年正月封張栻華陽伯，百單三。吕祖謙開封伯，百單四。並列從祀。

【四】豫章太守范寧 「范」原作「隨」，據文淵閣本改。

【五】張載郿伯 「郿」原作「郡」，據文淵閣本及《宋史》本傳改。

咸淳三年正月邵雍封新安伯，九十九。司馬光已封隕國公，百單一。並列從祀。

先儒賜謚

國朝嘉定元年十月十八日有旨，朱熹特賜謚，明年博士章椓謚曰文忠，考功劉彌正覆謚曰文。嘉定七年八月知潭州衛涇請爲南軒先生張栻賜謚，博士孔煒、考功楊汝明定謚曰宣。

嘉定八年知婺川丘壽雋請爲東萊先生吕祖謙賜謚，博士孔煒、考功丁端祖定謚曰成。

嘉定九年潼川運判魏了翁請爲濂溪先生周敦頤賜謚，太常丞臧格、考功樓觀定謚曰元。

嘉定九年禮部侍郎任希夷請爲二程立謚，太常丞臧格【六】、考功樓觀定謚，明道先生程顥曰純，伊川先生程頤曰正。

嘉定十四年知潼川府魏了翁又爲横渠先生張載請謚，博士陳公益請謚達，禮部侍郎請謚或明或誠，了翁入爲太常少卿，定謚曰明。

右先聖謚號，及從祀及本朝先儒封爵，皆邵武軍建寧知縣三山陳炤衷類。咸淳九年癸酉九月九日刊于建寧縣學。

【六】太常丞臧格　「常」原作「堂」，據文淵閣本改。